재난관리 자원봉사자의 임파워먼트

성 기 환
손 영 수
최 남 희
한 동 우

도서출판 대영문화사

머리말

현대 문명사회의 복잡성을 생각해 보면, 자연재난을 비롯하여 다양한 유형의 재난이 발생하리라는 것은 당연히 예상 가능한 일이다. 한국에서의 우리는 거의 매년 대규모의 재난을 경험하고 있다. 2002년 태풍 '루사'를 비롯해 2003년 태풍 '매미', 2004년 경북의 집중호우, 2005년 태풍 '나비', 2006년 국지성 폭우, 2007년 태풍 '나리' 등 해마다 되풀이되는 자연재난을 경험하고 있다. 피해를 입은 곳은 미처 복구를 마치기도 전에 다시 장마철이 찾아오는 악순환도 되풀이되고 있다. 개발시대의 산물로서 인위적인 재난의 위험 또한 끊임없이 제기되고 있으며 난개발의 영향으로 피해 규모 역시 눈덩이처럼 불어나고 있다.

재난관리에 있어서 가장 중요한 일차적인 역할은 기본적으로 국가가 헌법적 책임과 의무에 의해 수행하는 것이다. 따라서 재난이 발생하게 되면 국가는 공공 부문의 조직과 인력을 동원하여 국민들을 재난의 위협으로부터 보호하여야 하며, 재난으로부터 국민들을 신속하게 구호하고 항구적으로 복구하는 일에 만전을 기해야 한다. 그러나 현대사회는 빈발하는 자연재난과 인위재난으로 인해 국가체계만으로는 이를 총체적이고 완벽하게 관리하는 것이 거의 불가능한 상태에 이르게 되었다. 과학기술의 발전으로 재난에 대한 예측이 어느 정도 가능해졌다고 하더라도, 모든 재난을 예측할 수 있는 것은 아니며, 예측했다 하더라도 그 규모와 범위는 상황에 따라 매우 복잡하고 다양하기 때문에 제도화된 대응체계만으로는 모든 재난을 예방하고 관리하는 것이 어렵다. 따라서 재난관리에 있어서는 국가의 행정체계뿐 아니라 민간 부문의 관심과 자발적인 참여가 반드시 필요하다. 실제로 우리나라뿐 아니라 전 세계적으로 재난발생시 시민들의 자원봉사활동을 통하여 인명구조와 피해복구에 적극적으로 참여하고 있으며, 재난관리 영역에서 자원봉사자들의 기여는 매우 중요한 것으로 입증되고 있다.

재난관리에 있어 공공 부문과 민간 부문의 연계는 필수적인 사항이며, 시민의 자발적인 참여는 재난의 예방과 대비, 대응, 복구에 있어 매우 중요한 기능을 담당하고 있다. 실제로 우리나라에서 대규모 재난발생시 이재민 구호에 있어 자원봉사자들의 활동은 공공 부문의 정책이나 제도에 못지않은 중요한 역할을 하고 있다.

태풍 루사 때 40만명 이상, 태풍 매미 때 70만명 이상의 자원봉사자들이 재난현장에서 활동하였다. 그리고 최근의 태안 원유유출 사고에서는 100만명이 넘는 자원봉사자가 현장을 찾았다. 그러나 많은 자원봉사자들이 현장을 찾아 왔지만 준비가 되어 있지 않았다. 봉사자들도 준비없이 무조건 방문하였고, 현장에서도 이들을 맞을 체계적인 관리시스템이 정비되어 있지 못하였다. 따라서 이재민들에게 보다 신속하고 적절한 서비스를 제공하기 위해서는 자원봉사활동시스템을 정비할 필요가 있다.

현재 우리나라에서는 재난 관련 자원봉사자 교육과 훈련이 부분적으로 시행되고 있으나, 여전히 현장의 수요에는 미치지 못하는 것으로 판단된다. 총체적으로 보아, 우리나라의 재난관리의 문제점은 공공 부문 행정조직의 단편성과 복잡성, 민간 부문 자원활동 조직들간의 연계부족, 그리고 재난피해자들에 대한 일회적이고 물질적 지원 중심의 구호활동으로 요약될 수 있다. 재난관리 과정에서 나타나는 이러한 문제들은 제도적인 문제들과 더불어 재난관리에 참여하는 다양한 주체의 자원봉사자들의 역량과 자질에도 기인한다. 재난관리는 기본적으로 국가가 헌법적 책임과 의무에 의해 수행해야 할 당연한 활동임에도 불구하고, 현실적으로는 민간 부문의 다양한 자원봉사자들의 참여가 반드시 필요한 영역이다. 그렇기 때문에 자원봉사자들의 역량과 자질은 재난관리에 있어 매우 중요한 요소가 되는 것이다.

또한 재난관리에 필요한 자원봉사자의 개인적 역량 및 자원봉사자 집단의 조직적 대처능력을 효율적으로 구축하는 데에 필요한 법적 체계, 행정적 체계 및 사회적 제도를 중심으로 한 재난관리 지원체계를 재난관리의 자원봉사 활동 전반에 도움이 되게 구성하는 것이다.

이에 재난 관련 전문봉사단체를 중심으로 활동실태를 조사하였고, 최근 수해 중 가장 규모가 컸었던 2006년도 강원도 인제군과 평창군을 대상으로 현장 조사를 실시하였다. 전문봉사단체 활동을 중심으로 활동실태를 파악하고, 자원봉사활동이 다양하고 광범위하게 전개되는 자연재해 중 가장 최근의 재해현장을 조사함으로써 재난관리를 위한 자원봉사자의 필요 역량을 분석하여 재난관리 자원봉사체계를 확립함으로써 재난관리 자원봉사자의 임파워먼트를 확대하는 데 기여하고자 하였다.

본서에서 제시하는 주요 정책적 제언은 다음과 같다.

관리체계에서는 일선에서 구호물자관리에 중심적으로 활동하고 있는 이장 및 자원봉사단체들의 전문화 방안, 기업체와의 협력 등을 논하였고, 고립 지역에 대한 지원체계 그리고 봉사활동 운영 매뉴얼 개발의 필요성 등을 제언하였다.

그리고 교육체계에서는 재난 분야별 전문교육, 현장 오리엔테이션교육, 자원봉사자관리자 양성교육 등의 필요성을 설명하였다.

또한 지원체계에 대해서는 국가안전관리정보시스템, 봉사자관리전산프로그램, 봉사자 상해보험, 봉사활동 시간확인서 발급, 봉사활동 행정지원, 비상통신체계 확보 그리고 예방 예산 및 의연금 등에 대한 개선을 제시하였다.

끝으로 재난현장 자원봉사자 활동 자료를 보내 주신 여러 자원봉사단체 관계자분들께 감사드리며, 대형재난과 관련한 외국에서의 자원봉사자 활동실태 연구자료를 흔쾌히 제공하여 주신 아오타 료소케(靑田良

介) 박사님께 깊이 감사드린다. 또한 이 책의 집필과정에서 자료 정리에 도움을 준 서울시립대학교 대학원생 반호준 군의 노고에 고마움을 전하고자 한다. 아울러 이 책의 발간을 위해 힘써 주신 희망제작소 박원순 상임이사님, 재난관리연구소 이재은 소장님, 대영문화사 임춘환 사장님을 비롯한 관계자 여러분들의 후의와 노고에 깊이 감사드린다.

2009년 1월
공저자를 대신하여
성 기 환 씀

차 례

표 | 차례

그림 | 차례

제1장

서 론

20세기를 살아오는 동안 인류는 많은 변화를 겪었다. 특히 과학의 발전은 인류를 편안하고 풍요로운 삶을 누릴 수 있게 만들었다. 그러나 이제 풍요를 약속했던 문명은 결과적으로 인류의 삶을 위기로 내몰고 있다. 지구의 온난화와 고도 기술의 사용과정에서 발생하는 자연재난 및 인적 재난은 삶의 곳곳에서 위험의 그림자를 드리웠다. 과거의 재난은 주로 전쟁 등 국가간의 권력불균형과 욕망에 의한 것들이었으나. 요즈음의 두려움은 오히려 자연현상으로 인한 예측할 수 없는 재앙과 고도 기술의 시스템 오류 또는 인간의 욕망으로 인한 대형 사고가 문제가 되고 있다.

재난은 언제나 그래왔듯이 삶의 기반을 혼란시킨다. 재난은 사람에게 막대한 물질적 손실을 안겨줄 뿐 아니라 생명을 위험에 처하게 하고 다른 사람의 곤경을 함께 감당해야 하는 주변 사람들에게까지 심각한 심리적 충격과 미래에 대한 불확실성에 빠지도록 하며 우리가 살고 있는 사회에 대한 기본적 신뢰에 의문을 갖게 한다.

과거의 재난이었던 전쟁은 인류의 문명사를 여러 번 바꾸어 놓았고,

시대를 이끌어 가는 철학적 사조의 전환을 이루었다. 결국 인류사는 재난의 극복을 통한 발전사였다고 볼 수 있을 것이다. 그러나 오늘날의 재난 또한 과거 전쟁의 폐해에 못지않은 다양한 문제를 인간에게 남긴다. 직접적으로 신체적 손상과 재산의 손실을 입은 사람들의 삶을 황폐하게 만들 뿐 아니라 사회적 위기를 초래하기도 한다. 따라서 재난은 개인의 문제가 아니라 전 사회적·국가적으로 역량을 결집해서 대응하고 예방하며 극복해 가야 하는 가장 큰 문제에 속한다.

현대 문명사회의 복잡성을 생각해 보면, 자연재해를 비롯하여 다양한 유형의 재난이 발생하리라는 것은 너무나 예상 가능한 일이다. 한국에서의 우리는 거의 매년 대규모의 재난을 경험하고 있다. 2002년 태풍 '루사'를 비롯해 2003년 태풍 '매미', 2004년 경북의 집중호우, 2005년 태풍 '나비', 2006년 국지성 폭우 등 해마다 되풀이되는 자연재해를 경험하고 있다. 피해를 입은 곳은 미처 복구를 마치기도 전에 다시 장마철이 찾아오는 악순환도 되풀이되고 있다. 개발시대의 산물로서 인위적인 재난의 위험 또한 끊임없이 제기되고 있으며 난개발의 영향으로 피해 규모 역시 눈덩이처럼 불어나고 있다. 이처럼 유사한 재해가 반복적으로 발생하고 있으며, 또한 그에 대한 재난관리에 있어서도 매번 같은 실수와 문제점이 반복되고 있다는 사실은 우리에게 깊은 반성과 지속적이고 강력한 대책을 세워야 한다는 생각을 갖도록 한다.

그러나 사실상, 예측 가능한 재해와 재난이라 하더라도, 사전에 완벽하게 예방하는 것은 불가능하다. 그러므로 재난의 피해를 축소하고 재난 후 빠르고 신속한 복구를 위한 효과적인 재난관리체계의 존재와 한 번 겪은 재해와 재난에서의 학습을 통하여 위험성에 미리 대비하려는 사회적·체계적 노력이 필요하며 그 구체적인 방법과 과정에 대한 지속적인 연구와 정책이 강력하게 필요한 시점에 있다.

우리나라는 매년 발생하는 자연재해와 인위적 재난에 대해 전국적인 비상동원 체제에 가까운 구호 및 지원을 실시하고 있다. 대규모 재난이 발생하게 되면 공공 부문의 재난관리체계와 재난수습체계, 그리고 민간 부문의 구호체계와 지원체계가 협력적으로 활동을 하게 된다. 공공 부문의 재난관리체계는 소방방재청을 중심으로 중앙정부 차원의 재난안전대책본부와 지자체별 재난안전대책본부로 구성되며, 행정안전부장관을 본부장으로 하는 재난안전대책본부회의는 25개 정부 부처의 참여를 포함하여 소방방재청의 행정조직을 통해 구성된다. 한편, 민간의 구호체계는 사회복지 및 자원봉사를 전문으로 하는 비영리 조직들과 각급 학교 및 종교단체, 그리고 기업의 자원봉사조직으로 구성된다. 여기에는 대한적십자사를 비롯하여, 지역별 자원봉사협의체, 각종 사회복지기관 및 자원봉사단체, 그리고 중·고등학교와 대학교, 교회, 사찰, 그리고 대기업 중심의 자원봉사 조직들이 포함된다.

재난관리에 있어서 가장 중요하고 일차적인 역할은 기본적으로 국가가 헌법적 책임과 의무에 의해 수행해야 한다. 따라서 재난이 발생하게 되면 국가는 공공 부문의 조직과 인력을 동원하여 국민들을 재난의 위협으로부터 보호하여야 하며, 재난으로부터 국민들을 신속하게 구호하고 항구적으로 복구하는 일에 만전을 기해야 한다. 그러나 현대사회는 빈발하는 자연재난과 인위재난으로 인해 국가체계만으로는 이를 총체적이고 완벽하게 관리하는 것이 거의 불가능한 상태에 이르게 되었다. 과학기술의 발달로 재난에 대한 예측이 어느 정도 가능해졌다고 하더라도, 모든 재난을 예측할 수 있는 것은 아니다. 예측했다 하더라도 그 규모와 범위는 상황에 따라 복잡하고 다양하게 나타나기 때문에 제도화된 대응체계만으로는 모든 재난을 예방하고 관리하는 것이 어렵다. 따라서 재난관리에 있어서는 국가의 행정체계뿐 아니라 민간 부문의 관심과 자발적인 참여가 반드시 필요하다. 실제로 우리나라뿐 아니라 전 세계적으로 재난발생시 시민들은 자원봉사활동을 통하여 인명구조와 피해복구에 적극적으로 참여하고 있으며, 재난관리 영역에서 자원봉사자들의 기여는 매우 중요한 것으로 입증되고 있다.

재난발생으로 인하여 주택이 붕괴되고, 도로가 유실되며, 전기와 수도가 끊기고 많은 사람들이 다치게 될 수도 있다. 이러한 경우, 재난상황을 예측하고, 이에 대비하여 다양한 재난관리 시스템을 작동하게 된다. 일단 재난이 발생하게 되면 재난피해를 긴급히 복구하고, 이재민들을 신속하게 대피시켜 안전하게 보호해야 하는 일이 가장 시급한 일이다. 또한 긴급한 재난대응이 일어난 후에는 항구적인 복구를 위해 여러 가지 활동이 필요하다. 이러한 모든 과정에 자원봉사자들의 활동이 요구되는 것이다.

이렇게 재난관리에 있어 공공 부문과 민간 부문의 연계는 필수적인 사항이며, 시민의 자발적인 참여는 재난의 예방과 대비, 대응, 복구에 있어 매우 중요한 기능을 담당하고 있다. 일본의 경우, 1995년 한신 대지진이 발생했을 때, 교통과 통신이 완전히 두절된 상태에서 전력, 가스 및 수도 등의 기반시설이 모두 붕괴되었다. 이로 인해 시와 현의 공공기관의 기능이 며칠 동안 마비되었을 때, 피해 지역 주민들이 모여 있던 학교에서 시민에 의한 자율방재조직이 구성 운영되었다. 특히, 학교의 교사나 직원들이 주민들에게 심리적 안정을 돕고 질서를 유지하기 위한 자발적인 활동을 침착하게 전개함으로써 피해를 최소화하고, 공공 부문의 지원이 도달할 때까지 피해 지역 주민들을 안전하게 보호할 수 있었다(Tojuyama, 2001). 재난발생시 정부만의 대책활동은 그 한계성을 가질 수밖에 없다. 이와 같은 한계는 재난피해를 줄이기 위한 노력이 정부뿐 아니라 전 국민, 즉 민간단체와 시민들 스스로 함께 책임감을 가지고 노력을 기울여야 한다는 것을 의미한다. 실제로 우리나라에서 대규모 재난발생시 이재민 구호에 있어 자원봉사자들의 활동은 공공 부문의 정책이나 제도에 못지않은 중요한 역할을 하고 있다.

태풍 루사 때 40만명 이상, 태풍 매미 때 70만명 이상의 자원봉사자들이 재난현장에서 활동하였다. 그러나 많은 자원봉사자들이 현장을 찾아왔지만 준비가 되어 있지 않았다. 봉사자들도 준비없이 무조건 방문하였고, 현장에서도 이들을 맞을 체계적인 관리시스템이 정비되어 있지 못하였다. 따라서 이재민들에게 보다 신속하고 적절한 서비스를 제공하기 위해서는 자원봉사활동시스템을 정비할 필요가 있다.

재난은 특정한 집단이나 전문가들만이 고민하고 대응책을 마련할 수 있는 일이 아니다. 재난에 있어서 모든 시민은 국외자일 수 없고, 타인의 재난은 내일 다시 나 자신의 재앙으로 되돌아올 수 있다는 사실을 받아들여야 한다. 따라서 재난에 대한 대응은 온 국민이 힘을 합치고 모든 분야의 전문성을 한데 모아 그 피해를 최소화하고 대비할 필요가 있다. 그럼에도 일상적인 생활 속에서 재난만을 고민하고 대응할 수는 없다. 재난은 일회적인 동시에 예측 불가능한 현실로 불확실성의 본성을 가지고 있기 때문이다. 이러한 의미에서 재난을 연구하고 극복하려는 전문가들이 맡아야 할 일의 몫이나 중요성은 가벼워지는 것이 아니며, 오히려 그 비중은 더욱 커지고 있는 실정이다. 그러나 재난시에 언제라도 다른 영역의 전문가 또는 평범한 시민들이 재난의 전문인력으로 전환할 수 있어야 하고 그 대비체제가 마련되어 있어야 할 것이다. 이러한 점에서 재난을 대비하고 극복하는 과정에서 평상시 재난 전문가가 아닌 사람들, 다른 영역의 전문가들의 자원봉사활동이 더욱 중요성을 더하는 것이다.

또한, 자원봉사자들은 재난관리에 있어 전문적인 지식과 경험, 그리고 기술을 충분히 갖추었다고 할 수 없다. 대부분의 경우 자원봉사자들은 자신이 갖고 있는 경험과 지식, 기술, 그리고 가치관을 가지고 재난현장에 임하게 된다. 그러다 보니, 재난현장에서 실제로 필요한 활동과 투입되어 있는 자원봉사자들의 경험 및 능력이 잘 맞지 않는 경우가 발생한다. 또한, 자원봉사자들을 재난현장에 배치하고 조정하는 일이 잘 이루어지지 않아 지역적으로 편중되는 현상이 발생하는가 하면, 어떤 지역에는 꼭 필요로 하는 자원봉사자들이 배치되지 않는 일이 발생하기도 한다. 이러한 문제들은 자원봉사자들의 문제라기 보다는 재난관리에 있어서 자원봉사자들이 실제로 해야 할 활동과, 그러한 활동을 하기 위해 요구되는 역량에 대한 과학적이고 객관적인 조사가 미흡하기 때문이라고 할 수 있다. 또한, 자원봉사자들이 이러한 역량을 갖출 수 있도록 적절하게 교육하고 훈련하는 체계가 미비한 데서 오는 문제라고 할 수도 있다.

현재 우리나라에서는 재난관련 자원봉사자 교육과 훈련이 부분적으로 시행되고 있으나, 여전히 현장의 수요에는 미치지 못하는 것으로 판단된다. 총체적으로 보아, 우리나라의 재난관리의 문제점은 공공 부문 행정조직의 단편성과 복잡성, 민간 부문 자원활동 조직들간의 연계부족, 그리고 재난피해자들에 대한 일회적이고 물질적 지원 중심의 구호활동으로 요약될 수 있다. 재난관리의 과정에서 나타나는 이러한 문제들은 제도적인 문제들과 더불어 재난관리에 참여하는 다양한 주체의 자원봉사자들의 역량과 자질에도 기인한다. 재난관리는 기본적으로 국가가 헌법적 책임과 의무에 의해 수행해야 할 당연한 활동임에도 불구하고, 현실적으로는 민간 부문의 다양한 자원봉사자들의 참여가 반드시 필요한 영역이다. 그렇기 때문에 자원봉사자들의 역량과 자질은 재난관리에 있어 매우 중요한 요소가 되는 것이다.

마지막으로 재난관리의 네 단계, 즉 예방, 대비, 대응, 복구의 단계[1]에서 고려해야 할 중요한 사안에 대하여 재난관리 자원봉사자에 관한 수

1) 재난및안전관리기본법 제3조(정의) 이 법에서 사용하는 용어의 정의는 다음과 같다. <개정 2007.1.26>
   3. "재난관리"라 함은 재난의 예방・대비・대응 및 복구를 위하여 행하는 모든 활동을 말한다.

요 및 필요 역량이라는 관점에서 접근하여 재난관리에 필요한 자원봉사자의 개인적 역량 및 자원봉사자집단의 조직적 대처능력을 효율적으로 구축하는 데에 필요한 법적 체계, 행정적 체계 및 사회적 제도를 중심으로 한 재난관리 지지체계를 재난관리의 자원봉사활동 전반에 도움이 되게 구성하는 것이다.

법적으로 재난은 국민의 생명·신체 및 재산과 국가에 피해를 주거나 줄 수 있는 것을 말하는 것으로서 재난및안전관리기본법 제3조(정의)의 1.에서 다음의 각 목을 말한다고 정의하고 있다. (가) 태풍·홍수·호우·강풍·풍랑·해일·대설·가뭄·지진·황사·적조 그 밖에 이에 준하는 자연현상으로 인하여 발생하는 재해, (나) 화재·붕괴·폭발·교통사고·화생방사고·환경오염사고 그 밖에 이와 유사한 사고로 대통령령이 정하는 규모 이상의 피해, (다) 에너지·통신·교통·금융·의료·수도 등 국가기반체계의 마비와 전염병 확산 등으로 인한 피해 등이다. 자원봉사라 함은 국가사회나 지역사회의 공익을 위하여 자신의 개인적 이익을 억제하면서 자기책임 하에 물질이나 서비스를 제공하는 것을 말한다.[2] 자원봉사활동의 추진 형태는 크게 물질적 봉사행위와 정신적·육체적 봉사행위로 나눌 수 있다. 전자의 대표적인 예에는 금전기부가 있으며, 후자의 대표적인 예로는 자원봉사와 관련된 철학 혹은 인생관 확립을 위한 교육의 제공, 관련 전문 지식과 경험의 제공, 관련 전문지식과 기술에 대한 교육의 제공, 그리고 직접적 육체적 노무를 통한 조력과 위안의 제공 등을 들 수 있다.<자원봉사활동기본법> 제3조[3]

---

2) "공익성은 사익을 전적으로 희생하는 것을 의미하지 않고 사익을 공익에 조화시키는 것을 의미한다. 그러나 급변하고 다양한 현대사회에 있어서는 공익이 무엇이라는 것을 구체적으로 결정하기는 용이하지 않다. (중략) 그래서 자원봉사가 민주주의와 지방자치를 전제로 하게 되며, 합의의 결과가 공익성의 객관적 진리에 가까운 결과에 이르도록 그 수준을 향상시키는 민주주의의 훈련을 쌓아 나가야 할 것이다." : 조문부, "자원봉사자의 제도화와 활용", 「지방자치연구」, 467면, 제주대학교출판부, 2001.

3) 자원봉사활동기본법(제정 2005.8.4 법률 7669호) 제3조 (용어의 정의) 이 법에서 사용

에서는 자원봉사활동, 자원봉사자, 자원봉사단체 및 자원봉사센터의 용어정의를 하고 있다. 그리고 법 제7조에서는 자원봉사활동의 범위에 관하여 규정하고 있는데, 그 중에 "재난관리 및 재해구호에 관한 활동"을 명기하고 있다.[4)]

<자원봉사활동기본법> 제3조의 정의에 따르면, 자원봉사자는 자원봉사활동을 행하는 자를 말한다. 즉, 재난관리 자원봉사자를 한 마디로 규정하기는 사실상 어렵지만, "재해에 의한 피해의 경감이라는 사회성을 가진 과제에 자발적·자율적으로 피해자나 방재조직 등과 연대하여 대처하는 개인 혹은 조직"이라고 하는 입장을 받아들이고자 한다.[5)]

하는 용어의 정의는 다음과 같다.

1. "자원봉사활동"이라 함은 개인 또는 단체가 지역사회·국가 및 인류사회를 위하여 대가없이 자발적으로 시간과 노력을 제공하는 행위를 말한다.
2. "자원봉사자"라 함은 자원봉사활동을 행하는 자를 말한다.
3. "자원봉사단체"라 함은 자원봉사활동을 주된 사업으로 행하거나 이를 지원하기 위하여 설립된 비영리 법인 또는 단체를 말한다.
4. "자원봉사센터"라 함은 자원봉사활동 개발·장려·연계·협력 등의 사업을 수행하기 위하여 법령과 조례 등에 의하여 설치된 기관·법인·단체 등을 말한다.

4) 제7조 (자원봉사활동의 범위) 이 법의 적용을 받는 자원봉사활동의 범위는 다음과 같다.

1. 사회복지 및 보건 증진에 관한 활동
2. 지역사회개발·발전에 관한 활동
3. 환경보전 및 자연보호에 관한 활동
4. 사회적 취약계층의 권익증진 및 청소년의 육성보호에 관한 활동
5. 교육 및 상담에 관한 활동
6. 인권옹호 및 평화구현에 관한 활동
7. 범죄예방 및 선도에 관한 활동
8. 교통 및 기초질서계도에 관한 활동
9. 재난관리 및 재해구호에 관한 활동
10. 문화·관광·예술 및 체육진흥에 관한 활동
11. 부패방지 및 소비자보호에 관한 활동
12. 공명선거에 관한 활동
13. 국제협력 및 해외봉사활동
14. 공공행정 분야 사무 지원에 관한 활동
15. 그 밖에 공익사업의 수행 또는 주민복리의 증진에 필요한 활동

5) 이은애, "재난구호 자원봉사활동에 관한 연구(한국과 일본의 사례를 중심으로)", 제3차 위기관리 이론과 실천 학술회의(2006.4.21) 발표논문집, 4면.

재난관리 자원봉사자의 역량 확대를 위한 지지체계의 제도화라는 것이 법제화만을 의미하는 것은 아니다. 사실, 사회·문화적인 제도화가 이루어져 우리 사회에 자원봉사자의 역량 확대를 위한 지지체계가 공고히 뿌리를 내리는 것이 가장 바람직하지만, 성숙한 사회·문화적 제도로써 정착하기까지에는 많은 시간과 노력이 필요할 뿐만 아니라, 적절한 사회적 과정과 절차를 거쳐야 한다는 것은 모두가 수긍하는 점이다.

오늘날의 전문화 사회에서의 자원봉사자의 자격요건은 착한 사마리아인[6]과 같은 심리·정서적 요건만으로 충분하지 않다. 착한 사마리아인의 마음은 분명 재난관리 전문자원봉사자에게 있어 필요조건임에는 틀림이 없으나, 재난관리의 각 단계에서도 전문 분야별로 전문적 지식의 습득이 당연요건이 되는 것은 물론, 동시에 다른 인접 분야와의 연계·소통의 능력 또한 필요할 뿐 아니라, 전체와의 조화를 이룰 수 있는 성실한 자기책임감과 균형감각까지도 요구되고 있는 현실을 감안해 보면, 무엇보다도 재난관리 자원봉사자 자신이 담당하고자 하는 임무에 관하여 전문적인 지식을 가지고 있을 것이 요구된다. 물론, 특별한 전문지식이나 훈련경험이 없더라도 할 수 있는 단순임무가 부분적으로 있을 수 있지만, 오늘날의 전문화되는 재난관리체계의 속성상 그러한 종류의 단순임무까지도 전문화·특성화할 필요성이 있으며, 따라서 향후 집합적 의미의 자원봉사자의 구성은 전문화된 역할을 중심으로 조직화해 나갈 필요성이 다분하다.

재난피해 지역과 재난을 당한 사람들은 엄청난 충격으로 기존의 삶의 방식에 혼란을 일으킨다. 재난피해자들이 심리적인 충격과 물질적 손실

---

6) 성경의 누가복음 10장에 나오는 착한 사마리아인의 이야기에서 유래한 말로서, 어떤 사람이 '예루살렘'에서 '여리고'로 내려가다가 강도를 만나 상처를 입고 길에 버려져 있었는데, 한 제사장이 그냥 지나가고, 또한 레위 사람이 그냥 지나갔으나, 한 사마리아인이 그를 보고 측은한 마음에서 구조해 주었다는 데서 비롯되었다: daum신지식, happy campus, "선한 사마리아인의 법률", 2006.12.07.

및 개인적으로 중요한 가치의 상실을 경험한 후에 다시 원래의 삶으로 돌아가는 일은 그들만의 노력으로는 충분하게 이루어지지 않는다. 이에 더 많은 사람들의 지혜를 모으고, 더 많은 사람들의 노동력을 합치면서 서로의 협력을 통해서만 물질적 손실과 정서적 폐해를 최소화하고 다시 원래의 사회적 삶으로 돌아갈 수 있다. 재난시의 자원봉사활동은 또 다른 사회적 자원인 동시에 가치인 것이다.

2006년도에는 7월 7일부터 29일까지 23일간에 걸쳐 태풍 에위니아와 장마기간 계속된 호우로 홍천, 제천 등은 1,000mm가 넘게 비가 내렸으며 산사태, 하천 및 계곡 급류 등으로 63명의 인명피해가 발생하였다. 이재민은 4,536세대 10,722명이 발생하였으며, 주택침수 7,425동, 농경지 침수 4,829ha 등 1조 9,228억원의 재산피해를 내었다. 특히 강원도 인제 등은 기상이변에 의한 집중호우(시우량 88mm, 홍천)로 피해 지역 대부분이 원주민의 생활 주변에서 발생하였으며, 피해양상이 산속 배수로 주변에서 산사태로 인한 나무, 토석, 일반 쓰레기 등이 하천에 유입되면서 유수의 흐름이 바뀌어 자연 부락 등을 덮쳐 많은 피해를 발생시켰다.[7]

이에 2006년도 수해 중 가장 규모가 컸었던 강원도 인제군과 평창군을 대상으로 현장 조사를 실시하였다. 자원봉사활동이 다양하고 광범위하게 전개되는 자연재해 중 가장 최근의 재해현장을 조사함으로써 재난관리를 위한 자원봉사자의 수요 및 필요 역량을 분석하여 재난관리 자원봉사체계를 확립함으로써 재난관리 자원봉사자의 임파워먼트[8]를 확대하는 데 기여하고자 한다.

---

7) 인제군 덕산리장은 이 지역이 암반이 많고 삼나무가 주로 자라고 있는데 간벌을 해주지 않아 뿌리가 약해져 있어 지속적인 호우가 내리면서 나무가 뿌리채 물에 실려 내려와서 피해가 커졌다고 진술함.

8) 임파워먼트는 개인, 조직, 지역사회가 자신들의 생활을 조정하고 지배권을 갖는 것이며, 그들의 환경에 영향을 미치기 위하여 활발히 참여하는 것이다(Rapport, 1987).

제2장

재난관리 자원봉사자에 관한 이론적 고찰

제 1 절 재난관리와 이재민 구호

재난이란 인간의 생존과 재산의 보존이 불가능할 정도의 생활질서를 위협받는 상태를 초래하는 사고 또는 상태를 말하며 그 피해를 재해라 한다.[1)]

과거 재해·재난관련법에서는 자연현상으로 인한 피해는 재해라 하고 인위적인 요인에 의해 발생하는 피해는 재난으로 개념 규정을 하였으나, 새로 제정된 「재난및안전관리기본법」 제3조에서는 재난을 국민의 생명·신체 및 재산과 국가에 피해를 주거나 줄 수 있는 것으로서 자연현상으로 인한 피해와 인적 요인에 의한 사고로서 대통령령으로 정하는 규모 이상의 피해 그리고 국가기반체계의 마비와 전염병 확산 등으로

1) 재해: 재앙으로 말미암아 받는 피해, 지진, 태풍, 홍수, 가뭄, 해일, 화재, 전염병 따위에 의하여 받게 되는 피해를 이른다. 재난: 뜻밖에 일어난 재앙과 고난(국립국어연구원, 1999).

인한 피해를 포괄하여 규정함으로써 자연재해와 인적 재난을 통합하는 개념으로 재정립하였다. 따라서 본 장에서도 재해와 재난의 개념을 동일한 개념으로 취급하고자 한다.

재난의 정의는 시대적으로 상이하게 규정되었다. 이는 재난의 문제를 인식하는 시대적 관점에 따라 달라지기 때문이다. 사람들에게 미치는 효과의 크기에 따라 때로는 재난으로 인식되고 때로는 그렇지 않다. 과거 사람들은 별자리의 변화가 삶에 재앙을 일으킨다고 믿었고 그러한 변화를 재난의 징조로 인식하였다. 오랜 세월 동안 자연의 변화로 인한 폐해를 재난이라 생각하였다.

오늘날 재난은 재산피해와 인명피해의 규모에 따라 규정하고 있다. 사고와 재난의 구별은 행정관리의 목적에 따라 일정한 피해 규모 이상을 재난으로 규정한다(송철호 외, 2006). 사회적 측면에서 볼 때, 재난은 사회적 충격을 일으키고 질서를 혼란시키는 상황이다. 다시 말해 재난은 사회가 기본적인 기능을 유지할 수 없는 상태로 외부의 도움이 없이는 대처하거나 극복하기 어려운 상태이다. 또한 사회의 기반시설 및 노동의 기초가 흔들리는 사태이다.

우리나라에서는 재난및안전관리기본법에서 재난을 규정하고 있는데, "국민의 생명·신체 및 재산과 국가에 피해를 주거나 줄 수 있는 것으로써 태풍, 홍수, 호우, 폭풍, 해일, 폭설, 가뭄, 지진, 황사, 적조 그 밖의 이에 준하는 자연현상으로 인하여 발생하는 재해와 화재, 붕괴, 폭발, 교통사고, 화생방사고, 환경오염사고 그 밖의 이와 유사한 사고로 대통령령이 정하는 규모 이상의 피해 및 에너지, 통신, 교통, 금융, 의료, 수도 등 국가 기반체계의 마비와 전염병의 확산 등으로 인한 피해"를 재난의 범위에 포함한다(재난및안전관리기본법, 2004). 우리나라와 마찬가지로 미국을 비롯한 다른 나라들도 법적으로 재난을 규정하고 있는데 대부분 국민의 생명 및 재산피해와 관련해서 정의한다. 이와 같이 재난은 사람이 관련되어 있을 때 우리는 재난으로 간주한다. 실제로 엄청난 사건이나 문제가 인간의 삶과 전혀 관계없이 발생한다고 해서 우리가 재난관리의 문제를 거론하거나 대책을 수립하는 따위의 소동을 벌리지는 않는다. 결국 재난과 재해는 우리가 살아가는 삶의 여건을 왜곡시키거나 파괴하는 현상이다. 따라서 재난을 당한 사람과 지역사회는 생존에 대한 본능적 요구가 차단되는 상황에서 기존의 익숙했던 인식의 틀로는 이해할 수 없고 자기 자신의 능력으로는 대처할 수 없다.

재난관리란 각종의 재난을 관리하는 것으로서 재난으로 인한 피해를 극소화하기 위하여 재난의 완화, 준비계획, 응급대응, 복구에 관한 정책의 개발과 집행과정을 총칭하는 것이다.

재난관리의 과정은 보는 시각에 따라 여러 단계로 나눌 수 있으나 일반적으로 재난발생 시점이나 관리시기를 기준으로 볼 수 있다. Petak은 재난관리과정을 재난의 진행과정과 대응활동에 따라서 재난 이전과 이후, 즉 사전재난관리(pre-disaster management)와 사후재난관리(post-disaster management)로 나눈 뒤 시계열적으로 이루어지는 재난관리과정을 ① 재난의 완화와 예방(mitigation and prevention), ② 재난에의 대비와 계획(preparedness and planning), ③ 재난에의 대응(response), ④ 재난의 복구(recovery)의 네 단계로 설명하고 있다(Petak, 1985: 3).

이상과 같은 재난관리의 네 가지 과정은 상호 단절적인 과정이라기보다는 상호 순환적인 성격을 갖고 있으며 완화, 준비계획, 응급대응, 복구 등의 과정은 각 과정이 별개로 이루어지는 것이 아니고 시간적 활동순서이며 최종의 복구활동의 결과 및 노력 그리고 경험은 최초의 완화단계의 활동에 환류되어 장기적인 재난관리능력을 향상시키는 데 도움을 주게 된다.

따라서 이러한 재난관리의 모든 과정이 하나의 관리체제 속에서 각각의 고유한 기능을 지니고 있는 하부체제로서 작용하게 된다. 이 네 가지

과정이 통합관리될 때만이 효과적인 재난관리의 총체성으로 인해 여기에 참여하는 각종 기관, 각 수준의 정부의 조정과 통제 등 필요한 활동체제를 갖추는 노력 또한 재난관리에 필수적인 요소이다.

맥로린(McLoughlin)은 미국의 통합재난관리는 연방 · 주 · 지방의 협조 하에 일련의 순환과정을 통해 인명과 재산을 보호하고 행정능력을 유지할 수 있다고 하면서 행정이 주가 된 재난관리의 모형을 제시하였다. 이 모형은 완화 · 준비 · 대응 · 복구의 프로그램을 통해서 각 정부가 인명과 재산 그리고 정부기능을 보호하기 위하여 협력하는 것을 말한다(McLoughlin, 1985: 166).

맥로린은 조직의 생존을 위협하는 사건이나 조건을 재난으로 정의하면서, 이러한 재난에 각각 다른 대응을 하는 위협-경직대응 모형, 재난-부정모형, 환경-탐색모형을 제시하였다. 이러한 맥로린의 재난대응모형은 재난관리에서 환경의 탐색과 정보 수집의 중요성을 인식한다는 점에서 중요성을 갖고 있다. 그러나 재난관리에 있어서 의사결정에 못지않게 집행과정과 사후회복과정이 중요하나, 이들의 모형은 집행 및 대응단계에 있어서의 역동적 상황을 고려하지 못한 것으로 보인다.

과거의 역사를 돌이켜 볼 때 재난은 인간이 피할 수 없는 현상이다. 다만 재난을 최소화하고 극복하려는 인간의 노력이 있을 뿐이다. 이러한 노력은 지속적으로 인류사를 변화 발전시켜 왔으며 새로운 삶의 방식을 만들어냈다. 과거의 재난을 통해서 미흡했던 대응 방식을 변화수정하고, 재난발생의 원인을 추정하여 그러한 일이 되풀이되지 않도록 노력한다. 또한 재난이 발생했을 때 어떻게 사람들이 살아남고 어떻게 이웃들이 다시 원래의 이웃으로 함께 살아갈 수 있는지를 함께 노력한다. 재난이 지나간 자리에 망연자실한 이웃을 보면서 그들이 살아갈 터전을 다시 가꾸는 일에 동참하고 나누는 동안 다시 사회는 원래의 모습을 되찾곤 했다.

따라서 재난의 관리는 순환적이고 연속적이다. 재난관리는 재난이 발생하기 전의 생활습관의 일부로, 곧 문화적 현상의 하나로 자리를 잡아야 한다. 또한 재난이 일어날 조짐이 보이는 시기에는 직접 재난에 대응할 수 있는 대비책을 마련하고 행동을 연습할 필요가 있다. 뿐만 아니라 대비과정에서 발생할 다양한 문제와 갈등을 예측하고 해소 방안도 함께 구축함으로써 재난응급시 인명의 손상과 피해를 줄일 수 있다. 재난응급시에는 실제로 사람들뿐 아니라 사회조직 자체가 질서를 상실하고 대응능력이 원초적인 욕망과 불안에 압도당한다. 따라서 이 시기의 대응은 재난 당사자들의 노력으로는 효과적인 결과를 도출할 수 없다. 재난이 지난 후 상황은 어디에서 어떻게 시작해야 될지 모르는 폐허의 장이다. 따라서 사람들은 새로운 시작을 위한 철거와 복구를 동시에 진행하지 않으면 안된다. 이 역시 재난 지역 또는 당사자들의 힘으로는 역부족이다. 재난은 예방, 대비, 대응, 복구의 전 과정을 통합적으로 대응하고 준비하는 것이다.

결국 재난관리는 미래의 불확실성 속에서 사태의 추이를 미리 읽어내는 작업에서 출발한다. 미리 읽어낸다는 행동은 실제로 미리 읽어내는 일이 아니라 과거를 해석하는 일이다. 그런 점에서 재난의 예방은 과거의 축적된 자료에 충실하게 인간의 경험을 재조직하고 행동을 연습하는 것이다. 이는 외형적으로는 국가와 정부의 행정적 업무로 보이지만, 실제로는 개별 사람들의 심리적 행동이며 지적인 예측을 의미한다. 따라서 재난의 예비에서부터 복구에 이르는 전 과정은 치열한 학문적 행위이며 그에 준하는 탐구활동인 것이다.

이와 함께 재난관리에서 실질적인 의미의 전문가는 없다는 인식이 필요하다. 이는 재난의 대비가 불가능하고 관리할 수 없다는 것이 아니라, 오히려 동 시대를 살아가는 모든 사람이 재난을 대비하고 재난으로부터 일상성을 회복하는 과정에 동참해야 한다는 말이다. 재난관리는 재난이 일어나는 조건을 이해하고 그러한 조건이 형성되지 않도록 함께 노력하는 과정이다. 문화적인 삶의 방식과 대응, 과학적인 지식의 전개와 활용, 제도적·정치적 의사결정의 과정 등 재난을 이해하고 관리하기 위해서는 방재과학의 기술적 장치를 충분히 하는 데에 만족하지 않고, 재난관련 전문가들의 역할에 모든 것을 남겨 두지 않아야 한다. 재난에서 배우고 유사한 재난이 일어나지 않도록 조건을 다르게 만들어내고 대응하는 방법을 연습하는 전 과정을 재난관리의 기본으로 인식하자는 말이다.

재난이 인간의 생명을 위협하고 국가의 기반시설에 큰 폐해를 줌으로써 궁극적으로 위기의 사회를 만든다는 사실을 다시 한 번 생각할 필요가 있다. 이러한 점을 고려할 때 재난에 대한 책임과 권한의 위임이 분명하게 주어질 필요가 있다. 정부의 여러 부서가 관장하는 업무의 다양성에 따라 그 권한과 책임 또한 달라진다. 각각의 분야에서 추구하는 바가 달라지고 지향하는 목적이 달라진다. 따라서 해당 부서에서는 주어진 책임 범위에 충실하고 더 나아가 목적 중심의 업무수행 관행이 생겨날 수 있다. 이러한 점에서 재난관리는 경우에 따라 일관된 지향성을 유지하기 힘든 어려운 상황을 만나게 된다. 국가의 건설을 위해서 이루어지는 개발사업이 때로는 훗날의 대형재난의 원인이 되고, 해당 부처의 업무 범주를 벗어나기 때문에 재난 피해자들의 생활복귀가 차질을 빚을 수도 있다. 따라서 핵심적인 재난관리 업무와 관련된 주변의 일들을 추진할 때 재난관리 부서는 보다 고유하고 독립적인 판단의 권한을 가져야 한다. 이와 함께 보다 많은 사람들의 경험과 지식을 수용할 수 있는 개방성을 지녀야 할 것이다. 여기에서 우리는 재난관리의 전 과정에서 전문가 및 비전문가들로 구성된 자원봉사활동의 기여를 크게 기대할 수밖에 없다. 전 국민이 실질적인 재난관리자가 될 수는 없다. 그러나 모든 사람이 재난관리의 일원이 되는 것은 국가 위기 해소에 큰 힘이 된다. 이러한 일반인의 참여는 곧 재난 자원봉사활동으로 구체화되고 우리 사회의 안전과 안정을 도모하는 근간이다.

재난대비 조직은 재난상황에 신속하고 효과적으로 대응할 수 있는 정부와 민간단체 및 일반 시민들의 역량을 통합하는 형식으로 구성되어야 한다. 조직을 관리하고 유지하는 전문행정요원과 함께 다수의 민간인들이 다양한 수준에서 재난대비의 기반을 구축한다. 재난영향 평가, 지역위험도 조사를 비롯한 지역사회 진단 및 평가, 우선대피 대상 및 보호대상의 파악, 재난관련 정보 공유 시스템의 운영 및 지원, 대중 교육 등 공공기관의 행정적 업무만으로는 포괄할 수 없는 많은 일들이 재난대비 과정에서 준비되어야 한다. 따라서 이러한 많은 일들은 재난 전담 부서에 일임하는 것으로 끝날 수 없으며, 인접 부서와 민간 차원의 역할을 공유함으로써만 효율적으로 진행될 수 있다. 또한 긴급대응 및 사후 복구의 많은 인력이 동시에 집중되어야 하는 관리의 과정에서는 더욱 민간인과 다른 부서와의 협력이 필요하다. 이러한 점에서 재난시의 자원봉사자들의 역할을 효율적으로 활용하고 그 역량을 확대 발전시킬 수 있는 방안의 모색이 중요하다.

「재해구호법」에서는 이재민을 재해로 인하여 피해를 입은 자로 규정하고 있으며, 이재민 구호활동에 관해 의·식·주 지원과 보건, 의료서비스 등의 제공을 규정하고 있다. 그러나 실제로는 구호서비스 내용에 따라 또는 서비스를 제공하는 기관에 따라 수급권자 요건이 다르기 때문에 이재민의 개념은 다를 수 있다. 이를테면 「재난구호 및 재난복구비용부담기준 등에 관한 규정」에 따르면 장기구호는 주택이 반파 이상 피해를 당한 이재민에 대해서만 지원이 이루어진다. 즉, 침수로 인하여 임시 대피한 경우는 해당되지 않는다. 이와 달리 대한적십자사는 단순 침수로 대피 중인 자든 외국인이든 장기구호의 대상이 될 수 있다.

구호[2)]는 이재민을 보호하는 모든 활동을 말한다. 자원봉사활동은 이재민을 보호하기 위해 이루어지는 행동이므로 자원봉사활동은 구호활동 영역에서 이루어진다고 할 수 있다. 재난관리체제의 특성상[3] 활동을 민간 영역과 공공 영역으로 명확하게 구분하기 곤란하므로 포괄적으로 보면 재난관리 영역과 구호활동 영역이 유사하다고 볼 수 있다.

제 2 절 자원봉사(volunteering)의 개념과 현황

일반적으로 자원봉사라 함은 "도움이 필요한 사람 혹은 사회에 대해 아무런 대가없이 직접적인 서비스를 제공하는 활동"으로 정의되었으나, 현대적 개념에서는 "지역사회의 발전과 변화를 가져오기 위한 조직적이고 계획적인 사회행동"으로까지 확대되고 있다(김영호 등, 2002). 또한 자원봉사는 "사회 문제 등과 사회적 요구에 부응하기 위해 사회구성원으로서 책임감을 가지고 타인뿐 아니라 자신을 포함한 사회의 변화와 발전을 도모하기 위해 참여하는 자발적인 활동"이라고 정의하기도 한다(최덕경, 2006). 이타주의(altruism)와 자선(charity), 상호부조(mutual aid), 인간애(philanthropy), 종교적 신념의 실천을 동기로 하는 자원봉사는 현대에 이르러 사회에 대한 개인의 책임성 개념이 증대되면서 사회발전과 사회구성원의 조화로운 복지적 삶에 대한 적극적이고 발전적인 에너지로 인식되고 있다. 특별히 우리 사회에서는 주 5일제 근무가 실시되면서 여가를 보람되게 보내고자 하는 사회구성원의 욕구가 증가하고 있으며, 이들을 위한 보다 체계적이고 보편화된 자원봉사활동 관

---

2) ① 재해나 재난 따위로 어려움에 처한 사람을 도와 보호함. ② 병자나 부상자를 간호하거나 치료함(국립국어연구원, 1999).

3) 재난관리체제의 특징은 ① 복잡·연계성, ② 체제경계의 유동성, ③ 가외성, ④ 일상적 대응능력의 열세이다(류충, 2005).

리시스템이 요구되고 있는 상황이다. 이러한 욕구를 효율적으로 관리하고 활용할 수 있을 때 민주시민으로서의 개인과 가정의 성숙뿐 아니라 공공복지의 동반자적 역할로서 조화롭게 균형잡힌 사회발전을 도모할 수 있기에 이에 대한 대책 마련이 시급하다.

미국의 『Encyclopedia of Social Work』 제18판에서는 자원봉사자의 역할을 ① 남을 돕는 전통적인 개인 활동으로서의 서비스 활동, ② 변화와 권익대변 활동, ③ 시민참여 활동, ④ 관리하는 활동, ⑤ 기금조성 활동으로 구분하였으며 1995년 19판에서는 자원봉사 유형 중 직접적인 서비스가 가장 보편적이지만 청원, 증언, 연구 등 시민참여를 통한 권익대변과 행동실천주의(activism)적 활동도 증가하는 추세라고 지적하고 있다(류기형 외, 1999). 이처럼 미국의 경우 자원봉사자의 역할이 종전의 직접적인 봉사활동 일변도에서 보다 다양화되고 있는 경향을 보여주고 있다. 또한 사회복지사를 보조하는 단순하고 모방적인 활동에서 나아가 오히려 시민 참여적 개념에서 지역사회나 클라이언트의 중간에 서서 효과적인 사회복지사업을 유도하고 조정하는 적극적 역할(조휘일, 2002)로 변화되고 있는 실정으로 자원봉사활동이 다양한 계층, 다양한 프로그램으로 발전하고 있는 우리나라 상황도 크게 다르지 않은 것으로 볼 수 있다.

구자행(2005)은 사회구성의 원리와 자원봉사활동과의 상관관계를 다음과 같이 정리하였다. 사회구성의 원리에 있어서 자원봉사활동의 특성과 과제에 있어, 일반적 사회구성의 원리에 비해 사람(자원봉사자, 관리자, 지도자)과 사회적 관계(협력, 조정관계로서의 네트워 구조)가 사회제도[4]와의 관계에서 상대적 독립성이 크다. 자원봉사활동의 거시적 관점에서는 자원봉사자, 지도자, 관리자는 독립 변수의 역할을 하며, 자원

4) 예를 들어, 자원봉사활동기본법.

▶ 표 2-1 ◀ **자원봉사활동의 방법론적 원리**

	내 용	자원봉사활동의 과제
운동	사회제도의 변화, 의식개혁 사람들의 의식, 실천력을 중요시 핵심인자 양성, 이념적 일체감 강조 거시적, 장기적 관점 연대활동, 협력체계 기반조성 정책생산, 대국민 선전활동	지역공동체사회 등 비전 제시 자발성에 사회의식이 보완된 활동 핵심지도자 양성을 위한 동력 확보 사회문제에 대한 총체적 인식능력 연대활동, 지역네트워크 자기주도력 정책생산, 단순명료한 홍보활동 개발
경영	부가가치 창출이 최고의 목적 사람들의 전문성, 창의성을 중요시 시스템의 효율성, 임파워먼트 중장기적 계획, 단기적 목표 설정 내부 의사소통, 적합한 인사, 재원 마케팅 전략에 따른 상품광고	성과측정지표의 개발, 자주재원 확보 민간전문가 육성, 토론문화 형성 민관민 협력체계, 신뢰성, 자율성 중기계획수립에 따른 단기목표 설정 정례적 회의, 적합한 인사, 기금조성 주력활동 중심의 연중 기획 홍보
행정	제도의 유지, 관리, 집행 법률적 근거, 재원 여부 중요시 조직 시스템, 효율성, 실용성 단기적 계획, 성과측정의 계량화 문서관리, 목표달성, 합리성, 평가 내부보고, 결과 중심의 홍보	자원봉사정책, 시책의 내용 확보 법과 조례의 제·개정, 예산확보전략 운영체계, 업무분장, 신속한 의사결정 평가지표 개발, 구체적 계획 수립 운영의 표준화, 문서관리 체계화 보고체계, 사업추진실적의 정리

자료: 구자행(2005), "자원봉사활동기본법 제정 이후의 방향과 과제".

봉사단체 및 지역사회와의 관계는 종속변수에 해당된다. 따라서 독립변수인 자원봉사활동의 양을 키우기 위한 지속적인 노력이 필요하다. 자원봉사 핵심활동가의 역량이 배가되지 않는 한 자원봉사활동의 질적인 성장은 기대하기 어렵다.

자원봉사활동의 이념과 가치가 현실세계에서 구현되기 위해서는 포괄적인 개념으로서 실천역량이 있어야 한다. 즉, 직관력, 인간관계 형성능력, 학습능력, 성실성, 실무능력, 전문성, 비전제시능력 등이 있어야 한다. 이와 함께 자원봉사활동의 전략수립 및 추진을 위해서는 다양한 접근 방법이 이루어져야 한다. 이를 일반화시키면 다음과 같다.

2005년도 현재 지방자치단체에서 설치한 자원봉사센터의 상근 실무인력은 761명으로 센터당 평균 3.1명(전국에 250개 자원봉사센터 개소)

▶ 표 2-2 ◀ 각국의 자원봉사활동 참여율 비교

국가 (조사 연도)	영국* (2003)	미국** (2001)	호주*** (2004)	홍콩**** (2001)	한국***** (2005)	싱가포르****** (2004)
참여율	51%	44%	46%	22%	20.5%	15%

자료: 이강현 외 3인(2005),『2005 한국인의 자원봉사・기부 현황 조사연구』, 볼런티어21, p. 63.

* 영국: 공식, 비공식 자원봉사활동, 시민참여(서명운동, 공공 시위에 참여 등 포함)

** 미국: 등록된 기관을 통한 공식적 자원봉사활동(2001년도 Indepen dent Sector Survey) 2004년도 28.8%(Bureau of Labor Statistics of the US Dept. of Labor)

*** 호주: 전반적인 자원봉사활동

**** 홍콩: 등록된 기관의 공식적인 자원봉사활동

***** 한국: 등록된 기관의 공식적인 자원봉사활동

****** 싱가포르: 전반적인 자원봉사활동

이며, 자원봉사센터의 자원봉사자 등록현황은 2,083,734명이다. 이를 세부적으로 살펴보면, 남자가 47%, 여자가 53%이며, 직업별로 보면 주부가 38%, 회사원 13%, 공무원 2%, 서비스 자영업 12% 등으로 나타났다. 등록 자원봉사자의 연 활동인원은 9,954,003명으로 1인당 연 활동횟수는 4.77회 정도인 것으로 분석되었다. 자원봉사자들의 활동 영역을 보면, 사회복지 31%, 환경, 18%, 교통질서 10%, 공공기관 7%, 의료시설, 3%, 재해복구 2% 등의 순이다.

자원봉사교육은 총 6,947회로 연 인원 570,991명을 교육하였으며, 교육과정별로는 기본교육 47%, 재교육 16%, 업무교육 37% 등이었다. 대상별로는 신규자원봉사자 66%, 기존자원봉사자 34%로 주로 신규자원봉사자를 대상으로 교육을 실시한 것으로 나타났다.

한편 이강현(2005)의 연구에 의하면 우리나라 사람들의 자원봉사 참여율은 20.5% 정도에 이르는 것으로 나타나고 있으며, 이는 과거에 비해 상당한 수준으로 향상된 것이다. 그러나 선진국들의 참여율에는 아직 저조한 것으로 나타나고 있다. 예를 들어, 영국은 51%, 호주는 46%, 미국은 44%, 홍콩은 22%, 싱가포르는 15% 등의 참여율을 보이는 것으로 보고되고 있다(<표 1-2> 참조).

우리나라에서 실시되는 자원봉사활동의 금전적 가치는 연간 3조원이 넘는 것으로 추정되고 있다(이강현, 2005). 이는 2004년도 우리나라의 GDP(국민총생산) 778조원의 0.4%에 해당하는 금액으로서 세계 22개 국가의 평균 GDP에 미친 효과 1.1%(Salamon, 1999)에 비하면 절반이 안되는 수치이다. 이는 우리나라에서 자원봉사활동이 앞으로 더욱 활성화되어야 함을 보여주는 통계라고 할 수 있다.

▶ 표 2-3 ◀ 연간 자원봉사 시간과 가치

구 분	2005년	2002년	1999년
지난 1개월간 자원봉사자 1인의 주간평균자원봉사시간	1.95시간*	3.24시간	3.6시간
조사대상 자원봉사자 1인의 주간 평균 자원봉사시간 수	1.02시간**	1.9시간	2.1시간
총 자원봉사자의 연간 총자원봉사 시간 수	3억8756만3699시간 ***	5억3237만6609 시간	4억9892만시간
총 자원봉사자의 자원봉사활동의 연간 금전적인 가치	3조7010억원****	3조6196억원	2조7141억원

자료: 이강현 외 3인(2005), 『2005 한국인의 자원봉사·기부 현황 조사연구』, 볼런티어21, p. 107.

*1개월 자원봉사자 173명의 월간 총 자원봉사시간=1,469시간
1개월 자원봉사자 1인당 주간 평균 자원봉사시간=1,469시간÷173명×12개월÷52.14주 =1.95시간

**1년 자원봉사자 1인당 주간 평균 자원봉사시간=(1.95시간×10.7%) ÷20.5%=1.029 (약 1.0시간)

***1.02시간×7,287,388명(연간 자원봉사자 추정치)×52.14주(1년)=387, 563,699시간

****전 산업 남녀 시간당 평균임금(8,182원)×387,563,699시간=3,171 ,046,185,218원
전 산업 남녀 시간당 평균임금=월 평균임금(1,651,100원)/201.8시간(월평균 근로시간 수)=8,182원

제 3 절 자원봉사활동의 필요성과 의의

1. 자원봉사활동의 필요성

자원봉사활동은 수요자(사회적 욕구와 문제)와 공급자(자원봉사자, 자원봉사단체)의 상호작용으로 이루어진다. 자원봉사활동의 필요성을 수요자와 공급자의 상호작용이라는 측면에서 보면 다음과 같이 정리할 수 있다. 첫째, 사회적 문제와 욕구가 다양화되고, 급격하게 증가되고 있다. 현대사회의 인구사회학적 변화는 과거에 그다지 중요하게 여겨지지 않았던 많은 문제들을 중요한 사회 문제로 부각시키고 있다. 예를 들어 인구의 고령화와 저출산 문제는 가족기능의 약화로 이어지며, 가족 내의 노인, 아동, 장애인 등에 대한 부양기능의 감소라는 심각한 사회 문제를 일으킨다. 또한 과학기술의 발달과 이에 따르는 산업의 발달은 각종 재해와 환경 문제의 원인이 되고 있으며, 이러한 문제들은 이제 공식적인 제도를 통해서 해결할 수 있는 한계를 벗어나고 있다고 해도 과언이 아니다.

둘째, 국가 주도의 제도화된 공식적 서비스 전달체계의 한계가 드러나고 있다. 현대사회의 다양한 사회 문제와 욕구는 국가의 제도적 장치에 의해서 해결되기 어려운 것들이 많다. 국가조직이란 기본적으로 정치적이고 관료적이어서, 사회 내에 존재하는 다양한 욕구와 문제에 탄력적으로 대응하기 힘든 한계를 갖기 마련이다. 이른바 정부의 실패(government failure) 현상이 나타난다. 우리나라는 1990년대 말 이후에 제도적 사회복지의 틀을 거의 갖추었지만, 사회의 변화에 따라 나타나는 다양한 문제들을 포괄적으로 해결할 수 있는 복지 서비스 공급 체계를 갖추었다고 할 수는 없다. 이러한 서비스 공급체계는 국가의 의지와 능력에 의해서만은 충족될 수가 없다. 결국, 이러한 문제는 지역사회를 중심으로 하는 시민들의 관심과 자발적 참여를 통해서만 해결될 수가 있다. 이것이 바로 자원봉사활동의 근본이 되는 것이다.

셋째, 지역사회 중심의 복지 서비스 공급체계(community-based welfare service provision)가 중요한 요소가 되고 있다. 전 세계를 하나의 경제권으로 묶는 지구화(globalization)가 급속하게 진행되고 있다. 지구화는 단위국가의 경제적 및 정치적 경계를 모호하게 만든다. 즉, 자본과 노동의 국가간 이동이 자유롭게 일어나고, 이를 통해 국가별 사회복지 시스템은 국가 내에서만 배타적으로 작동하기 어려운 상황이 되고 있다. 우리나라의 경우에도, 현재 50만명이 넘는 이주노동자들이 입국해 있으며, 최근 결혼이민자 등 새로운 형태의 이민자들이 지속적으로 증가하고 있다. 이러한 문제는 과거 우리나라가 유지하고 있던 국가복지 시스템으로 해결하기 어려운 문제들을 낳고 있다. 결국, 지구화시대의 복지서비스는 국가단위의 제도적 복지시스템이라기 보다는 지역사회를 기반으로 하는 지역복지 서비스 공급 방식에 상당 부분 의존하여야 하는 것이다. 이러한 지역기반의 복지서비스 공급체계의 핵심이 바로 자원봉사활동이다. 자원봉사활동은 시민사회의 자발적 참여와 관심, 그리고 연대성과 통합성을 근간으로 하기 때문에, 지역기반의 복지서비스 공급체계를 구축하는 데 있어서 가장 핵심적인 가치이자 활동이다. 여기에 지역사회에 대한 시민들의 관심이 증대되고 있는 것도 중요한 역할을 한다고 볼 수 있다. 급속한 산업화로 인해 원천적인 생활의 장(場)인 가정과 지역사회가 해체되면서 여러 가지 문제가 대두되었다. 이에 대응하기 위해서는 지역에 살고 있는 모든 주민들이 공동체 의식을 갖고 지역사회의 문제해결에 적극적으로 앞장 서야 한다는 인식이 새롭게 대두되고 있다.

넷째, 자원봉사활동은 인간의 존엄성을 학습할 수 있는 매우 중요한 교육과정이다. 또한 자원봉사활동은 자신의 존엄성, 인간과 인간의 관계, 인간과 사회의 관계를 학습할 수 있는 매우 효과적이고 효율적인 방법이라는 것이 입증되고 있다. 실제로, 자원봉사활동에 참여한 경험이 있는 많은 사람들은, 그 활동을 통해서 가장 큰 혜택을 입은 사람은 바로 자신이라는 점을 발견한다. 자원봉사활동을 통해서 시민들은 지역사회에 대한 이해를 증진할 수 있으며, 사회 내에서 주체적으로 살아가는 방법을 체득하게 된다. 현대 산업사회의 진행에 따른 소외감, 주체성의 상실에 따라 삶에 대한 불안이 높아지고, 인간관계를 통한 교류와 경험에 의한 심리적 충족감을 얻고자 하는 욕구가 증가하는 것도 자원봉사활동의 필요성을 설명한다. 교육과정으로서의 자원봉사활동에 대한 수요는 자연히 자원봉사활동에 대한 필요성으로 대두되었다. 현재, 국내의 각급 학교에서 자원봉사활동을 정규 교육과정으로 채택하고 있는 것은 이러한 수요를 반영하는 것이라고 할 수 있다. 또한 많은 기업체들이 사원들의 자원봉사활동을 제도화하고 있으며, 이러한 활동을 통해 사회에 대한 기업의 책임을 이행하는 수단으로 활용하는 사례가 증가하고 있다. 이와 같이 현대사회에 있어서 자원봉사활동은 사회적 필요에 따른 산물이라고 하겠다.

2. 자원봉사활동의 의의

자원봉사활동은 미시적으로는 사회 문제에 관심을 갖는 개인의 활동이라고 할 수 있으나, 거시적인 측면에서는 지역사회, 기관, 국가사회적 의의를 갖는 매우 의미있는 활동이라고 할 수 있다. 자원봉사활동의 의

의를 다양한 측면으로 살펴보면 다음과 같다(최일섭, 2006).

1) 국가사회적 측면

첫째, 복지사회의 실현을 위한 공·사 협력관계를 구축할 수 있다. 자원봉사활동은 복지사회의 실현을 위해서는 국가를 포함한 전체 사회의 책임이 전제되어야 한다. 즉, 제도에 의한 공적인 사회복지 행정전달체계의 확립과 더불어 민간 및 주민·자원봉사자와 협동관계를 유지함으로써 공·사의 명확한 역할분담을 통한 상호 보완적 협력관계를 구축한다.

둘째, 사회통합의 촉진에 이바지한다. 자원봉사활동을 통해 지역사회를 구성하는 주체라는 주인의식과 함께 지역사회에 대한 공동체의식과 연대의식을 갖도록 한다, 또한 자원봉사활동은 제반 사회적 상황에 대한 생생한 지식과 정보 및 규범을 배울 기회를 제공하며, 사회계층간의 간격을 메워준다.

셋째, 유휴자원(여성, 퇴직자, 노인)을 활용함으로써 인적 자원을 효과적으로 이용할 수 있다. 지역사회에 필요한 인적·물적 자원을 자발적 동기에 의해 동원하여 보다 실제적이고 효과적인 사회복지 내지 사회개발의 목표를 달성하고 있음은 물론 시민 각자에게는 진정한 민주시민으로서의 훈련과 자아실현에 도움을 주는 다목적 활동이 되고 있다.

넷째, 재원의 효과적 사용을 도모할 수 있다. 현대사회의 다양한 문제나 욕구에 대응함에 있어 문제나 욕구의 정도나 수준에 따라 공적 보장과 더불어 민간자원을 적극 개발, 활용함에 따라 재원의 효과적인 사용을 행할 수 있다. 이는 자원봉사활동에 경제적 지원이 필요없다는 것이 아니며 오히려 적극적인 지원과 투자로 적재적소에 바람직한 서비스가 행해질 수 있도록 해야 한다.

2) 자원봉사자 활용기관 측면

첫째, 업무의 질적 향상을 도모한다. 자원봉사자를 활용하게 되면 기관, 시설의 직원은 과다한 업무를 처리해야 하는 부담을 덜 수 있고, 자원봉사자가 보조하는 만큼의 시간을 활용할 수 있어서 업무의 질적 향상을 기할 수 있을 것이다. 따라서 기관의 직원은 보다 긴급한 업무, 전문적 탁월성을 요하는 업무에 열중할 수 있다.

둘째, 새로운 서비스를 확대시킨다, 제한된 유급직원에 의해 제공될 수 있는 것보다 활동시간 또는 다양한 새로운 서비스 형태를 확대시킬 수 있다.

셋째, 다양한 자원봉사자들은 유급직원을 보완할 수 있다. 자원봉사자는 나이, 종교, 사회적 배경, 소득, 교육 차원에서 유급직원과는 다를 수 있다. 따라서 창조적인 생각과 더불어 유급직원의 편견, 선입견 등으로 인해 봉사 대상자가 가질 수 있는 거부감을 줄일 수 있다.

넷째, 대부분 자원봉사자가 근린 지역에 살기 때문에 지역사회 접근이 용이하다. 또한, 자원봉사활동에 만족한 자원봉사자가 그들의 이웃에게 조직을 잘 말할 수 있다는 면에서 좋은 공적 관계를 의미한다.

다섯째, 특정 문제 또는 클라이언트에게 집중적으로 헌신할 수 있다. 이것은 유급직원이 현실적으로 행하기 어려운 집중(concentration)과 헌신, 개별적 관심을 제공할 수 있다.

여섯째, 기관의 좋은 지지자가 될 수 있다. 자원봉사활동에 만족한 사람들은 그들이 일하는 조직에 매우 지지적이어서 돈과 상품(goods)을 더 쉽게 기부할 수 있다. 또한 그들은 그들 가족이나 친구, 지역사회 주민들을 자원봉사활동에 유도할 수 있다. 이 외에도 자원봉사자는 기관의 이사회 성원으로 활동하면서 기관의 운영에 참여할 수가 있을 뿐 아니라 자유로운 시민이기 때문에 입법자, 언론인 등과도 자유스럽게 접촉할 수가 있다.

일곱째, 운영비를 절약할 수 있다. 지원봉사자를 활용하게 되면 투입되는 예산에 비해 성과가 클 뿐 아니라 눈에 보이지 않는 부가적인 기능까지 합하여 이를 금전적으로 환산하면 엄청난 재정적 이득을 가져온다.

3) 자원봉사자 측면

첫째, 자원봉사활동을 통해 어려운 과업을 완수하고 새로운 경험에 도전하면서 자신의 잠재력을 발견할 수 있으며 일에 대한 성취감을 통해 자신감, 긍정적인 자아상을 확립할 수 있다.

둘째, 집단경험을 통해 다양한 사회문화적 배경, 가치를 가진 사람들과 상호작용하면서 타인의 의견을 이해하고 수용하는 힘을 키우고 인간의 존엄성과 사회적 연대감, 공동체의식을 키우게 된다.

셋째, 봉사활동을 통해 자신의 행동에 책임을 지고 전체 집단의 이익을 위해 자신을 양보하고 집단 성원들과 의견을 조정하고 타협하는 과정에서 문제해결 능력을 고양하게 된다.

넷째, 자원봉사는 자원봉사자가 이전에 알지 못했던 새로운 지식이나 기술을 학습할 수 있게 하고 이미 가진 기술을 더욱 발전시킬 수 있다.

다섯째, 자원봉사는 많은 레크리에이션 가치들을 지니고 있다. 즉, 개인적인 안정감을 증진시키면서도 권태, 단조로움, 외로움을 떨쳐버리게 된다.

4) 사회복지적 측면

첫째, 공적 사회복지를 보완할 수 있다. 현대사회에 와서 각종 사회문제가 급증하자 사회복지 수요자가 기대하는 요구를 모두 충족시켜 줄 수 없는 실정이다. 자원봉사활동은 사회복지제도의 재정과 인력 부족에 따른 이러한 복지제도의 불완전성을 보완, 강화하며 자원이 부족한 공적·민간 복지기관의 인력을 보충해 준다.

둘째, 사회복지 전달체계에 있어 공·사 협력관계를 구축할 수 있다. 사회복지에 있어 행정적 시책은 법률이나 조례에 따라 조직적·체계적으로 행해진다. 서비스의 집행에 있어서는 평등성과 계속성을 갖고, 지역주민의 생활의 기본 부분을 지탱한다. 따라서 오늘날에는 행정적 시책 없이는 국민의 안전한 건강이나 복지는 확보될 수 없다. 그러나 획일적인 조치, 개별성이나 창조적 행동의 억제, 무사안일주의, 형식주의 등 관료제가 갖는 문제 등이 새롭게 등장하고 있다. 자원봉사자는 제도적 시책과는 달리, 클라이언트나 지역사회가 안고 있는 인권상의 문제나 복지상의 문제에 대하여 원인을 찾아내며 공명하게 행동하는 자유가 있다. 따라서 운동적 전개도 할 수 있으며, 또한 제도(행정)로는 이룰 수 없는 것, 해서는 안되는 것에 관하여 활동하는 것이 자원봉사활동이다. 이와 같은 자원봉사의 독자적인 성격과 입장에서 사회복지 전달체계의 공·사 역할을 분담하여 협동하는 데 자원봉사활동의 의의를 찾을 수 있을 것이다.

셋째, 복지교육을 통해 사회복지의 저변을 확대할 수 있다. 자원봉사활동을 통해 지역사회 문제, 사회복지에 대한 이해를 하도록 전 국민을 대상으로 하는 민주·복지교육 및 훈련의 장을 제공함으로써 사회복지에 대한 국민의 이해와 참여를 증진시키고 사회복지의 저변 확대에 기여한다.

제 4 절 자원활동의 의미와 가치

1. 자원활동 선택의 배경

자원봉사자들을 포함하는 비영리 민간단체가 사회에 제공하는 서비스와 활동은 세계적으로 증가하는 추세에 있으며 전통적으로 정부의 책임이었던 업무를 많은 부분 대신하고 있다(Bales, 1996; Courtney, 1994; Wilson & Pimm, 1996). 이는 전문가를 포함한 민간인의 무보수 활동이 국가의 큰 자산으로 작용하고 있다는 것을 보여준다. 이러한 예는 오스트레일리아의 자원활동 분야 보고서에서 알 수 있다(Volunteering Australia, 2001).[5] 이 가운데 재난과 관련된 자원봉사활동의 부분이 얼마나 되는지에 대한 정확한 내용을 알 수 없지만, 적어도 자원활동이 사회에 기여하는 정도를 짐작케 하는 내용이다. 이는 자원봉사 분야를 보다 효과적으로 육성하고 특별하고 의미 있는 집단으로 자리매김해야 할 필요가 있다는 것을 보여준다. 따라서 자원봉사자들을 효과적으로 발굴하고 유지할 수 있는 전략과 방법이 필요하다(Bussell and Forbes, 2002).

자원활동을 하고자 지원하는 사람들은 선택하는 일의 종류에 따라 활동의 동기가 다르다. 그러나 가장 단순한 동기의 하나는 역시 이타적인 인간의 본성에 대한 자기 충실성이다(Bussell and Forbes, 2002). 전통

5) 오스트레일리아에서 자원봉사활동의 재정적 가치는 줄잡아 42billion 오스트레일리아 달러로 추산되며 이는 미국 달러로 환산했을 때 32billion 달러에 이른다고 한다. 오스트레일리아 사람들이 연간 자원봉사활동을 하는 시간을 합치면 704million 시간에 이른다.

적으로 이타적 심성은 인간의 본성의 하나라는 견해도 있다. 그러나 이와는 대조적으로 이기적인 요인이 작용하여 자원활동을 하기도 한다(Hibbert, Piacentini, & Dajani; 2003). 자원활동을 독려하고 활성화시키기 위해서는 그들이 자원활동을 지원하는 동기가 무엇인지를 알아야 한다. 자원활동에 참여하는 사람들이 단일한 동기에 의해서 참여하는 것은 아니다. 많은 자원활동 참여자들은 여러 동기가 결합된 보다 복잡한 이유로 자원활동을 하게 된다(Rehberg, 2005).

자원활동의 배경을 이해하는 데에 동기를 가장 중요한 요인으로 보는 견해와는 다르게 '기획된 행동'의 이론에 따라 접근할 수도 있다. 기획된 행동 이론(Ajzen, 1988)은 보다 포괄적인 행동을 이해하도록 하는 모델로써 태도, 사회적 규범, 지각된 행동 조절간의 관계를 설명하는 이론으로 자원활동의 계기를 이들 변인들이 결합한 결과로 본다.

자원봉사자들의 활동계기를 이해하는 것은 자원활동가를 모집하고 사회적인 분야에 기여하기를 희망하는 과정에서 전달해야 할 메시지의 방향을 결정한다. 경제적 이유, 또는 개인의 성격적 특성, 또는 사회·문화적 관심 등 다양한 요인이 전문가 또는 비전문가들의 자원활동을 촉진할 수 있는 변수들이다.

최근의 연구(Dolnicar and Randle, 2007)에 의하면 연간 대부분의 시간을 자원활동에 적극적으로 참여하는 고전적인 의미의 헌신적인 자원봉사자와, 개인의 자기만족을 추구하는 개인적인 자원봉사자로 나누어 볼 수 있다. 고전적인 의미의 자원봉사자들이 보다 이타적 계기가 활동의 배경이 된다면 개인적 만족을 추구하는 개별적 자원봉사자들은 자원봉사 분야에서 다른 사람을 만나고, 대화할 수 있기를 희망한다. 근래의 자원봉사활동 분야에 대두된 집단은 교육수준이 높은 젊은이들로 자원봉사에 대한 일종의 의무감을 느끼며 참여한다. 그들은 직업적 경력을 쌓기 위해서 참여하거나 종교적 이유로 자원활동에 참여하지만, 수동적이다.

2. 자원활동과 자선활동

자원활동과 자선활동을 꼭 구별해야 하는가? 자원활동과 자선활동은 경계가 모호하고 구별하기 힘든 개념이다. 그럼에도 자선활동과 자원활동 사이에는 명백한 차이가 있다(이성록, 2007). 자선활동은 자기의 선행이 주목적이 된다. 이웃을 돌보는 일 자체가 의미를 갖는다기 보다 자기가 이웃을 돕고 있다는 사실이 중요하다. 따라서 자선행동은 도움을 받는 사람에 비해 어떤 의미로든 우월한 지위 또는 배경을 갖는다는 자의식을 갖는다.

그러나 자원활동의 배경은 사회적 문제를 함께 해결하거나 해결하려는 변화를 촉진하고자 하는 행동이 주류를 이룬다. 자원활동을 통한 자기 변화를 꾀하고 다른 사람의 상태나 문제 및 사회를 변화시키고자 한다.

자선활동의 선행을 위해서는 기본적으로 특별한 지식이나 기술을 요하지 않는다. 그러나 자원활동은 해당 분야에 대한 지식이 필요하고 지식을 활용하여 대상과 환경을 변화시킬 수 있는 기술이 요구된다. 따라서 자원봉사활동은 보다 체계적이고 조직적이며 변화의 전체적 목적 및 목표와 일관성을 유지한다. 뿐만 아니라 대상에 대해 무엇인가를 베풀고 일방적으로 제공하는 것만을 의미하는 것이 아니다. 자원활동을 하는 동안 상대나 자원활동이 요구하는 상태에 대해 더 알게 되고 개인적으로 발전한다. 이러한 활동이 개인의 이타적 본성을 일깨워 발전시키거나, 본인이 알고 있던 지식과 옳음의 가치를 실현하는 계기로서 중요한 의미를 갖는다. 교과서적인 지식을 현장에서 실천하고 자기나 다른 사람 더 나아가 사회가 더 나은 상태로 변화·발전하는 것을 추구하고 그에 따라 활동한다.

3. 자원봉사활동의 가치

자원봉사활동은 개인이 시간과 노력을 들여 자기의 믿음과 지식 그리고 기술을 사회적으로 활용하는 것이다. 이는 앞서도 언급한 바와 같이 궁극적으로 사회적 자산이며 동시에 국가의 기본적 재원의 기능을 수행하는 과정이다. 그들이 활동하지 않는다면 잠자고 있을 지식과 기술이라는 자산이 공공성을 띠는 유동자산으로 활성화되는 과정이 자원봉사활동이다.

자원봉사활동의 기본적 가치는 자기의 실현이며 개인이 가지고 있는 지식을 사회적 활동으로 공공화하는 것이다. 이러한 점에서 자원봉사활동의 기초가 될 몇 가지를 살펴보면 다음과 같다. ① 자원봉사활동은 개인의 판단과 선택에 따른 자발적 활동이어야 한다. 자발성은 다른 사람의 수동적인 의미의 참여가 아니라 개인의 의지를 반영한다. 상황적 의무에 따른 행동이 아니라 자기의 숨겨 있는 또는 의식되는 정신적 가치를 실제화한다. ② 자원봉사활동은 공공의 보편적 가치를 추구한다는 점에서 공익성을 띤다. 자원봉사활동을 통해서 개인이 가지고 있는 지식과 기술을 활용한다고는 하지만 함께 살아가는 공동체의 환경, 제도 및 사회인으로서의 개인의 삶의 조건을 향상시키고자 한다. ③ 자원봉사 활동의 또 다른 가치는 일한 대가에 따라서 자기의 기능이나 지식을 제공하는 것이 아니라는 점이다. 노동의 대가를 수용하는 경우 똑같이 지식과 기술을 제공하고 노동을 제공하는 행위이지만, 이는 직업적 활동이지 자기의 가치를 실현하는 행위가 아니다. 보상을 전제로 시작된 자원봉사활동은 자기 노동의 가치에 대한 적절한 보상이 이루어지지 않는다고 판단될 때에 자원봉사 행위는 종결된다. 그러나 자원활동은 보상의 유무나 보상의 규모에 따라 끝나는 활동이 아니다. ④ 자원활동은 개인적으로 지향했던 내적 가치가 충족될 때까지 지속된다. 자원활동은 활동의 계기가 되었던 문제가 해결되기까지 계속되는 행위이다. 따라서 일시적이거나 즉흥적인 행동이 아니라, 자유의지에 따라 신중하게 판단하여 자원활동을 시작하며 그러한 자원활동은 원래 기대했던 변화가 일어났거나 변화의 가능성이 드러날 때까지 계속 이루어진다. ⑤ 자원활동은 유사한 문제가 드러나는 경우 언제나 동일한 노력과 기술을 제공한다. 따라서 자원활동은 일상적인 삶의 방식으로 실현되는 가치이다. 결론적으로 자원봉사활동의 가치는 사회적 변화를 추구하며 합의된 목표가 달성될 때까지 지속되는 시민들의 자발적 자원활용 과정이다. 따라서 활용되지 않고 잠자는 자원봉사활동의 사회적 활용가능성을 높이는 것은 중요한 일이다.

제 5 절 재난 자원봉사자의 역할

일반적으로 재난이 발생하면 소방, 경찰, 군인이 인명구조작업을 벌이고 행정기관에서는 대피소 설정이나 긴급물자를 조달하게 된다. 그러나 이제까지 재난의 경험에 비추어 볼 때, 가장 먼저 위기상황에 개입하는 사람은 인근 지역사회 주민조직 혹은 특수 기능 집단의 자원봉사자일 경우가 많다. 그 이후에 법률이나 제도에 정해진 전문구호집단의 조직적 활동이 시작되고, 동시에 일반적 자원봉사자들의 긴급참여가 뒤따르고 또 전문 의료진과 토목, 건축기술자 등 자격증을 소지한 자원봉사자들이 일반 자원봉사자가 하기 힘든 영역을 담당하는데 이를 전문적인 구호활동이라 할 수 있다. 일반 자원봉사자에 의한 구호활동은 어느 누구라도 의지만 있으면 할 수 있는 활동으로 특히 노약자, 장애인 등 비상사태에 대처하기 힘든 사람들을 지지하고 지원하는 활동이다.

재난 분야의 자원봉사활동에는 자원봉사자의 의지와 능력 및 참여형태에 따라 활동유형이 달라질 수 있다. 직무 부여는 무엇보다 자원봉사자의 의지가 중요하지만, 과업의 유형에 따라 보유하고 있는 능력을 감안하여 직무를 배정해야 한다.

(1) 전문성, 조직성이 있는 자원봉사자: 재난이 발생했을 때 자발적이고 적극적으로 활동할 수 있는 단체에 소속되어 있는 자원봉사자를 말한다. 대한적십자사와 같은 형태의 단체로 대부분의 단체는 그 활동 영역이나 활동 목적이 어느 정도 명확히 되어 있어 단체 중에 활동의 조정역할을 하는 관리자가 있는 경우도 있다. 다만 의사나 간호사 등의 전문기능집단은 이 범주에 들지 않는다. 재난이 일어나면 이들 단체끼리 네트워크를 형성하여 정보를 공유하거나 협력하여 행동한다면 큰 힘을 발휘할 것이다.

(2) 전문성은 있으나 조직에 속하지 않은 자원봉사자: 의사, 간호사, 인명구조단, 보육교사 등 구호활동이나 이재민의 지원에 큰 힘이 되는 전문가이다. 자원봉사자가 효율적인 힘을 발휘하기 위해서는 행정이나 공적인 기관과 연관된 활동을 하는 것이 바람직하다.

(3) 전문성은 없으나 조직에 속한 자원봉사자: 재난을 대비한 훈련 경험이 없는 기업체의 사원, 지역 단체 등에 속해 있는 자원봉사자이다. 많은 자원봉사자가 필요하거나 계속적인 인원의 투입이 필요한 상황에서는 반드시 특정한 지식이나 경험이 없어도 큰 힘이 될 수 있다. 이러한 자원봉사자의 힘을 최대한 발휘하기 위해서는 단체들간의 연계와 역할분담이 중요하다.

(4) 특별한 전문성도 없고 조직에도 속하지 않은 자원봉사자: 대규모 재난이 발생할 때 가장 많이 모이는 봉사자이다. 직접 재난을 당한 사람

이 있는 곳에 직접 가서 활동하는 것보다는 재난 지역의 상황이나, 필요한 작업 내용과 타 단체의 활동상황의 정보가 집약되어 있는 시청, 구청을 통하든가 자원봉사단체에 가입하는 것이 필요하다.

한편 재난현장에 모인 다양한 자원봉사자들은 역할 조정이 되지 않을 경우 적절한 활동을 할 수 없을 뿐만 아니라 오히려 혼란을 야기하기도 한다. 따라서 혼란을 피하고 체계적인 활동을 지원하기 위하여 관리조정자의 개입과 역할조정이 요구된다(전국재해구호협회 · 한국자원봉사센터협의회, 2003).

재난은 사회적 기반시설을 파괴하는 한편 사람들에게 심리적 · 정신적 충격을 남기는 사태이다. 재난시 자원활동가들은 다양한 전문적 지식이나 기술을 사용하거나 단순한 개인적 노동을 제공함으로써 재난 피해 지역의 요구에 직면하고 문제를 해결하기 위한 활동을 조직적으로 수행한다.

1. 재난 자원봉사의 필요성

지진, 홍수, 산사태 등 자연재난이 발생하면 많은 인명 피해가 예상되고 엄청난 재난 손실이 겪는다. 재난으로 인한 황폐와 손실에 대해 면역력을 갖는 사회는 없다. 다만 사람들이 경험과 교육을 통해서 그러한 역량을 키울 수 있을 뿐이다. 특히 집중적인 인력과 기술이 필요한 시기의 자발적 참여와 공동체의 복구를 위한 노력은 이웃의 삶을 빠른 기간에 회복시킬 수 있을 뿐 아니라 사회적 신뢰와 삶의 가치를 실현할 수 있는 기회가 된다. 특히 인간이 기본적으로 가지고 있는 이타적 본성은 이웃의 어려움에 동참하려는 동기를 활성화하고 실제로 재난이 발생하면 자생적인 자원봉사자들의 결집이 일어난다. 따라서 조직된 자원봉사단과 자생적 자원활동가들이 더 높은 차원으로 조직되고 기능적으로 활동할 수 있다.

또한 광범위한 재난은 아니지만, 대량 인명 손상을 초래하는 인적 재난이나 기술적 재난의 경우에는 보다 전문적인 자원활동이 요구되는 상황이다. 구조와 응급의료 요구 및 긴급한 생명유지 활동은 공식적인 전문인력만의 노력으로 대처할 수 없다. 따라서 구조된 사람들을 신속하게 이동하고 적절한 응급 구조활동을 펼치는 한편 차량의 소통과 전문가 접근의 통로를 확보하는 등 다양한 전문적 지식과 기술을 가진 자원활동가들이 필요하다.

평소 인적·물적 자원이 전반적으로 부족하므로 재난발생시에는 더 많은 인력이 투입되어야 한다. 그래서 많은 사람들이 자원활동을 하기 위해서 현장에 도착한다. 많은 자원활동가들이 재난수습 및 복구에 큰 힘이 되는 것은 사실이지만, 준비되지 않고 계획이 분명치 않은 채 현장에 도착한 많은 자원봉사자들은 오히려 재난수습에 방해가 될 수도 있다. 따라서 급박한 응급상황에서의 활동은 잘 조직되고 일정한 지휘체계에 따라서 포괄적인 관점에서 업무를 부여받고 체계적으로 활동해야 한다.

2. 조직화되지 않은 재난 자원봉사활동의 문제와 한계

재난현장에 도착하는 무수한 자원봉사자들이 언제나 잘 조직되고 체계적으로 자원활동에 대한 훈련을 받은 사람들로 구성되는 것은 아니다. 각각의 인도적인 신념으로 재난현장에 도착하여 피해 지역에서 무엇인가 좋은 일을 하려는 의지가 그 자체로 좋은 결과로 이어지는 것은 아니다. 그들의 기술과 지식이 충분히 준비되어 있더라도 오히려 재난관리를 방해하는 경우도 적지 않다. 현지의 사정이나 재난관련 기반 조건에 대한 이해가 부족하고 주민들의 행동 양식을 제대로 이해하지 못하는 경우가 많다. 뿐만 아니라 재난관리를 전체적으로 조망하고 판단

할 수 있는 시스템이 갖추어져 있지 않다면 개별적인 자원봉사자들은 임의적으로 사태를 판단하거나 매우 좁은 관점에서 문제를 해결하려 한다. 많은 매스 미디어를 통한 자원활동의 필요성이 홍보되고 그들의 업적이 긍정적으로 평가될지라도 현장에서 재난을 관리 지휘하는 사람들에게 인력관리라는 또 다른 부담을 주기도 한다.[6] 진부면의 총 인구는 총 3,827세대에 10,480여 명인 점을 감안하더라도 외부에서 도착한 자원봉사자들을 수용할 수 없었다. 뿐만 아니라 그들에게 어떠한 일을 주고 어떤 도움을 받아야 할지 준비되지 않은 상태에서 자원봉사자들의 요구에 답변하는 일도 큰 일이었다.

조직화되지 않은 재난 자원봉사자들로 인해 야기될 수 있는 문제들을 살펴보면 건강, 안전에 곤란한 일이 발생할 수 있다. 자원봉사자들은 오히려 도움이 되기 보다는 오히려 보호를 받아야 하는 대상이 될 수 있다. 다시 말해 자원활동을 하려는 사람들의 자발성에 비추어 시스템이 그들을 효과적으로 활용할 수 있는 능력을 갖추지 못한 것이다. Points of Light Foundation(2002)은 대량의 자원봉사자들이 재난의 혼란을 가중시키고 피해 지역의 공공관리 조직을 압도함으로써 또 다른 의미의 인적 재난상황이 될 수도 있다고 경고한다. 자원봉사자들의 자의적 판단은 의료서비스 제공에서 일관성을 잃게 되고 자칫 오염된 음식물을 제공하는 행위로 이어질 수 있다. 또한 관리되지 않은 자원봉사자들이 공식적인 재난관리자의 지휘를 벗어나고 그들의 존재를 인정하지 않는 경우 안전 문제가 야기된다. 뿐만 아니라 비록 보상이나 임금을 받지 않는 자발적인 자원봉사자들일지라도 그들을 관리할 비용이 소요되고 한정된 자원의 사용이 문제가 되기도 한다. 재난 지역은 모든 것이 음식,

---

6) 2006년 7월 어느 하루에 현장에 도착한 민간인 자원봉사자는 무려 7,000여 명에 달했으며, 군부대 지원 병력 또한 큰 규모에 이르렀다. 진부면사무소가 위치한 읍의 인구와 삶의 규모에 비추어 지나치게 많은 인력의 투입이었다.

쉼터, 그리고 기타 보호용 장비가 턱없이 부족한 조악한 상태이다. 따라서 대거 몰려드는 자원봉사자들을 위한 음식과 최소한의 의료지원 및 잠자리의 문제는 오히려 심각한 혼란상태를 야기하고 재난피해자와 자원봉사자들 사이의 갈등으로 발전할 수 있다. 더 나아가 한꺼번에 몰려든 자원봉사자들로 인해서 긴급수송 차량의 통로가 막히고 응급이송이 필요한 생존자들의 생명이 위협받을 수 있다. 이러한 예는 비단 자연재난의 현장에서만 볼 수 있는 현상은 아니다. 이로 인해 재난관리자는 효율적으로 재난 자원봉사자들의 능력을 활용하고 그들을 재난관리의 자원으로 사용해야 한다는 심각한 난관에 봉착한다.

이러한 점에서 재난 자원봉사활동은 전체 재난관리시스템 안에서 잘 기획되고 조직되어야 하며 관리 통제될 필요가 있다. 이와 함께 포괄적인 재난관리의 전 과정에서의 재난 자원봉사활동을 고려하고 조직적으로 체계화할 필요가 있다. 재난발생 이전의 자원활동과 재난발생시, 그리고 재난을 수습하고 복구하는 시기의 자원활동이 구별되고 역할규정이 이루어질 필요가 있다.

3. 재난관리에 있어서 공공 부문과의 협력체계 필요

최근 우리나라뿐 아니라 전 세계적으로 대규모 자연재난과 인위재난이 빈발하고 있다. 산업의 발달은 인간의 행복을 증진하는 데 기여하기도 했으나, 수많은 위험과 재난을 인간사회에 안겨 주고 있다. 최근의 재난은 자연재난과 인위재난을 구별하기 어려울 정도로 복합적으로 발생하고 있다. 그 규모도 과거의 그것과는 비교할 수 없을 정도로 극심한 피해를 야기하고 있다. 최근 동남아 지역에 발생한 쓰나미와 미국 Florida를 강타한 허리케인 Catrina의 위력은 과거 어느 재난보다도 심대한 것이었다. 이러한 대형 재난이 발생하게 되면서 국가의 행정력만으로는 효과적인 재난관리가 불가능한 상태에 이르게 되었다. 따라서 시민들의 자원봉사활동을 통한 인명구조 및 피해복구가 활발하게 전개되고 있다. 이는 우리나라뿐 아니라 전 세계적으로 보편적인 현상이다. 오히려 재난에 대한 사회의 대비는 국가보다는 시민사회 영역의 활동이 훨씬 앞선 것이다. 과거 국가체계에 의한 재난관리시스템이 제도화되기 이전부터 시민사회 영역에는 재난관리를 위한 나름대로의 대응체계를 갖추고 있었기 때문이다. 이것이 제도적으로 정착되면서 국가의 권한과 책임 하에 이루어지는 것이 현대사회의 재난관리체계라고 할 수 있다.

현재 우리는 수많은 위험들에 직면하여 지역사회의 위기에 대한 시민들의 관심과 자발적 참여를 통한 자율적 대응체계가 그 어느 때보다 필요한 시대에 살고 있다. 매년 반복되는 홍수와 태풍 등의 천재(天災)뿐만 아니라 화재와 붕괴, 폭발, 테러, 환경오염 등 각종 인재(人災)로 사람들은 불안과 긴장감 속에 살아간다. 현대사회가 이러한 대재난을 당하며서도 그나마 상황을 수습하고 사회체제를 유지할 수 있었던 것은 국가의 노력뿐 아니라 시민들의 자발적이고 적극적인 자원봉사 노력이 있었기 때문이다. 최근 몇 년간 대규모 자연재난과 인위재난을 반복적으로 경험한 우리 사회는 몇 번의 커다란 위기를 경험하면서 위기극복을 위한 체계적인 자원봉사활동의 중요성을 인식하게 되었으며, 나아가 예방 차원의 자원봉사활동 역시 필요함을 깨닫게 되었다.

전 세계적으로 각국 정부에서는 재해예방, 응급대응 및 재해복구에 관한 방재대책을 마련하여 국민이 재해에 안전한 삶을 영위할 수 있도록 최선의 노력을 다하고 있다. 하지만 예고없이 발생하고, 그 규모가 엄청나게 나타나는 재난특성으로 인해 국민이 기대하고 있는 신속한 재해대응과 재해발생 이전의 생활환경으로 복귀하지 못해 국민의 기대를 충족시키지 못하고 있는 실정이다. 이와 같은 상황 속에서 재해 경감을 위해서는 국민, 민간단체 그리고 정부가 함께 책임감을 가지고 재해경감노력을 기우리는 방재문화의 필요성이 대두되고 있다. 이러한 흐름은 일찍이 방재선진국에서는 정착된 문화로서 국가의 책임한세를 국민에게 인지시키며, 민간단체 및 국민이 무엇을 어떻게 해야 하는지에 대한 종합적인 방재대책을 마련하기 위해 노력을 하고 있다.

재난발생시 정부의 노력에는 한계가 있다. 이는 정부의 태만에서 비롯되는 것이라기 보다는 재난에 대응하는 데 필요한 초소한의 시간, 근무 지역과 인원의 부족, 접근로의 차단 등으로 인해 활동이 늦어질 수도 있다. 따라서 이에 대한 정부의 지원한계를 분명히 하면서 국민으로 하여금 자신들이 책임을 가지고 안전을 도모할 수 있는 능력을 구축하도록 하여야 한다.

4. 전문적 자원봉사자의 역량 필요

현대사회에서의 재난은 매우 복합적이고 대규모 재해로 이어질 가능성이 크다. 이는 재난의 원인이 매우 복잡하기도 할 뿐 아니라, 재난으로 인한 피해양상이 매우 다양한 측면을 갖고 있기 때문이다. 그렇기 때문에 단순한 지식이나 경험을 바탕으로 하는 일반적인 자원봉사자의 역량만으로는 이러한 재난에 효과적으로 대응하기가 어렵다. 따라서 재난의 양상에 따라 전문적인 지식과 경험을 갖고 있는 자원봉사자들의 활동이 필요하게 된다. 삼풍백화점 붕괴참사 때의 경험은 이러한 전문 자원봉사자들의 활동이 얼마나 필요한지를 보여준다. 당시 민간 자원봉사자들은 매우 헌신적으로 구조활동에 참여하였으나, 무분별한 현장 출입으로 인해 현장의 수습작업에 많은 혼선이 빚어졌다. 또한 구조활동이 지속되기 위해서 현장에서 필요한 조명이나 구조장비에 대한 전력공급, 그리고 통신수단의 활용능력 등이 매우 중요한 요소였으나, 이러한 전문적인 대비 능력이 매우 부족하여 현장에서는 참사 초기에 혼란을 가중시키는 요소가 되었다.

대구 지하철 화재사고 당시 각 자원봉사단체들은 급식, 간식 제공 및 생필품 지원과 같은 활동을 주로 하였으나, 한편에서는 통신업체들이 유가족들에게 휴대폰으로 위치추적 서비스를 제공한다든지, 진료 및 투약, 전문 상담 등 다양한 전문적 활동을 전개하기도 하였다. 이러한 사례들을 보면 재난이 발생했을 때, 전문 자원봉사자들의 활동이 얼마나 중요한지를 알 수 있다.

▶ 표 2-4 ◀ 대구 지하철 화재사고시 자원봉사자 참여 현황

활동 분야	참여인원	활동장소	수혜인원
급식	11,894	사고대책본부, 사고현장	204,000
간식, 음료수, 생필품 등 제공	10,260	사고대책본부, 사고현장, 차량기지	642,000
진료 및 투약, 건강검진	1,269	사고대책본부	11,600
유가족 고충처리, 심리상담	1,095	사고대책본부, 사고현장	1,350
통신서비스	533	사고대책본부, 사고현장, 차량기지	무료전화 70대 49,000명 이용 휴대폰 위치확인 239명
분향실 관리 등	494	사고대책본부	90,000
유가족 산소공급	374	사고현장	830
희생자 천도재 등	240	사고대책본부, 사고현장	1,440
청소, 물품운반 등	896	사고대책본부, 사고현장	

자료: 홍원화 등(2004) "재난 자원봉사의 지원 및 관리체계 분석 및 제안", 대한건축학회논문집, 20권 10호, p. 341.
구자행(2005), "자원봉사활동기본법 제정 이후의 방향과 과제".

5. 외국의 자원봉사 교육체계

1) 미 국

VOAD(Voluntary Organizations Active in Disaster)와 지역 위기대응 팀(CERT: Community Emergency Response Team)[7)]

(가) VOAD

미국의 경우, 재난재해가 발생하면 민간 차원의 재해자원봉사조직인 VOAD(Voluntary Organizations Active in Disaster)가 정부 재난대응 조직과 연계하여 복구작업이나 구호사업에 있어서 정부프로그램이 적용될 수 없는 사례별 서비스, 개인 소유의 주택수리, 음식·의료·생필품 지원 등 각종 서비스를 제공하는 체계를 구축하고 있다. 그리고 국가 차원의 방재자원봉사 조직인 NVOAD는 주 차원의 VOAD 조직 구축을 지원하여 풀뿌리 자원봉사조직들이 재난을 준비하고, 대응하고, 회복하는 일에 있어서 효율성을 도모하고 있다. 동시에 NVOAD는 민관 파트너십을 구축하여 FEMA 본부의 지도부에 포함되며, VOAD는 지역 FEMA사무소의 긴급조정위원회의 연락관으로 참여하고 있다.

NVOAD가 설립된 가장 주된 계기는 재난피해자들을 돕는 과정에서 공공 및 민간 부문의 다양한 기관들이 공통적으로 직면하게 된 역할 및 서비스 조정의 부재 및 훈련의 부재라는 두 가지 문제점에 대한 인식이라고 할 수 있다. 미국의 경우, 상호원조와 자원봉사라는 기본적인 사회적 가치를 바탕으로 재난발생시 재난을 극복하고 재난피해자들을 위해

---

7) Neighborhood Emergency Response Team 또는 Neighborhood Emegency Team이라고도 불린다.

도움을 제공하는 노력이 다양한 차원에 오래 전부터 이루어져 왔다. 이러한 과정에서 재난구호활동에 참여하는 다양한 공공 및 민간 부문의 기관들 사이에서는 불필요한 구호활동 및 서비스의 중복, 의사소통에 있어서의 어려움 및 자원봉사자들에 대한 훈련의 부재 등과 같은 여러 가지 현실적인 어려움 및 이러한 어려움으로 인해 발생하는 재난구호활동의 비효율성 및 좌절감을 경험하게 되었다. 그 결과, 재난구호활동에 참여하는 공공 및 민간 부문의 기관들 대부분은 스스로를 어려움이 발생했을 때 다른 사람들에 의해서 '필요로 되는 존재'만이 아니라 자신들 역시 도움을 '필요로 하는 존재'로 인식하게 되었다.

민간 부문의 재난구호활동 참여기관들 사이에서 협력과 조정의 필요성에 대한 논의가 1960년대 말부터 일기 시작하였다. 이러한 논의를 통해서 1970년 7월, 미국 적십자사의 책임자였던 W. D. Dibrell의 주된 노력 하에 7개 민간자원봉사기관의 책임자들이 미국의 수도인 Washington DC에 모여 전국재난구호자원봉사기관협의회, 즉 NVOAD가 결성되었다. 결성 당시 NVOAD는 조직의 성격은 반드시 순수한 자발적 조직이어야 한다는 원칙을 세웠으며 이 원칙을 준수하기 위해 비법인 형태로 출발하였다. 그 이후 10년이 지난 1980년까지 총 22개 기관이 전국회원(national membership)으로 가입하게 되었으며, 1995년에는 23개 전국회원과 5개 회원으로 확대되었다. 이러한 과정에서 보다 효과적인 역할 수행 및 원활한 모금활동을 위해서 초기 비법인 원칙에 대한 재고의 필요성이 대두되었으며 마침내 1994년 비영리법인으로 조직의 성격을 전환하게 되었다.

1970년 결성된 이후 재난구호활동에 참여하는 다양한 민간 자원봉사기관을 대표하는 협의체로 성장하게 된 NVOAD는 2000년 3월, 공공부문의 재난관리를 총괄하는 FEMA와의 협의를 통해서 VOAD 운동의 성장 및 강화를 통해 자원봉사조직들의 재난에 대비 및 대응하고 재난발생시 이를 극복하는 데 최적의 효율화를 꾀하는 방안을 모색하기 시작했다. 이러한 협의에서 얻어진 결의사항을 토대로 공공 부문, 즉 FEMA와의 협력 하에 VOAD 운동이 성공을 위해 독자석인 개발과 계획을 시작할 수 있게 되었다.

(나) CERT

미국에서 지역위기대응팀(CERT)은 재난자원봉사자들의 조직으로서, 재난대응과 진화훈련, 기초의료훈련과 인명구조훈련을 이수한 자원봉사자들로 구성된다. CERT는 주요 재난이 발생하였을 때, 지역별 재난 대응체계와 협력적으로 활동을 하도록 구성되어 있다.

지역자율방재조직의 성격을 갖는 CERT는 방재안전관리를 위한 응급지원 기능을 수행할 수 있는 기초자치단체 시군구 단위의 민관합동조직이다. 이 조직은 지역특성에 따라 조직 및 가능을 변화시킬 수 있으며, 지역소방팀, 의용 소방대, 경찰 및 긴급구조·구난팀, 적십자사, 지역의 시민단체, 민간봉사단, 종교단체, 민간의료단 등을 포함한다. CERT 프로그램은 필요한 모든 활동을 행하는 단일 팀 혹은 각각 지도자가 있는 팀으로 나뉘어질 수 있으며 지휘책임자를 중심으로 적어도 3명 이상으로 구성되는데, 일반적으로 CERT의 팀 구성은 다음과 같이 이루어진다.

- CERT 팀리더(1명): 재난현장에 대한 초기 파악 및 팀 구성원들의 적절한 활동을 결정하는 역할 수행
- 화재진압팀(2명): 팀 리더의 감독 하에 지정된 장소에서 진화작업 실시
- 수색 및 구조팀(2명): 팀 리더의 감독 하에 피해자 수색 및 구조작업 실시

- 응급처치팀(2명): 팀 리더의 감독 하에 재난현장에서 발견된 피해자에게 응급처치 실시
- 진료팀(2명): 팀 리더의 감독 하에 훈련받은 범위 내에서 피해자에게 의료적 처리 실시

CERT는 일반 주민들을 대상으로 재난자원봉사교육을 실시함으로써 지역 단위의 자율적인 방재조직을 형성할 수 있도록 하고 있다. 다음은 미국 로스앤젤레스 CERT의 교육과정 내용이다.

▶ 표 2-5 ◀ CERT 교육과정의 예

과 정	내 용
과정 1 입문: 지진 감지	등록 소개 캘리포니아 남부의 지진 위험 개인 및 가족의 대응책 비상시적 위험 경감대책
과정 2 화재진압기술	화재의 화학적 특성 소화기 사용법 기구 사용법 창의적 화재진압 기술 위험물질
과정 3 재난상황에서 의료적 처치 1	생명을 위협하는 응급상황에 대한 이해 생명을 위협하는 응급상황처치법 중증도분류
과정 4 재난상황에서 의료적 처치 2	전신 진단 생명을 위협하지 않는 응급상황 대처법 치료부위 관리법
과정 5 수색과 구조	대피요령 수색기법 구조 방법
과정 6 팀 조직과 재난심리	대응팀 만들기 현장지휘체계 심리 측정

과정 7 테러리즘과 국방	테러리즘의 역사 테러 발생시 해야 할 일과 하지 말아야 할 일 국방을 위한 조언

2) 일 본

일본은 1995년 고베지진을 계기로 재해대책기본법을 개정하여 방재기본계획에 자율방재조직의 강화를 위해 지도자 육성과 지침 작성, 기자재 정비촉진을 위한 국고보조제도 신설 등 활성방안을 법률적으로 구체화하였다. 2003년 4월 1일 현재 자율방재조직은 전국 3,213 시구읍면 가운데, 2,536 시구읍면에서 10만 9,016의 자율방재조직이 설치되어 있어 전국 조직률은 61.3%에 이르고 있다(일본소방청, 2003)

특히 재해관리의 지역성을 우선하는 원칙에 의거 중앙정부와 지방정부 및 민간단체의 역할분담을 명확히 하고 있으며, 1996년부터 중앙정부 차원에서 '방재 도시 만들기 대상'을 선정, 적극적인 홍보활동을 통해 지역단위의 방재능력 향상을 지원할 뿐만 아니라 지방자치단체 차원에서는 방재담당 공무원의 인식 및 리더십 향상을 위해 단체장과 간부직원 및 담당자를 대상으로 방재교육을 실시하고 2001년부터는 가상훈련도 실시하고 있다. 한편 민간 차원의 자원봉사 참여를 촉진하고 효율적 자원 활용을 위하여 시정촌의 자원봉사센터를 전국 차원으로 연계하여 재해 자원봉사센터를 운용하고 2001년부터는 '재해 자원봉사데이터은행(Volunteer Data Bank)'을 설치 · 운용하고 있다. 따라서 재해가 발생하면 지역자율방재조직과 재해자원봉사조직이 연대하여 활동할 수 있는 체계를 구축하고 있다.

일본은 지역마다 시민 스스로에 의해 조직, 운영되는 '민간방재단'이 있어 재난에 대처하고 있다. 재난발생 전엔 정기적인 안전점검을 하고 재난이 발생하면 구호물자의 운반, 피난자의 지원, 숙식배려, 간호 등을 한다. 그러나 이 민간방재단은 직접 현장에 투입돼 일하는 봉사조직이지 관리조직이 아니다. 관리조직으로는 전국 3,400여 개의 각 도도부현(道都府縣) 사회복지협의회 안에 설치된 볼런티어센터가 있다. 그러나 이 자원봉사센터는 주로 사회복지 관련 봉사활동을 조정하는 곳이지 일반 재난구조 및 복구활동 전반까지를 관장하는 조직이 아니다. 따라서 재난이 발생하면 주로 우리나라와 같이 관의 재해대책본부가 모든 것을 관장한다.

일본이 일반 자원봉사 조직체 및 자원봉사 관리에 관심을 갖게 된 계기가 1995년 1월 17일에 발생한 한신-아와지(阪神・淡路, Hanshin-Awaji) 대지진이다. 당시 각종 자원봉사활동 및 주민의 자발적인 방재활동에 관한 방재상의 중요성이 널리 인식되었다. 같은 해 7월에는 방재기본계획이 개정되어 「방재자원봉사활동의 환경정비」 및 「자원봉사의접수」에 관한 항목이 설치되었다. 또한 같은 해 3월에 설치된 방재문제간담회는 9월에 「방재문제간담회 제언」을 정리하여 그 중에서 방재자원봉사의 중요성이나 이를 위한 보급개발활동의 필요성이 지적되었다. 이를 받아들여 같은 해 12월의 각의 동의에 의해 「방재와 자원봉사의 날」 및 「방재와 자원봉사주간」이 창설되어 매년 이 시기에는 전국에서 방재와 자원봉사에 관한 각종 행사가 개최되었다. 1995년 12월에는 재해대책기본법이 개정되어 국가 및 지방공공단체가 「자원봉사에 의한 방재활동의 환경정비에 관한 사항」의 실시에 노력하지 않으면 안된다(동법제8조)고 법률상 명확하게 규정되었다. 「자원봉사」라고 하는 용어가 국가 법률에 명기된 것은 이것이 처음이다.

한신-아와지 대지진 당시 전국에서 수많은 대학생, 직장인 등 일반 자원봉사자들이 고베시에 몰려 들자 그들을 파악, 효과적으로 배치 관리할 필요성을 느꼈다. 이후 일본의 자원봉사는 사회복지 영역을 넘어 재난, 환경보호, 범죄예방 등 타 분야의 활동으로까지 확대되기 시작하고 정부 역시 그들 비영리단체들의 활동을 조정, 지원할 필요가 있어 1999년 소위 NPO법이라 하는 '공익비영리단체지원법'을 제정했다. 이후 자원봉사와 관련한 중앙정부 부처들의 상설 조직체가 만들어지고 지역 볼런티어센터들 역시 사회복지 외에 기타의 분야까지 관장, 재난 등 발생시 몰려드는 자원봉사자들을 효과적으로 배치, 관리하는 노력을 펴고 있다.

일본의 자주방재조직은 평상시에는 방재훈련의 실시, 방재지식의 계발, 방재순시, 기자재 등의 공동구입 등을 하고, 재해시에는 치기소화, 주민 피난유도, 부상자 등의 구출·구호, 정보수집·전달, 급식·급수, 재해위험장소 등의 순시 등을 하고 있다. 효과적인 자주 방재활동을 위해서 조직의 정비, 재해시의 정보전달·경계체제의 정비, 방재용기자재의 비축, 대규모 재해를 가정한 방재훈련을 반복하고 있다. 일본재해대책기본법에서 「자주방재조직의 충실을 도모하는 것은 시정촌의 책무」로 규정하고 있기 때문에, 시정촌에서는 앞으로도 ① TV등에 의한 계발 및 리더 연수회에 의한 지도, ② 방재활동용의 기자재 정비를 위한 조성, ③ 방재에 관한 정보의 적극적인 제공 등의 시책촉진 등, 주민이 참가하기 쉬운 환경만들기에 노력하여 방재조직의 육성과 활동을 적극적으로 추진하고 있다.

소방방재청에서는 자주방재조직 활성화 사업에 의한 지원확충(훈련·연수등의 소프트사업에의 지원) 이외에 사회정세의 변화 등에 입각하여 「자주방재조직의 절차」를 검토하고 IT를 활용한 리더육성이나 재해약자에의 배려, 재해시의 자원봉사활동과의 협동 등의 내용을 포함시켜 개정하는 등 자주방재조직의 결성·활성화를 촉진하고 있다.

제 6 절 재난관리의 단계별 특성과 전문자원봉사자의 수행역할

재난자원활동은 매우 광범위하며 유기적 연관관계 속에서 이루어지는 것이 바람직하다. 재난자원활동은 직접적인 서비스 제공뿐 아니라 연구 및 교육의 영역에서 다양하게 이루어질 필요가 있다. 재난관리의 연속성과 순환적 특성을 고려할 때 재난예방 단계에서부터 재난복구에 이르기까지 전문적 지식과 기술을 투입될 필요가 있고 이는 공공기관의 예산으로 모두 해결될 수 있는 것이 아니기 때문이다. 또한 지역의 전문가 집단과 지역사회 내의 다양한 단체들이 보유한 인적 자원과 물적 자원을 재난자원활동으로 활용되도록 조직할 필요가 있다. 지역의 의료기관, 학계, 운송관련자 및 개별적인 의료요원을 비롯한 다양한 인력과 기관이 평소에 재난에 대한 이해를 공유하고 협력적 활동을 할 수 있도록 조직하고 관리체계를 구축하는 것이 바람직하다. 재난예방을 위한 활동은 지역사회가 재난에 대응할 수 있는 역량을 강화하여 재난이 발생했을 때 피해를 줄이고 효율적으로 대처할 수 있는 지식을 축적하고 지역사회를 조직하는 활동을 포함한다(Points of Light Foundation & Volunteer Center National Network). 재난자원봉사의 활동과 범위를 전체 재난관리의 맥락에서 살펴보면 다음과 같다.

재난자원봉사의 역할: 시기별

재난자원활동의 영역은 포괄적이고 종합적이다. 재난의 유형과 특성과 직접적으로 관련되는 지원활동은 물론이고 일상적으로 이루어졌던 삶의 영역의 여러 문제들이 재난시에는 원활하게 이루어질 수 없다. 따라서 그러한 모든 부분이 재난피해 지역주민들의 안정과 안전을 지원하는 활동으로 자원봉사자들의 손길을 기다린다. 인명구조나 의료활동과 같은 전문적 역할이 요구되는 자원봉사, 행정적인 사무 보조, 긴급한 정보를 전달하고 고립된 주민들을 지역사회 및 다른 가족과 연락할 수 있도록 돕는 일, 일반적인 가사 지원 및 어린이, 노약자 및 장애인이나 만성질환자를 돌보는 일을 포함하여 심리적으로 불안정하고 어려움을 겪는 사람들을 지원하는 일에 이르기까지 모든 일들이 자원봉사활동의 영역에 포함된다.

그러나 재난자원봉사활동은 연속적이며 순환적인 특징이 있다. 효율적인 재난자원활동은 재난의 예방, 대비, 대응과 회복의 전 과정에서 재난관리의 기본적인 원칙과 일관성을 유지하면서 다양한 역할을 수행해야 한다. 재난 경감기의 자원활동은 가정, 지역사회 또는 지방자치단체 및 중앙정부 차원에서 모든 종류의 재난을 경감시킬 수 있는 목적 달성하기 위한 업무를 지원한다. 재난 예비기에는 어떤 종류의 재난이 발생하는 경우에도 직접적인 충격을 줄이고 지탱할 수 있도록 잘 준비한다. 그러나 화재, 태풍, 홍수, 강풍 또는 각종 인재가 발생하는 경우 응급시에 필요한 개인의 요구와 지역사회 문제해결을 지원하는 자원봉사를 한다. 구조지원, 집단 쉼터의 이재민 지원활동, 집단급식, 불안해소, 적절한 정보연결 등 재난피해 지역의 전반적인 안정을 도모하는 활동이 두루 포괄적인 자원활동의 영역이 될 수 있다. 재난의 응급단계가 지나면 수개월에서부터 수년에 이르는 복구활동이 이루어진다. 재난복구 및 회복은 개인과 지역사회 및 공공기관과 전문 영역들의 협력의 결과에 따라 효과가 달라진다. 자원봉사활동은 재난피해 지역이 정상을 회복하고 더욱 발전할 수 있도록 지원하는 것이다. 특히 회복기의 자원활동은 일상적 삶의 영역과 밀접한 관련을 갖는다.

재난시의 원활한 자원활동을 논의하기 위해서 각 단계에 따라 요구되는 자원활동과 그에 관련 자원봉사단을 고려하면 다음과 같이 정리할 수 있다.

1. 예 방

재난의 예방은 재난으로부터 발생할 수 있는 국민의 생명, 재산, 사회·경제적 활동, 자연자원 등을 파괴하는 위협을 제거하거나 감소시키는 행위를 말한다. 다시 말해, 예방은 위기 요인을 사전에 제거하거나 감소시킴으로써 위기발생 자체를 억제하거나 방지하기 위한 일련의 활동이다. 예방활동은 각종 재난으로부터 인간의 생명과 재산에 대한 위기피해의 정도를 감소시키려는 장기적인 활동과 그러한 위기피해 감소계획의 결정·집행을 포함한다.[8)]

이 단계에서의 전문자원봉사자의 역할은 단독으로는 사회 각 분야에서의 안전의식의 고취와 안전문화의 형성, 특수업무 분야별로 상설 재난예방특별업무수행팀[9)]을 구성, 팀내 혹은 팀간의 재난의 예방을 위한 전문지식에 대한 사전교육, 훈련 및 협조·소통교육의 수행, 재난 취약지역에 대한 사전안전감시활동 및 대민 안전의식교육, 위험의 사전감지활동 등을 수행하는 것이 있고, 관·민·학계와 협력하여 재난 관련 법규의 정비, 재난관리 분야의 연구수행, 재난관리 공영방송의 운영, 시설 및 장비의 안전검사 실시, 기업이나 관공소 및 학교 등에 안전내규의 마련 등의 업무를 추진하는 것이 있다.[10)]

---

8) 손영수, "국가위기관리 전략에 관한 연구(대생물테러 조직간 관계분석을 중심으로)", 37-38면, 충북대학교 행정대학원 석사학위논문, 2005. 8.

9) 예를 들어, 집중호우, 홍수, 하천범람 및 교량붕괴가 잦은 재난취약 지역의 경우, 토목공학, 환경공학, 건축공학, 기상학의 학자들과 건설업, 건축업 등 관련 업계의 전문가들이 전문자원봉사자로서 상설 재난예방특별업무수행팀을 구성하여 해당 지역에 대한 보다 전문적이고 일관된 사전안전감시활동 및 대민 안전의식교육, 위험의 사전감지활동, 재난위험분석 등의 업무를 수행할 수 있다.

10) 성기환, "시민, 기업, 정부간의 통합 재난구호시스템 구축에 관한 연구", 제3차 위기

재난예방을 위한 자원활동은 지역사회가 재난에 대응할 수 있는 역량을 강화하여 재난이 발생했을 때 피해를 줄일 수 있도록 하는 활동을 밀한다. 재난에 대비하고 재난의 피해에 대한 지식을 가지고 있는 지역사회 내의 전문가들이 자기들의 지식과 기술적 능력을 지역사회 재난대비를 위해 활용한다. 전반적으로 재난과 관련된 지역사회 요구를 정기적으로 평가하고 취약 대상에 대한 관심 및 기본 교육을 담당한다. 특히 각 분야의 전문인력 가운데 자원활동 요원을 모집하고 재난 담당 주관청과의 연계 하에 방재훈련, 대중교육, 전문가 교육 등을 담당하며, 취약대상을 발굴하고 목록화하고 응급시에 우선 구조 및 지원활동 요령을 준비한다. 또한 지역사회의 재난 취약성 종합지도를 만드는 일도 예방단계에서 이루어지는 재난자원활동의 중요한 부분이다.

특히 각급 학교의 교육과정을 활용한 전문적 재난교육은 재난발생시 매우 중요한 역할을 수행하게 된다. 어린이와 청소년들의 특별활동이나 관찰활동 또는 재난 관련 과학실험 등은 전문 자원봉사자들이 전문지식을 응용하여 수행할 수 있다. 이러한 교육은 어린이와 청소년들의 재난관련 인식을 높일 수 있다. 뿐만 아니라 자원활동가들은 동네의 모임이나 지역사회 단체의 교육을 시행하는 동시에 지역사회 내의 위험 문제를 토론하고 대처하는 방안을 주민들과 함께 연구하고 대책을 마련할 수 있다.

예방단계의 재난자원활동이 전문가들에 의해서 적절하게 수행된다고 할 때 지역사회 내의 전문가 집단들의 재난대응위원회 등을 구성하여 논의하고 함께 준비하면 실제 재난이 발생했을 때 더욱 효율적인 재난대응활동에 참여할 수 있을 것이다. Suzuki(2006)는 재난의 예방을 위해서 지역사회 내에 재난 자원봉사단을 조직하고 지역공공기관과 유기

관리 이론과 실천 학술회의(2006.4.21) 발표논문집, 24-26면.

적 관계를 유지하면서 재난을 대비하는 역할을 협력적으로 수행할 수 있는 연습을 하는 것이 중요하다고 지적하고 있다. 또한 현대사회의 가족 구성의 특성이나 홀로 가족 또는 독거 노인이 많은 실정을 감안하면 지역사회의 공동노력을 통한 재난예방 자원활동을 통해서 재난피해를 줄이고 적절하게 대응할 수 있을 것이다.

재난이 발생하기 전에 재난을 대비하기 위해서 자기들의 지역사회가 재난에 잘 대응할 수 있도록 자율적 네트워크를 구축한다. 위험한 환경에서 활동하는 법, 전문가 지원 방법 등의 훈련을 한다. 우리나라에서 현재 이와 비슷한 개념의 방재훈련이 있으나 형식적인 프로그램에 불과한 실정이다. 훈련은 자발적으로 위험에서 자기를 구하고 이웃을 구할 수 있는 것이어야 한다. 따라서 우선적으로 재난의 위험성, 자기가 거주하고 있는 지역의 위험요인 등을 정확하게 알도록 하는 것이 바람직하다.

주민 네트워크는 분명한 목적과 목표를 공유하는 과정을 거쳐야 하며, 분명하고 구체적인 업무가 분담되어야 한다. 이렇게 훈련받은 주민들은 재난발생시 응급지원한 훈련받지 않은 자원봉사자들의 일차적 교육을 담당하고 지역을 안내하며 보다 원활한 재난자원활동이 이루어질 수 있도록 돕는 리더 역할을 수행할 수 있다.

2. 대 비

대비는 위기상황 하에서 수행해야 할 제반 사항을 사전에 계획·준비·교육·훈련함으로써 위기 대응능력을 제고시키고 위기발생시 즉각적으로 대응할 수 있도록 태세를 강화시켜 나가는 일련의 활동을 말한다. 대비업무는 위기발생시 대응할 수 있는 능력을 사전에 마련하기 위하여 수행하는 개발활동을 의미한다.

이 단계에서의 전문자원봉사자의 역할은 단독으로는 구호물자 및 장비의 확보, 분야별 전문재난실무구호팀의 구성과 분야별 전문구호프로그램의 개발, 교육 및 훈련 등의 업무를 수행하는 것이 있고, 관·민·학계와 협력하여 구호자원의 확보, 구호기금의 적립, 방재시설과 장비의 점검, 분야별 재난구호프로그램의 개발, 교육 및 훈련, 그리고 국가안전관리정보시스템의 네트워크 구축에 전문자원봉사자로서 참여하여 재난관리팀의 일원으로서 활동할 수 있고, 기업 등 민간단체의 피고용인들의 교육 및 훈련, 시설과 장비의 안전점검 등의 업무를 수행하는 것이다.

재난을 대비하는 시기에 정부나 지방자치단체는 자발적인 자원활동을 관리할 수 있는 Emergency Operation Plan을 수립하는 것이 중요하다. 자원봉사조직이 활성화될 수 있도록 조직의 리더를 중심으로 전문성, 자원, 역량에 따라 역할을 분담하고 유기적 관계를 유지한다. 또한 응급대응 기획을 담당하는 사람은 지역의 자원봉사조직 및 활동가능한 인력을 발굴하고 조직하는 것이 바람직하다. 재난발생시 일반적인 자원봉사자들이 재난 지역을 지원하고자 하는 강력한 의지를 가졌음에도 불구하고 구조와 복구에 방해가 될 수 있다는 것을 감안하여 지역의 전문자원봉사자들은 이에 대비하고 사전에 관리할 준비를 마치는 것이 좋다. 또한 중앙 정부의 전문적인 자원봉사조직과 사전에 연계하고 공동의 활동계획을 세운다. 재난현장에서 재난자원봉사자들이 할 일을 꼼꼼하고 구체적으로 분담하고 자원활용계획을 세운다.

재난시에 사용할 팜플렛을 제작하고 훈련받지 않은 자원봉사자에 대한 교육 계획을 세운다. 필요한 정보를 인터넷 등을 통해서 유포하고 공공서비스의 내용을 홍보한다. 대중교육과 쉼터에 대한 준비 및 대중교육을 실시한다.

3. 대 응

대응은 위기발생시 국가의 자원과 역량을 효율적으로 활용하고 신속하게 대처함으로써 피해를 최소화하고 이차 위기발생 가능성을 감소시키려는 일련의 활동으로, 위기관리 관계기관들이 해당 분야에 대한 임무 및 역할을 실제로 수행하는 단계이다. 지금까지 단위 사회가 준비한 대책과 비상계획이 가동되고, 계획의 합리성과 훈련의 실효성이 검증되는 단계이다. 대응단계에서의 활동은 적시성, 적절성, 효과성이 확보되어야 하고, 대응조직이 재난에 적절히 대응하기 위해서는 어떤 상황이나 위험을 이해하고 예측할 수 있는 지식, 교육훈련이나 경험에 의해 축적된 대응활동 실행의 기술, 그리고 대응조직의 규모 및 장비의 의미로써의 대응능력을 함께 갖추고 있어야 하며, 대응단계의 관리를 위해서는 관할권의 분쟁, 표준절차의 부재, 대응기관의 다양성, 각기 분산된 대응활동 등의 문제점에 대한 파악과 대안을 마련해야 한다.[11]

이 단계에서의 전문자원봉사자의 역할은 단독으로는 현장봉사센터의 설치와 운영, 재난 의연금품의 접수와 분류, 전문구호봉사서비스의 제공, 구호물자의 제공 등의 업무를 수행하는 것이고, 관·민·학계와 협력하여 통합재난상황실의 운영, 각종 재난정보를 공유, 자원의 합리적 분류 및 공평한 분배 제공,[12] 전문적 주민대피, 교통과 소방 및 치안의 유지, 도시 기반시설의 기능 유지 및 수리, 기타 기업이나 대학 등에서 파견된 민간 봉사자 및 피고용인의 전문적 관리 및 보호 등의 업무를

11) 이재은 외, 「재난관리론」, 170면, 대영문화사, 2006.

12) "재난구호 전문연수를 이수한 그 지역의 자원봉사자들이 이재민들에게 직접 물자를 전달하는 것이 이웃의 온정과 함께 전달되어 원활하게 구호가 이루어 질 수 있다" : 성기환, "시민, 기업, 정부간의 통합 재난구호시스템 구축에 관한 연구", 제3차 위기관리 이론과 실천 학술회의(2006.4.21) 발표논문집, 25면.

수행하는 것이다.

재난대응 단계는 엄청난 충격과 함께 인명손상 및 물질적 자산손실이 발생할 가능성이 높은 시기이다. 이 때에 재난 지역의 주민을 비롯한 공공기관의 실무요원들 또한 재난으로 인한 혼란에 직면한다. 준비된 재난관리 체계가 비상관리를 시작하지만, 여전히 긴급으로 많은 인력이 필요하다. 따라서 자원활동이 긴급하게 요구되는 한편 재난관리 체계의 업무 흐름을 방해해서는 안되는 시기이기도 하다. 따라서 자원봉사자들의 활동은 공공기관의 책임 부서와 밀접한 공조체제를 구축하고 재난관리명령계통에 따라 필요한 업무지원을 한다. 자원활동으로는 구조된 사람들의 안정 도모 및 생존에 필요한 기본요구 충족(음식, 식수, 기본적 의류의 제공 등)의 활동이 포함된다. 이 때 자원봉사자들은 적절한 배분과 공정성을 잃지 않아야 할 뿐 아니라 흥분하거나 당황하면 안된다. 중요한 활동은 초기 심리적 응급 지원, 쉼터로의 이동 지원, 응급의료지원, 소아, 노인, 장애인 및 만성질환자 등 취약자들 보호 등이 포함된다. 또한 생존자들은 다른 가족들에 대한 걱정을 하게 되고 그들에 대한 소식을 듣고자 한다. 따라서 대응시기는 자원봉사자의 역할이 가장 많이 요구되는 시기이기도 하다. 준비되지 않은 자원봉사자들은 오히려 2차적 혼란을 가중시키는 원인을 제공하기도 한다. 정보를 정확하게 제공할 수 없거나, 봉사자 자신이 흥분하는 경우 이재민 또는 구조된 사람들은 심각한 불안상태를 경험하게 된다. 자원봉사자들을 위한 활동지침은 문서화되어서 배포해야 하는데, 이러한 지침을 제작하고 배포하는 일 또한 자원봉사자들의 몫이다.

재난대응기의 재난피해자들을 심리적으로 안정시키고 삶의 의욕을 되찾도록 하는 것은 재난자원봉사의 중요한 역할이다. 심리적 불안과 갈등은 피해자들이 정신건강의 문제가 있어서가 아니라 일시적인 충격으로 인한 혼란을 경험하기 때문이다. 따라서 재난피해로 인한 혼란의 원인에 따라 적절히 지원할 수 있는 활동이 중요하다. 자원봉사자들에 정확한 정보를 제공하고 그들의 재난체험을 들어주는 일이 중요하다. 특히 의료문제나 가족의 안위가 불안의 중요한 요인이 되고, 불확정 상태가 안정감을 저해한다. 따라서 재난자원봉사자들과 함께 있고 그들의 이야기를 듣는 것 또한 중요한 자원활동에 속한다.

이 시기의 중요한 문제는 단체에 속하지 않은, 즉 훈련받지 않은 자원봉사자들에게 명확하게 업무를 부과하고 통솔하는 일이다.

4. 복 구

복구(사후관리)는 위기로 인해 발생한 피해를 위기 이전의 상태로 회복시키고, 제도 개선 및 운영체계 보완 등을 통하여 재발을 방지하며, 위기관리 능력을 보완하는 일련의 복구활동으로 위기발생 직후부터 피해 지역 및 피해 영역이 위기발생 이전의 상태로 회복될 때까지의 장기적인 활동이다. 단기적・임시적 응급복구와 장기적・항구적인 원상복구 혹은 개량복구의 형태가 있다. 단기적인 응급복구는 이재민들이 최소한의 생활을 영위해 나갈 수 있도록 하는 식량, 식수, 비상구호품 등의 지원을 의미한다. 그리고, 구조적인 복구에 그칠 것이 아니라, 사망 혹은 부상의 피해자와 그 유가족 및 대응활동에 재난관리 참여자들의 정신적・심리적 상처를 치유해 줄 수 있도록 미국의 NIMH(National Institute of Mental Health)의 지원체계와 같은 대책을 마련할 필요가 있다.[13)14)]

13) 이재은 외, 「재난관리론」, 175면, 대영문화사, 2006.

14) 심리적 충격은 개인이 인식하고 그려 왔던 기본적 구조를 무너뜨린다. 다시 말해, 재난으로 인한 심리적 충격은 개인의 인지 체계의 혼란을 불러오고 그에 대응하는 시스템으로 생리적 변화를 일으켜 더 이상 세상을 믿을 수 있고 안전한 곳으로 느낄 수 없게 만든다. 급격하고 심각한 충격으로 인한 급성스트레스반응인 PTSS(post-

이 단계에서의 전문자원봉사자의 역할은 재난피해 지역의 경제재건, 이재민의 생활회복, 이재민을 비롯하여 모든 재난관리 참여자의 신체적 · 정신적 · 심리적 상처의 치유를 목표로 하게 되고, 단독으로는 특별한 피해를 입은 이재민이나 유가족 또는 취약계층에 대한 특별구호와 전문적 지원, 이재민 생활안정을 위한 전문적 복구공사 등의 업무를 수행하는 것이 될 수 있다. 또한 관 · 민 · 학계와 협력하여 도로, 다리 등 공공시설의 복구, 세금감면과 위로금 및 지원금의 지급, 기업 등 다른 민간단체와 협력하여 지속적으로 경제적 후원을 제공하거나, 보상 혹은 배상 관련한 법률적 자문과 소송지원,[15] 자매결연의 형태를 유지하며 필요한 대상들에게 지속적인 특별구호와 전문적 지원을 제공하는 등의 업무를 수행하는 것이 이들 자원봉사자의 역할이다.

재난복구는 상당한 시간이 필요하다. 따라서 피해 지역을 복구하고 사람들이 일상생활로 복귀할 수 있도록 돕는 자원봉사자들을 더 모집하고 독려하는 일이 중요하다. 또한 자원봉사자들의 기능에 따라 적절하게 업무를 배분하고 일의 완급을 정하여 지원하도록 해야 한다.

자원봉사자들은 지역사회의 청결을 유지하고 부서진 건물이나 시설을 복구하는 일을 지원할 수 있다. 또한 각종 피해 정도를 조사하고 가정방문을 통해서 피해주민의 건강상태를 확인한다. 기초적인 의료서비스가 제공되어야 하며, 심리적 충격과 상실의 우울감을 해소하는 심리적

---

traumatic stress syndrome)는 충격 후의 일반적인 심리적 체험으로서 6일~6개월 이내에 보통 회복된다. 그러나, 보다 장기적이고 심각한 후유장애인 PTSD(posttraumatic stress disorder)는 충격 후 2일~3개월 후부터 나타나서 3년 이상 지속되기도 하고, 때로는 만성적 · 장기적 문제를 남겨 인격을 황폐화시킨다. 그렇기 때문에 재난피해자에 대해서 장기적인 추적 연구가 포괄적으로 이루어질 필요가 있다. 장기적인 추적연구를 통해서 근본적인 지식체계를 구축하고 장기적인 대안을 마련하고 있는 나라는 미국을 비롯한 선진국들이다: 최남희, "재난 피해자의 사후 지원", 한국위기관리논집 제2권 제2호(2006. 겨울), 4면/16면.

15) 대구 지하철 화재사고의 경우를 보면, 강지원 변호사가 협상과정에서 자원봉사자로서 많은 법률적 지원을 제공하여, 전문 분야 자원봉사자의 좋은 예를 보이고 있다.

지원도 함께 이루어진다. 노약자와 어린이를 돌보고 적절하게 자원이 배분될 수 있도록 하는 일 또한 자원봉사자들이 수행한다. 행정기관의 업무를 지원하고 지원된 물자를 관리하고 정리하는 사무 보조를 수행한다.

또한 피해 지역의 주민들이 겪는 갈등을 해소하는 공동체 갈등완화 지원 등 지역사회의 탄력성을 회복시킨다. 집단모임이나 활동을 독려하고 개별적인 가정방문도 중요하다. 특히 가족을 잃었거나 거주지가 완전히 파괴되어 갈 곳이 없는 가정은 중요한 방문 대상이다. 이 시기의 자원활동은 문화적 관습이나 생활상의 공통성을 갖는 가까운 지역의 사람들이 효율적으로 피해주민을 도울 수 있다. 환경위생의 요구가 높아지고 주민들의 불안을 완화할 수 있는 주민교육과 어린이들을 위한 특별한 심리적 지원 프로그램도 필요한 시기이다. 뿐만 아니라 피해주민을 위한 행정적 절차를 돕고 필요한 정보를 정확하게 제공해 주는 일이 필요하다.

제 7 절 자원봉사활동의 구성체계

자원봉사활동은 자원봉사수요기관, 자원봉사공급기관, 자원봉사조정기관, 그리고 이들을 둘러싼 외부 환경과의 상호작용 속에서 이루어진다. 이를 다시 체계별로 분류해 보면 추진체계, 관리체계, 지원체계로 구분해 볼 수 있는데 이들을 구체적으로 살펴보면 다음과 같다(남기철, 2007; 류기형 외, 1999).

1. 추진체계

추진체계란 자원봉사활동을 육성, 추진해 가는 것을 주 목적으로 하는 기관이나 단체들로 구성된다. 자원봉사활동은 자원봉사자나 자원봉사 수요자 어느 한 측면만의 일방적인 욕구에 의해 성립되는 것이 아닌 쌍방의 대응이다. 그러나 이런 욕구의 만남이란 그렇게 쉽게 행해지는 것은 아니다. 인간을 돕고자 하는 욕구는 본능과 마찬가지로 모든 인간에게 존재하지만 모든 사람들이 자원봉사활동에 참여하는 것은 아니다. 중요한 것은 타인을 돕고 지역사회 문제해결에 참여하고 싶은 동기를 실행에 옮길 수 있도록 언제나, 어디서나, 누구나 자원봉사활동의 기회를 발견할 수 있도록 공식적인 채널을 만들고 그것에 협조할 수 있도록 원조하는 것이 필요하다. 이러한 것은 자원봉사자로부터 원조를 받고자 하는 측면에서도 마찬가지다. 서비스 전달은 매우 복잡하고 대부분의 많은 사람들은 자원봉사자로부터 도움을 받을 수 있는 다양한 방법에 대해 알지 못한다. 특히 현대와 같이 자원봉사 수요자의 욕구가 급격히 증대되고 있는 상황에서 적절한 서비스를 공급받는 데는 많은 제한점이 있다.

따라서, 타인을 위해, 지역사회를 위해 시간과 재능(기술)을 제공하고자 하고, 그런 활동에 관심을 가지고 있는 사람들과 자원봉사활동이 행해지기를 바라는 측면을 연결할 뿐 아니라 경우에 따라 조정하기도 하고, 지역주민들이 자원봉사활동의 올바른 정신을 이해하고 자원봉사활동에 참여할 수 있도록 조직적이고, 체계적으로 일관성 있게 주도해 나갈 수 있는 추진체계가 확립되어야 한다. 이러한 추진체계의 확립이란 자원봉사자의 자발성을 저해하거나 침해하는 것이 아니라 자원봉사활동에 접근이 용이하도록 네트워크를 구축하고 자원봉사활동을 조직함으로써 효율적이고 효과적인 서비스가 행해지도록 한다. 따라서 이들 추진체계에 속하는 기관이나 단체들은 지역사회에서의 욕구에 대응해 자원봉사 프로그램을 개발하고 자원봉사자를 모집하여 연결해 주는 역할에서부터 교육 및 훈련의 기능, 정보교환의 기능, 각 자원봉사기관과의 유기적인 관계유지 및 조정을 한다. 한 마디로 자원봉사활동의 구심점으로서 자원봉사활동을 조직한다.

2. 관리체계

자원봉사활동은 금전적 보상이 아닌 심리적 동기에 의해서 크게 영향을 받기 때문에 자원봉사자에 대한 관리는 활동의 지속성과 서비스의 효과에 영향을 미치는 매우 중요한 변수이다. 자원봉사활동 관리체계란 자원봉사자를 효과적으로 활용하기 위해 시설이나 기관이 행하는 활동 중 모집, 홍보, 교육, 배치, 평가, 인정과 승인 등의 관리과정과 이런 과정을 다루는 인력 등을 모두 포함한다.

즉, 자원봉사 관리체계는 크게 두 가지로 구분될 수 있는데 하나는 자원봉사관리자이고 다른 하나는 자원봉사관리과정이다.

자원봉사관리자는 자원봉사자 및 프로그램을 관리하는 인력으로 전문성의 정도에 따라 전문가, 준전문가, 리더로 세분화할 수 있다. 자원봉사전문가는 자원봉사활동 전반에 대한 전문적인 교육과 훈련을 받고, 기관이나 시설에서 자원봉사자관리 및 조정에 대한 일을 주된 업무로 하는 유급직원으로 역할에 따라 자원봉사슈퍼바이저, 자원봉사조정자, 자원봉사감독자(director)로 불리기도 한다.

자원봉사준전문가는 자신들의 고유 업무 외에 자원봉사자관리도 겸하고 있는 경우이다. 또한 자원봉사 리더는 자원봉사활동 경험이 많아 숙련된 기술을 가지고 있을 뿐 아니라 자원봉사자들의 대표자로서 집단을 이끌고 집단을 대변하기도 한다.

자원봉사활동의 관리과정은 계획 및 업무설계, 모집, 교육 및 훈련, 배치, 평가, 인정과 승인 등의 연속된 과정으로 구성된다. 이러한 관리과정이 제대로 행해지지 못할 경우 시간과 노력을 들여 확보해 놓은 자원봉사자를 효과적으로 활용할 수 없을 뿐 아니라 자원봉사자의 기대도 충족시킬 수 없다. 자원봉사자의 관리가 어떻게 행해지느냐 하는 것은 자원봉사자의 소속기관에 대한 만족도 및 지속성에 결정적인 역할을 한다. 뿐만 아니라 지역주민들에게 제공하는 서비스의 질과 효율성을 결정하는 중요한 부분이다.

따라서 자원봉사관리과정이 단순한 임시방편으로 운영되어서는 곤란하다. 자원봉사활동의 이념과 중요성을 인식하여 보다 체계적이고 과학적인 관리과정을 도입하여 자원봉사자의 효과적 활용방안이 강구되어야 한다.

3. 지원체계

자원봉사활동이 발전해 나가기 위해서는 자원봉사자나 단체, 자원봉사수요기관, 자원봉사센터에 대한 사회적 지원과 이들의 상호작용이 활발히 행해질 수 있는 환경정비가 필요하다. 자원봉사활동이 제대로 행해지기 위해서는 자원봉사자의 자발성과 활동기관의 민간성이 최대한 보장되어야 한다. 뿐만 아니라 자원봉사활동을 구성하는 각각의 요소들이 제대로 된 기능을 유지하기 위해서는 이들 구성요소를 둘러싼 환경이 지지적이어야 한다. 지원체계란 자원봉사활동을 둘러싼 외부 환경으로 물질적 · 재정적 · 인적 지원을 행하는 기관이나 단체들을 뜻한다. 지원주체에 따라 정부나 공공기관에서 자원봉사활동을 지원하는 것을 말한다. 여기서 지원이라는 것은 자원봉사활동의 홍보, 모집, 교육, 훈련, 배치, 프로그램 개발 등의 관리과정에 대한 지원뿐 아니라 자원봉사활동에 필요한 기금 조성 및 할당까지도 포함한다.

자원봉사활동이 활발하게 행해질 수 있기 위해서는 직접적 · 간접적으로 지원하는 체계가 제도적으로 갖추어져야 한다. 자원봉사활동을 용이하게 하기 위해 필요한 지원으로는 재정적 지원, 물질적 지원, 인적 지원 등을 들 수 있으며 이런 지원을 행할 수 있는 것은 국가 및 지방정부, 기업, 학교, 사회복지협의회, 공동모금, 기타 자원봉사 관련 단체 등이 있다.

제 8 절 연구분석 틀

재난관리는 예방, 대비, 대응, 복구단계로 분류하지만 서로 상호작용하며 밀접하게 연계되어 있다. 마찬가지로 자원봉사활동 구성체계도 추진체계, 관리체계, 지원체계로 되어 있지만 활동들이 서로 밀접해서 하나의 영역으로만 구분하기가 곤란하다. 예를 들어 재난정보시스템을 운영하는 차원에서 본다면 관리체계로 분류할 수 있고, 자원봉사활동 활성화를 위한 물적 후원 차원에서 본다면 지원체계로 보게 된다. 본고에서는 국가안전관리정보시스템 구축과 같이 국가적 예산 부담이 큰 시스템 구축 차원에서 지원체계로 분류하였다.

본 연구는 <표 2-6>의 연구분석 틀을 통해 재난현장을 진단하고 재난관리 자원봉사활동체계를 분석하고자 한다. 다만, 자원봉사자의 수요 및 필요역량에 관한 연구로 한정하여 분석하기 때문에 자원봉사활동체계 중 추진체계는 자원봉사단체에 관한 분야라 제외하였다. 그리고 활동체계에서 관리체계에 속하는 교육체계는 자원봉사자 양성과 관련해서 중요한 분야이므로 별도로 다루고자 한다. 자원봉사활동체계는 재난관리단계별로 주요 요소를 중심으로 구분하여 정리하였는데, 분류는 그 활동이 어느 체계에서 다루느냐 하는 것이 중요한 것은 아니므로 활동의 성격상 상대적으로 관련도가 높은 영역에 따라 구분하였다.

재난관리와 관련해서 이루어지는 지속적이고 체계적인 봉사활동을 파악하기 위해서 전문봉사단체를 중심으로 활동 내용을 파악하였다. 일반적으로 개별봉사원들은 일시직이고 단순한 봉사활동 중심으로 참여하고 있어 다양하고 보다 전문적인 자원봉사활동 영역을 살펴보는 데 한계가 있기 때문이다.

재난현장에 관해서는 최근의 대형 자연재해인 2006년도 피해 지역 중 가장 피해가 심했던 강원도 평창군과 인제군을 중심으로 고찰하였다. 그러면서 기록적인 피해를 낳았던 대규모 재난상황을 함께 살펴보고자, 인적 재난은 삼풍백화점 붕괴사고, 대구 지하철 화재사고를 고찰하였고 자연재해는 태풍 루사, 매미를 살펴보았다. 대규모 재난을 중심으로 자원봉사활동을 살펴보고자 한 것은 대형재난일수록 자원봉사자들의 역할이 요구되어 보다 다양하게 전개되기 때문이다.

1. 관리체계

예방단계에서 ① 홍보, ② 모집, ③ 평가, ④ 계획 및 업무설계, ⑤ 포상, ⑥ 행동매뉴얼 개발, ⑦ 활동프로그램 개발을, 대비단계에서 자원봉사관리자 육성을, 대응 및 복구 단계에서 ① 자원봉사자 배치, ② 인정과 승인을 주요 요소로 하였다.

2. 교육체계

예방단계에서 ① 교육·훈련 과정 개발, ② 교육·훈련 교재 개발을, 대비단계에서 ① 교육·훈련 실시, ② 강사 양성을, 대응 및 복구단계에서 체험학습을 주요 요소로 하였다.

3. 지원체계

예방단계에서 ① 법규 제정, ② 조사·연구활동, ③ 시스템 개발활동을, 대비단계에서 ① 구호물자 비축, ② 긴급구호자금 확보, ③ 재난정보시스템 구축을, 대응 및 복구 단계에서는 ① 봉사활동 세제혜택, ② 상해보험, ③ (현장)재난정보시스템 구축, ④ 합동상황실 설치, ⑤ 물적·재정적 현장활동 후원을 주요 요소로 보았다.

▶ 표 2-6 ◀ **연구분석 틀**

재난관리 구성체계	예 방	대 비	대 응	복 구
관리체계	홍보, 모집, 평가, 계획 및 업무설계 포상 행동매뉴얼 개발 활동프로그램 개발	자원봉사관리자 육성	자원봉사자 배치 인정과 승인	자원봉사자 배치 인정과 승인
교육체계	교육·훈련 과정 개발 교육·훈련 교재 개발	교육·훈련 실시 강사 양성	체험학습	체험학습
지원체계	법규 제정 조사·연구활동 시스템 개발활동	구호물자 비축 긴급구호자금 확보 재난정보시스템 구축	봉사활동 세제 혜택 상해보험 재난정보시스템 구축 합동상황실 설치 물적·재정적 지원	봉사활동 세제 혜택 상해보험 재난정보시스템 구축 합동상황실 설치 물적·재정적 지원

제3장

외국의 재난관리 자원봉사자 활동 실태

대형재난과 관련한 외국에서의 자원봉사자 활동 실태를 아오타 료소케(靑田良介, 2004)의 관련 연구논문에서 발췌하여 정리하고자 한다. 재난현장의 종합판이라 할 수 있는 지진현장에서 활동한 각국의 다양한 활동사례를 살펴봄으로써 우리나라 자원봉사자가 앞으로 활동해야 할 분야를 탐색하고자 한다.

제 1 절 인도 : 쿠자라트 지진

조사 시점에서 몇 개의 NGO가 지원활동에 참여했는지 정확한 숫자가 파악되지 않았다. 우선 쿠자라트주 정부에서는 그 수를 약 500개 정도라고 했다. 재난 직후의 구원, 구조활동에 많은 NGO가 지원활동한 것은 많은 나라에서 일어난 현상이다.

그러나 그 때 인도 쿠자라트 지진에 있어서 구원단계가 대략 종료하여 복구·부흥 단계의 이행에서 많은 NGO가 계속 지원활동에 종사하고 있기 때문에 여기에서는 이 점을 중심으로 특히 활동이 뚜렷이 드러난 NGO의 사례를 소개한다. 여기에서 소개하는 것은 인도 중앙정부와 쿠자라트주 정부 UNDP, USAZD, 일본대사관 등의 평가, 세계은행, 아시아은행의 재건조사 보고서, 일본의 NGOs 고베의 실천 예를 토대로 선정했다.

1) 사례 I : SEWA

(1) 지진재해 전부터의 SEWA의 개발운동

SEWA는 커뮤니티 생활 향상에 힘을 넣은 NGO로 그 활동은 인도 정부, 쿠자라트주 정부, 인도에 있는 일본대사관, UNDP 등에서도 높은 평가를 받고 있고, 세계은행, 아시아 개발은행의 진재 재건조사 보고서에서도 「저명한 신뢰된 NGO」로서 예시되고 있다.

원래는 빈곤여성의 경제적·사회적 지원을 목적으로 1972년에 설립되었고, 여성고용촉진을 목적으로 한 수공예품의 협동조합과 노동조합을 운영하는 것 외 임산부의 보호(출산 전 검사 실시, 출산 후 급여 지급), 아동보육 등의 지원, 1인 가정 사회보장제도(남편 사망, 병 치료)와 저축·융자제도(SEWA 은행 설립) 등, 자급적인 지원도 행해졌다. 또, 여성의 지위향상을 위한 로비활동과 정책제언도 실시해 왔다. 현재에 쿠자라트주만으로 약 15만명, 인도 전체에서는 약 22만명 정도의 회원을 갖고 있다. 각 마을에 SEWA 대표로 도움을 주는 역할을 임명하고, SEWA의 사무소 직원이 마을을 순회, 지역의 요구를 반영하고, 활동에 반영한다. SEWA는 지역을 토대로 남성, 여성, 인종, 계층, 연령, 종교와 상관없이 두터운 신뢰를 받고 있다. 이 결과 지역사회를 토대로 한 NGO의 임파워먼트의 좋은 예가 되고 있다.

▶ 표 3-1 ◀ 1998년 사이클론에 있어서 SEWA의 활동

제 1 단계	· 구원물자 배포 · 재난지 피해조사, 정보 수집 · 재난자 위문
제 2 단계	· 수집한 정보 선별 · 정부구원 팀의 정보 제공
제 3 단계	· 행방불명자 확인 · 재건플랜 작성준비 · 양자로 인연을 맺음 · 전염병 방지
제 4 단계	· 정부고관과의 교섭(영원한 주택 · 고용 · 사회보장) · 촌민대상 장기재건계획
제 5 단계	· 주택을 중심으로 한 장기재건계획에 관한 정부와의 교섭 · 재난자의 고용 확보
제 6 단계	· 사이클론에서의 교훈(피해 대응, 프로세스, 결과 등)의 정리, 편집

자료: 靑田良介(2004).

(2) 자연재해에 대한 SEWA 활동

1998년 6월 9일에 쿠자라트주를 덮친 사이클론(SEWA 조사: 사망자 1만명, 행방불명자 1,500명)에서는 이후의 지원활동을 실시했다(표 3-1). 재난 직후 복구가 한동안 되지 않았고, 복구 · 재건의 단계를 이행하면서 재건활동을 하였다.

이러한 활동을 배경으로 사이클론 이후의 일어난 지진에 의한 재해에도 SEWA는 재건활동을 실시하고 있다. <표 3-2>는 구체적인 활동의 항목, 내용 및 그 특색을 기록한 것이다.

① <표 3-2> 재건활동 항목 및 내용이 「주택재건」, 「공예품 일 제공」, 「염전」, 「농업재건」, 「카운셀러」, 「보수기능회복」, 「아동교육」, 「유아보호」, 「영양 문제」, 「건강 문제」, 「보험서비스」, 「생활재건기금」이라고 한 경우에 재해자 및 지역사회생활 재건에 밀접하게 관련되어 있다.

② 특색에 「주거확보」, 「고용확보」, 「마음의 안정」, 「아동 · 유아보호」, 「건강 · 영양의 배려」, 「재정적 지원」 등 재해자가 자립할 수 있도록 환경정비에 배려하였다.

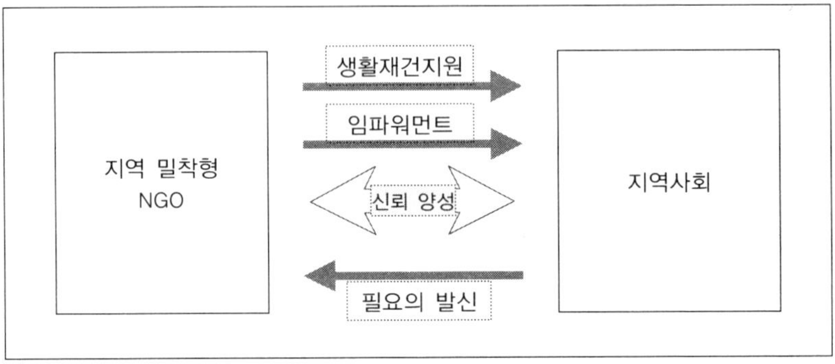

자료: 青田良介(2004).

[그림 3-1] NGO와 지역의 제휴

③ 주택재건에서 PRA(Participatory Rural Appraisal)를 채용하고 있도록 주민에 의해 재건위원회 설립, 마을이동의 찬성과 반대, 건축공법, 주거모양, 건축작업 등은 마을 사람의 적극적인 참여를 기초로 하고 있다.

④ SEWA는 평상시보다 지역사회에 밀착한 지역 밀착형 NGO로 자리잡을 수 있게 되었고 재해 후에도 지역사회에서 임파워먼트된 NGO로 주체적인 참여와 재건이 가능하였다.

▶ 표 3-2 ◀ SEWA에 의한 재건지원활동

항 목	내 용	특 색
주택재건	주택의 재건 · PRA(Participatory Rural Appraisal, 주민참여)에 의한 결정 주거타입, 과학적 건축공법(디자인, 기술의 도입), 이전의 찬성과 반대, 주민에 의한 재건위원회 형성, 건축자재 조달, 건축작업 할당, 지도감찰 · 재건경비 조성: 55,000루비(70%를 SEWA 조성, 남은 30%는 자기 부담) · 커뮤니티에 대한 주택재건 오리엔테이션 실시	· 주거 확보 · 커뮤니티 참여에 의한 주택재건 · 내진성에 배양, 전문형 NGO(DMI, SEEDS)와의 제휴 · 보급계발, 훈련 · 고용확보

	건축훈련 · 2개월간의 트레이닝코스, 매일 40루비를 일당으로 제공 · 공동시설 건설을 의한 고용확보	
	건축자재에 관한 연구, 자재작성의 위한 고용확보	
공예품의 일 제공	공예품직인에 대한 취업기회 제공 · 재료의 제공, 완성품의 사들임→마켓 확대 · 1일 40루비(cash & in-kind)의 일당 지급 · 재난자를 향한 의복 제공	· 고용확보 · 재난자의 생활 필수품 제공 · 산업재건
염전	· 재건자본의 제공 (한 사람당 3만루비)	· 고용확보 · 산업재건
농업재건	· 토지의 수평화, 우물의 복구 · 근대적인 농작업용구, 가뭄에 강한 종자 제공	· 고용확보 · 산업재건
카운셀러	· 재건을 위한 마을의 대표자, 카운셀러의 양성 · 강의, 숍트레이닝	· 커뮤니티 참여에 의한 카운셀러
보수기능 회복	· 우물 굴착・복구, 개천 굴착, 옥근을 활용한 우량저수	· 음료, 생활수 확보
아동교육	· 가수업 개시(매일 2시간 수업) · 지진재해에 관한 보급계발수업	· 수업확보, 아동보호 · 가옥의 부담경감, · 방재계발
유아케어	· 유아보호센터 준비 · 유아교육, 영양・건강보호, 마음의 안정	· 유아교육의 확보 · 영양, 건강, 마음의 보호 · 가정의 부담경감
건강문제	· 순환의 강화 · 유아, 임산부에 대한 예방접종, 건강체크 · 빈혈증상, 영양부족에 대처, 철분・비타민A등 보급 · 주부층의 건강보호 트레이닝, 안전도구 제공 · 정부헬스서비스전문과의 제휴(가족계획, 면역등)	· 의료 실시 · 아동, 임산부 등의 재해약자의 건강보호 · 헬스케어에 관한 보급계발 · 정부와의 제휴
영양문제	· 유아, 아동, 임산부의 양양보급 · 영양교육 보급 · 이동식저가격식양품점→고용확보 · 고용 제공의 대가로써 영양식품 지급	· 재해약자의 영양확보 · 고용의 확보 · 영양교육 계발
보험 서비스	· 가입 장려(5만명이 가입) · 보험에 관한 보급계발	· 개인자산의 확보 · 보험에 관한 보급계발
생활재건 기금	· 중앙, 주정부, NGO, 커뮤니티에서 프로젝트팀 구성 · 생활보장 펀드 제공	· 생활자금 확보

자료: 靑田良介(2004).

2) 사례 Ⅱ: NGO와 NGO의 제휴

- SEWA와 SEEDS(Sustainable Environment & Ecological Development Society) 및 다른 NGO와의 제휴에 의한 마을의 재건 -

(1) SEEDS의 소개

지진에 의한 재해지원 때문에 일본에서는 NGOs고베가 복수의 인도 NGO와 제휴하고 쿠자라트주 파탕현 산타루프루군 닥따나라촌의 재건을 지원하였다. 이 마을을 SEWA가 평상시부터 생활지원을 하고 있었고 재난 후 SEEDS는 주택재건에 관한 NGO로서 참여하고 있었다. 인도에서는 전문 분야에 특정한 NGO가 있기 때문에 사례로서 소개하고 있다.

재해에서는 SEEDS가 실시한 프로젝트는 <표 3-3>에서 보여주듯이 SEEDS프로젝트 실시 멤버는 지식경험이 풍부한 건축사, 플래너, 엔지

표 3-3 SEEDS의 활동개요

항 목	내 용
내진구조물 건설	1. 파탕현 닥따나라촌, 애발촌, 도카바다촌 등에 있어서 주거의 복원 및 재건보조 2. 생활 지원을 위한 다목적 커뮤니티센터의 정비 3. 닥따나라촌 소학교 복원 4. 애발촌 소학교 재건 5. 닥따나라촌 노인시설 복원 6. 닥따나라촌 집회장 재건 7. 보수, 위생설비 정비
교육훈련	1. 내진구조물 모형 전람회 2. 상기 전람회에 관련한 마을 순회전시 3. 트레이닝 프로그램(재해예방 · 벽돌직업인 · 학교보급 계발)
정보전달	1. 기록, 문서화 2. 지진에 의한 재해 홈페이지 개설 3. 재건관련 조사, 분석

자료: 靑田良介(2004).

니어, 방재전문가, 사회학자 등이다. 즉, SEEDS는 내진구조물에 관련한 건축전문의 NGO인 것을 알 수 있다.

(2) NGO등의 제휴에 의한 마을 재건

다음에 SEEDS가 건축 NGO로서 재건에 관계 있는 모양을 닥따나라촌의 재건을 예로 소개했다.

닥따나라촌은 인구 1,515명, 세대수 403촌으로 마을의 전역이 괴멸적 피해를 받고, 주정부보다 70% 이상 파괴 지역의 지정을 받았다. 재해 전부터 SEWA가 개발지원하고 있던 곳으로 재건에 있어서는 SEWA를 중심으로 SEEDS 관계단체, 학식경험자, 일본에서는 NGOs고베 등이 참가, 닥따나라 새로운 생계프로젝트 위원회(Datrana Navjivan Yojana Committee)를 설립했다. 닥따나라촌의 재건개요 및 같은 위원회의 역할분담을 <표 3-4>와 <표 3-5>에 잘 나타나 있다.

▶ **표 3-4** ◀ **닥따나라촌의 재건개요**

1. 주거재건, 복원
2. 일터작업장 등 생활 지원을 위한 다목적 커뮤니티센터의 정비
3. 마을소학교 복원
4. 마을의례집회장 재건
5. 보수, 위생설비 정비
6. SEWA에 의한 생활재건프로젝트(표 3-2 참조)

자료: 靑田良介(2004).

▶ **표 3-5** ◀ **닥따나라촌 프로젝트위원회의 역할분담**

SEWA	SEWA는 SEEDS와 함께 계획실시, 커뮤니티의 의논을 행한다. 주정부와의 사이에서 촌락의 재건계획에 관한 계약을 맺다.
SEEDS	건물에 관한 지식, 경험의 전달, 촌민을 향한 주택연수회의 실시. 현지에 머물고 SEWA와 더불어 재건활동을 행한다.
MHT	Mahila Housing SEWA Trust. SEWA의 관련조직에서 가옥의 설계와 건축물의 품질관리를 행한다.

DMI	초기단계 재건에 있어서 방침을 책정하고, 다른 재난지에도 적용할 수 있는 방법론을 작성한다.
NCP에	National Center for People's Action In Disaster Preparedness. 내진성 모텔의 실증테스트와 주민을 향한 훈련계획에 참여한다.
IIT-Bombay	Indian Institute of Technology Bombay(인도기술협회). 학식관계자의 모임. 내진성 모텔에 관한 기술적인 조언을 행한다.
NGOs고베	한신대지진재해의 생활재건을 경험, 교훈 전달과 일본에서 모은 기부금을 조성한다.
EDM	Earthquake Disaster Mitigation Research Center(지진방재 프론티어연구센터). NCPDP, 인도기술협회와 제휴하고, 내진성 모델에 의한 실증테스트를 행한다.

자료: 靑田良介(2004).

사례 II에서는 알 수 있는 것을 그림으로 나타내 보면 다음과 같다(그림 3-2).

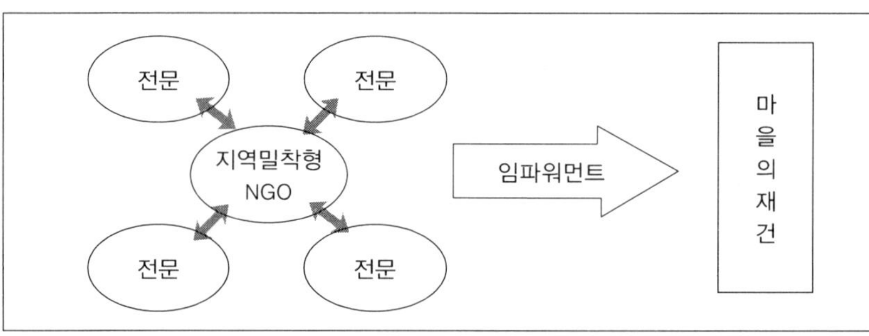

자료: 靑田良介(2004).

[그림 3-2] NGO와 NGO의 연계

① 인도에서는 SEEDS에 의한 특정 분야에 특화한 전문형 NGO가 있고, 이것들은 SEWA에 의한 지역밀착형 NGO와 제휴하면서 마을전체의 생활재건을 지원했다.

② 마을의 재건에 관해서는 여러 개의 NGO, 학술기관 등이 제휴, 역할분담에 의해 서로를 보완한다.

▶ 표 3-6 ◀ 주정부 피해지 재건 패키지

a) 패키지 No.1
- 7할 이상의 건물이 재해를 당한 마을을 이전하는 것
- 이전에 수반하는 할당면적

〈표 1〉 패키지 No.1 이전에 수반한 토지의 할당 면적(무상양도)

	경지면적	주택부지면적
토지를 소유하지 않은 농민	100m²	30m²
1ha 이하의 소유자	150m²	40m²
1~4ha의 소유자	250m²	40m²
4ha 이상의 소유자	400m²	50m²

b) 패키지 No.2
- 인도 정부가 결정한 Zone4 및 Zone5의 지진 지역에 속하고, 그 경우에 재건하는 마을
- 현금을 지급

〈표 2〉 패키지 No.2에 의한 현금 지급액(예: 전괴)

농작업용등의 소옥	~40,000루비
25m² 이하의 가옥	~50,000루비
35m² 이하의 가옥	~70,000루비
45m² 이하의 가옥	~90,000루비

c) 패키지 No.3
- Zone4 및 Zone5 지역에 속하지 않지만, 그 경우에 재건하는 마을
- 현금을 지급

〈표 3〉 패키지 No.3에 의한 현금지급액

1/2이상의 크랙	~2,000루비
전체의 10% 이하의 손괴	~5,000루비
전체의 25% 이하의 손괴	~20,000루비
전체의 50% 이하의 손괴	~40,000루비

d) 패키지 No.4
- 도시부에서의 건축물의 재건
- 개인, 평옥, 집합 주택에 대한 현금 지급

자료: 靑田良介(2004).

▶ 표 3-7 ◀ 재난지 재건을 위한 정부와 민간의 파트너 팀

총괄	· NGO는 커뮤니티의 요망을 이해하고 재건계획을 효율적으로 실시할 수 있다. · 팻키지 No.1~3에 관해서 정부와 NGO에 의한 파트너 팀을 구성, 재건에 NGO의 참여를 구한다. · 양자의 경비부담은 50:50. · NGO가 마을 재건에 실시 주체가 되었다.
팻키지 No.1	· 토지의 취득은 정부가 행한다(200가정에 12ha로 계산). · 재건계획은 NGO가 촌민과 상담한 후에 결정. 사이클론과 지진에 견뎌낸 규격으로 한다. · 주거와 공통 인프라의 정비는 NGO가 행한다. · 이전 후 이전마을의 토지는 정부에 반납한다.
팻키지 No.2 & No.3	· 가장 피해를 입은 마을의 경우 주거와 공통 인프라의 정비는 NGO가 행한다. · 양쪽 팻키지와도 현금지급은 NGO를 통해서 실시한다. · 마을 일부의 재건에 있어서도 NGO의 참여를 인정한다(이 경우도 양자의 경비부담은 50:50).
NGO 참여를 위한 수단	· 참여를 희망한 NGO는 재건계획서안을 정리, 주정부재해대책청에 제출한다. · 주정부는 NGO의 계획, 실시능력 및 재정력을 감안한 후에 마을의 할당을 결정한다. · NGO는 할당받은 마을의 위원회와의 협의, 승낙을 거쳐서 최종안을 주정부에 제출한다. · 주정부가 최종안을 인가하는 것으로써 파트너 팀이 성립한다.

자료: 青田良介(2004).

▶ 표 3-8 ◀ 정부와 민간 파트너 팀에 참여한 중요한 NGO

NGO	재건하는 촌의 수
SEWA	29
CII	28
FICCI-CARE	24
Cathlic Relief Service	8
Caritas India	7
ACIL-Navasarjan Rural Dev.	7
CASA	6

자료: 青田良介(2004).

③ 이 경우에도 목적은 지역사회 NGO의 임파워먼트를 통해 그들이 주체적으로 참여하게 하는 것이다.

3) 사례 Ⅲ: NGO와 정부의 제휴 - 피해지 재건을 위한 정부와 민간 파트너의 팀

재건에 있어 NGO와의 제휴를 중시하고 있지만, 보다 확실한 재건 방책으로써 주정부에서 마련한 패키지를 NGO와 연계시키는 것이 중요하다고 생각한다.

피해지재건 패키지는 피해 상황에 응해서 주정부가 패키지 1에서 패키지 4까지를 준비하는 것으로 <표 3-6>에 간단하게 개요를 소개했다.

이 재건 패키지에 관련해서 주정부 재해대책청은 주정부가 정한「가장 피해를 입은 마을」에 대한 "재해지 재건을 위한 정부와 민관 파트너 팀(The Scheme of Public-Private Partnership for Total Rehabilitation of Earthquake Affected Villages)"을 만들었다. 본 파트너 팀의 중요한 개요는 <표 3-7>에 잘 나타나 있으며 주내 18,356촌 중 7,633촌이 재난을 겪고, 462촌이「가장 피해를 입은 마을」이라고 인정되었다. 이로 인해 4월 3일 237촌이 정부와 민관 파트너 팀에 의한 NGO로부터 지원을 받게 되었다. 이것에 참여하는 NGO수는 122개로 중요한 것은 <표 3-8>에 나타나 있다.

주정부 재해대책청에 의하면 정부, NGO보다 한층 더 파트너 팀을 원하고 있으며 이 수는 계속 증대하고 있었다.

사례 Ⅲ의 내용은 [그림 3-3]과 같다.

① 주정부는 지역의 지원에서의 NGO 참여의 중요성을 확인, 이것을 적극적으로 활용하려고 했다.

② NGO측도 주정부와의 제휴에서 공적 신용력이 증가, 스스로 시책을 적극적으로 전개할 수 있다.

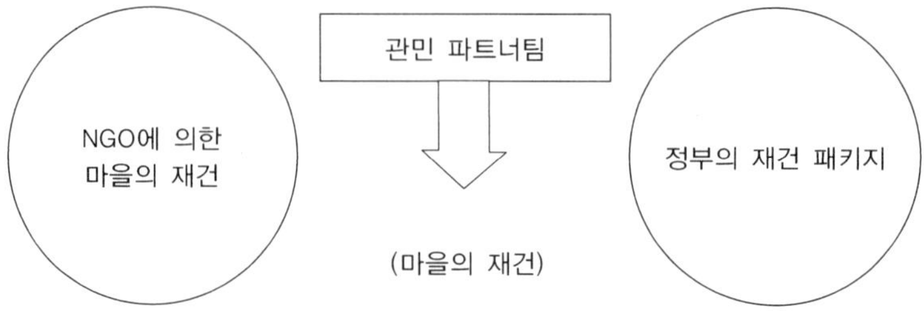

자료: 靑田良介(2004).

[그림 3-3] NGO와 정부에 의한 제휴

③ 경비를 양쪽으로 절반씩 나누는 것은 양쪽으로 제각기 활동을 전개하고 나서 원가적으로도 메리트가 있다.

4) 사례 Ⅳ: NGO와 해외지원기관과의 제휴-ABHIYAN(Kutch Navnirman ABHIYAN)

(1) 세계은행과 아시아개발은행과의 공동에 의해 지진재해재건조사 보고서

세계은행과 아시아개발은행은 공동으로 손해평가, 재건전략 등으로부터 지진재해재건조사보고서를 발표했다.「커뮤니티 주체에 의해 재건의 중요성」,「그것을 위한 정부, 국제기관, NGO, 커뮤니티에 의한 제휴」에 대해 널리 알리고, 구체적인 NGO를 예시하는 등(<표 3-9> 참조), NGO를 재건을 위한 중요한 일원으로 확인하고 있다.

또, 이 보고서를 토대로 세계은행/아시아은행은 제각기 10억 US달러, 5억 US달러의 융자를 예정하고 있고, 양자와도 금후 NGO와의 구체적인 제휴를 하게 될 것으로 예상된다.

▶ 표 3-9 ◀ 세계은행/아시아은행 재건보고서

1. 재건을 위한 총괄적 접근 · 전체적인 접근으로「커뮤니티를 임파워먼트하고 사회적 영향을 경감한다」를 강조. · 그것을 위해 기본적 원칙으로써 이하를 열거 「개인과 커뮤니티의 임파워먼트」 「자금면에서의 민간 센터의 활용」 「커뮤니티 주체에 의한 재건」 「정보의 교환과 수명성」
2. 정부, 국제기관, NGO, 커뮤니티의 제휴 · 재건에 커뮤니티가 참여하기 위해서는 정부, NGO, 커뮤니티의 제휴가 반드시 필요하다. · 정부와 NGO가 커뮤니티의 역량을 강화시킨다. 특히 여성의 힘을 활용한다. · 국제기관, 정부, NGO가 제휴하고, 지원의 기준, 정책을 조정한다. · SEWA의 형태로 유명하고 신용이 높은 NGO는 피해자의 생활과 다른 요구를 지원하고 공헌하고 있다. · ABHIYAN은 피해자의 자립재건에 의한 부흥계획을 작성했다. 게다가 정부의 지원으로 코디네이터를 위한 사무소를 설립했다.

자료: 青田良介(2004).

(2) ABHIYAN(Kutch Navnirman ABHIYAN)의 소개

여기에서 국제기관과 NGO와의 구체적인 제휴로서 칸치현을 중요한 거점으로 한 ABHIYAN과 UNDP(국제연합개발계획)과의 제휴 예를 소개했다.

ABHIYAN은 1998년에 쿠자라트주 칸치현을 습격한 사이클론 피해를 계기로 14개의 NGO로 구성된 네트워크이다. 이 재해에서 ABHIYAN은 다른 NGO, 정부 관계기관, 기부자 등과 제휴하고 재건작업을 행했다. ABHIYAN이 실시한 197촌의 조사는 정부에 이어받고, 복구와 보상계획안에 활용되었다. 그 후에도 ABHIYAN은 음료수와 교육, 재해관리, 산업 등 마을의 자립지원의 문제에 몰두해 왔다.

한편, UNDP는 그 때문에 지진재해에 있어서 WHO, WEP, UNICEF 등 국련패밀리를 시작으로 한 해외 및 인도 국내의 지원조정을 행했고, 쿠자라트주 내에 현지 연락사무소를 개설했다.

▶ 표 3-10 ◀ ABHIAN에 의한 재건지원 활동

내용
· 구원을 위한 정부, 국제기관, NGO 등에 의한 컨디션사무소(Kutch현 사무소, Bhuj공항)의 설치, 운영, 구원조정회의의 실시 · 공동 구원물자창고(2개소) 및 서브구원창고(5개소)의 설치 · 피해지내 연락사무소 30개소 설치, UNDP 등에 의한 자금조성 · KUTCH현 내 14 NGO네트워크조직(400촌으로 활동)에 의한 생활재건지원 · Janpath Citizen's Initiative(아메다파드를 거점으로 한 약 200단체의 네트워크) 등 다른 NGO단체와의 제휴

자료: 靑田良介(2004).

ABHIYAN은 UNDP의 재정지원 하에 정부와 제휴하고 200촌으로 가뭄대책에 임한 경위가 있는 것으로부터 그 때문에 UNDP 현지사무소 설치에 있어서는 ABHIYAN에 운영을 위탁하는 것이 중요하다. 이 사무소는 또 칸치현 정부보다 정부의 조정사무소로서도 위치하고 있고, 정부, 국제기관, NGO 제휴라고 하는 점으로도 주목된다.

지진재해 후 ABHIYAN의 활동을 정리한 것이 <표 3-10>이다. ABHIYAN이 재난자의 생활재건을 위해 정부, 국제기관, NGO 등에 의한 지원 창구로서 코디네이션 기능을 떠맡은 것을 알았다.

(3) 외국 정부와 국제 NGO(INGO)와 현지 NGO와의 제휴

외국 정부에 의한 지원은, 직접 인도 정부에 대하는 것과는 다르게, INGO와 NGO를 실시기관(Implementing Agency)으로서 파트너십을 짜, 실제로 활동을 위탁하는 경우가 많다.

<표 3-11>은, UNDP가 통합했던 유럽 정부에 의한 지원의 예를 나타낸 것이다.

이 표에서는, 당해 지원국의 INGO에 위탁하고 있는 경우가 많지만, INGO도 역시 실제의 활동을 현지의 NGO에 맡기고 있다.

사례 IV에서 다음을 알 수 있다.

▶ 표 3-11 ◀ 유럽각국과 NGO의 제휴

정부명	실시(위탁) 기관: ( )는 기관수	지원금액 (단위: 유로)
오스트리아	INGO (3)	472,980
벨기에	INGO (3)	2,372,000
덴마크	국련기관(1), INGO (3)	2,646,515
핀란드	국련기관(1), INGO (2)	937,262
프랑스	정부국제협력기관, INGO (7)	1,500,000
독일	INGO (3)	7,154,506
그리스	INGO (2)	1,397,194
아일랜드	INGO (6), 인도NGO(3)	1,333,224
이탈리아	국련기관(2), INGO (4)	4,070,000
네덜란드	국련기관(1), INGO (4), 인도NGO	4,742,003
스페인	국련기관(1), INGO (7), 인도NGO(1)	5,200,000
스웨덴	국련기관(1), INGO (6)	2,446,000
영국	국련기관(4), INGO (11), 인도NGO	36,541,500
유럽연합	국련기관(1), INGO (14)	13,000,000

자료: 靑田良介(2004).

① 생활재건지원활동으로서, NGO와의 제휴의 필요성이 국제기관에 의해서도 인지되고 있다.

② 일본을 포함해, 외국 정부, INGO의 대부분이 현지 NGO와 제휴하고 있어, 해외에의 지원형태로서 정해져 드문 것은 아니다.

③ 실제의 제휴에 해당해, ABHIYAN 같은 종래로부터 지원의 네트워크를 기다리는 NGO에 구체적인 운영을 맡기고 있다.

④ NGO의 옆에서도 해외로부터의 자금과 공적 신용력을 기대할 수 있는 메리트가 있다.

⑤ 사례 I의 커뮤니티 밀착형 NGO, 사례II의 전문형 NGO에 대해, ABHIYAN과 같은 네트워크형 NGO의 존재가 인정된다.

제2절 대 만

1. 전맹 설립의 경위 및 조직

대만에서는, 지진재해 직후에는 많은 민간단체가 활동을 전개하지만, 이러한 활동을 지원 조정하는 조직이 필요하였다. 그 결과, 대만중앙연구원장이며 노벨실학자인 이원철씨를 조집인에, 같은 연구원과 대만대학 등의 지식인이 중심이 되어, 지진재해 약 2주 후인 1999년 10월 7일

자료: 靑田良介(2004).

[그림 3-4] 전맹 조직도

부터 2년간의 시한부로 발족했다.

전맹의 설립취지 및 목적은 다음과 같기도 하지만, 민간중간지원조직으로써, 민간자원을 집적해 정부와의 연결 역할을 목표로 했다.

(취지)

① 자원을 조달해, 낭비를 하지 않는다.
② 부흥작업의 유효성, 지속성을 갖는다.
③ 기부금의 사용 상황을 관리·감독한다
④ 재건시에 법률, 정책을 제안한다.

(목적)

① 사회 전체의 수요를 조사해, 재건을 위한 민간자원을 통합한다.
② 정부와 민간과의 연결 역할을 수행한다.
③ 정부의 구제조치, 재건작업을 감독한다.
④ 모금의 운용상황을 심사·감독한다.
⑤ 해외의 민간단체에게 협력을 요청한다.
⑥ 정부와 민간과의 방재시스템을 강화한다.
⑦ 재건작업을 원활히 행하기 위한 현 법령의 수정을 제안한다.
⑧ 사회면과 문화면의 부흥에 힘쓴다.

다음에, 조직적으로, 시민을 기반으로 하는 민간으로부터의 기부금 등을 심사, 감독하는 [감독위원회]와, 민간단체 활동을 조정하는 [협조위원회]가 설치됐다.

2. 감독위원회의 역할

지진재해의 지원으로 민간 모금단체에 모인 금액이, 총액 약 150억원(대만의 화폐단위)에 도달했기 때문에, 용도가 사회적으로 주목됐다. 게다가 전맹에서는, 변호사협회와 회계사협회라고 한 전문가집단인 볼런티어의 협력을 받아, 적정인지를 심사했다. 주된 심사항목은, <그림 3-5>에 나와 있다. 이 결과, 지원을 위한 모금활용에 관해,

① 모금단체자들 전체의 모금을 이용해 직접 지원하는 케이스

② 모금단체가 모금의 일부를 이용해 직접 지원했지만, 남은 정부와 타 단체의 지진재해 계좌에 위임하여 지원활동을 맡긴 사례

③ 모금단체 자신, 지원전문가가 아닌 등의 이유 때문에, 모든 모금을 정부와 타 단체의 지진재해 계좌에 위임하여 지원활동을 맡긴 사례

▶ **표 3-12** ◀ **전맹의 심사감독을 받는 모금단체 등**

단체 종류		단체 수	모금액 (원)
민간모금단체	미디어관계단체	35	37억
	영리기업단체	36	12억
	비영리상호부조단체	92	7억
	사회복지단체	12	20억
	종교단체	31	69억
	정치단체	6	3억
	그 외	3	0.2억
	소 계	215	148억
현, 시 정부		25	74억
시, 향, 진 정부		26	9억
구원무라			60억

자료: 靑田良介(2004).

등이 있다. 또, 모금단체와 재해지로서의 활동단체가 반드시 일치하지 않는 경우도 있다.

또, 모금의 용도로서는, [구원물자] [위문금] [의료 활동] [가실주택] [컨테이너 하우스] [지방정부가설청사의 건설] [방재체계 정비] [재건계획 작성] [사회적 약자의 보호] [사회보험비의 보조] [사회복지조직 재건] [가정지원센터 설립] [초,중학교 재건] [주택 재건] 등, 다양하게 활용되고 있다.

이처럼, 민간모금에 대해서 책임성이 향상해 여러 모금단체가 전맹의 심사감독을 받았다. 비영리뿐만 아니라 영리단체, 현, 시, 향, 진의 지방정부까지도 포함됐다(표 3-12). 이상으로, 감독위원회의 특색으로서, [그림 3-6]이 있다.

① 변호사와 회계사와 같은 전문가를 활용하는 것
② 모금으로 지원활동의 흐름을 명확히 해, 책임성을 높이는 것
③ 민간모금단체, 나아가서는 전맹 그것에 대한 사회적 신용력이 증가하는 것.

□ 기존에 운용한 모금액 - 스스로 운용한 금액
- 타 단체에 송금한 금액
- 운용의 내용, 송금선 등
□ 아직 운영하고 있지 않은 모금액 - 금액
- 운용계획
□ 모금을 모으는 방법 - 구좌의 계설
- 가두에서의 모금
- 모금상의 설치
- 자 단체 직원의 자주적 기부
□ 모금의 심사방법 - 모든 전맹으로 심사
- 일부를 전맹으로 심사
- 회계사에 의한 심사
- 자주적 공표

자료: 青田良介(2004).

[그림 3-5] 감독위원회에 의한 모금의 심사항목

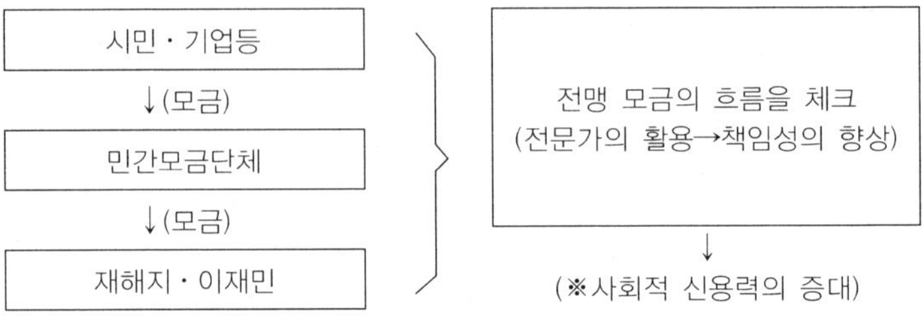

자료: 青田良介(2004).

[그림 3-6] 감독위원회 역할

3. 협조위원회의 역할

협조위원회로서는, 전맹과 민간모금단체, 민간활동단체, 이재민, 정부등과의 제휴, 조정기능을 촉진하기 위해, [위원회의 설치] [재해지서포트센터의 설치] [민간활동단체에의 경비조성] [민의조사의 실시] [정부에의 정책제언] 등을 전개했다.

1) 위원회(조)의 설치

재건에는 많은 과제가 있기 때문에, 재건항목별로 위원회(조)를 설치해, 관계되는 민간활동 단체를 모았다. 위원회의 대표자는 참가단체로부터 선출됐다(표 3-13). 위원회로서는 토의를 거듭하면서, 정보교환과 전략을 책정했다.

이처럼, 전맹은 위원회의 장을 설정하는 것에 의해, 재건 항목마다 열거해, 전맹과 민간활동단체, 혹은 민간활동단체동사의 제휴와 협력을 촉진했다(그림 3-7).

2) 재해지 지원센터(공작처)의 설치

위원회가 재건테마마다 각각의 시스템에 대해 재해지지원센터는,

▶ 표 3-13 ◀ 각 위원회에 참가했던 활동단체교 및 대표자

위원회(조)	단체수	각 위원회 (조) 대표자
마음의 안정	22	[중화심리위생협회 이사장]
아동·청소년지도	14	[아동복지연맹문교기금회 이사] [여형기금회 집행장]
문화자산	6	[921 문화자금재건행동연맹, 악산문교기금회 집행장]
사회봉사	18	[중화민국사회복지전문가협회 비서장] [921 사회봉사전문가집단 집행장]
종교관계	5	[중화불교청년회 이사장] [일관도총회 총간사] 외 2단체 대표
법률권익	13	[대북변호사협회 이사장] [민간사법개혁기금 이사장]
원주민재건	12	[세계전망회회장] [대만원주민 921 진재재건촉진회 집행장]
가옥재건	20	[921 가옥재건연맹, 도시계획학회 비서장]
교육재건	22	[인본교육문교기금회 이사장]
의료위생	13	[대만의학회 회장] [양명대 학장]
자료제휴	2	[개척문교기금회 집행장] [중앙연구원계산기센터봉사조 조장]

자료: 靑田良介(2004).

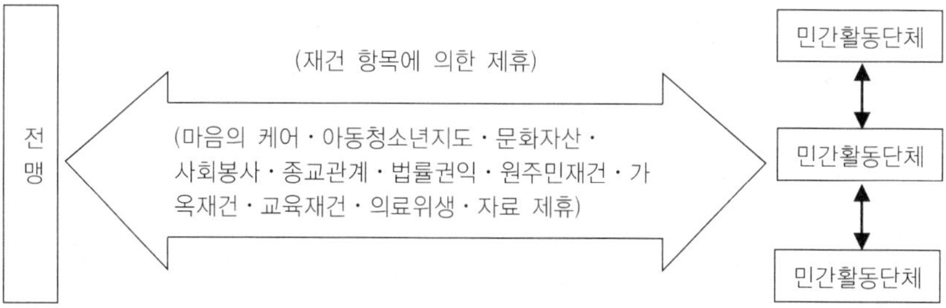

자료: 靑田良介(2004).

[그림 3-7] 재건항목에 의한 전맹과 민간활동단체와의 제휴

재해 지역마다 재건테마별로, 40개소에 설치되었다. 전맹 스스로 설치한 것 외, 민간단체 활동거점을 센터로서 평가한 것도 포함 되어 있다.

센터의 주된 역할은 다음과 같다.

① 법률 문제 등 이재민의 상담에 응하는 것

② 재건정책과 신원불명자에 관한 정보를 이재민에 주지하는 것

③ 재건계획과 활동에 피해자를 참여시키는 것
④ 민간활동단체의 요구를 파악하고 협력하는 것
⑤ 민간활동단체간의 제휴와 중개를 촉진하는 것
⑥ 재해지의 정부재건책의 집행상황과 이재민의 반응, 수요처를 전맹 본부에 전하는 것

전맹은, 각 센터에 스탭 2명을 재해지에서 고용하는 것과 함께, 스탭을 위해 연수도 실시하는 등 인큐베이션적인 활동도 한다. 구체적인 활동은, 재해지의 상태에 따라 각 센터의 독자성에 맡긴다. 민간단체와 이재민 등이 취향을 집중시킨 다양한 프로그램을 전개하는 것도 가능하다

▶ 표 3-14 ◀ 재해지지원센터의 주된 활동내용(예)

재건 항목	활동 내용(예)
지역사회재건	· 각 재해지지원센터에 의한 합동 합숙 · 신촌건설 활동센터 계획
재해지광보	· 회보지 발행 · 재해지 재건 영상기록 계획
마음의 안정	· 지진 1주년 자선행사 · 지역순회 상담
사회복지	· 노인활동센터 설치 계획 · 독거노인 배선 계획, 의사 반송 계획
아동 · 청소년 보호	· 농구 친자 경기회 · 춘기 아동 캠프, 아동 인형극, 악단
교육재건	· 재해지 청소년 지도계획 · 교원인건비 조성계획 · 학생수업 복구 계획, 식비 보조
문화자산 보호	· 객가문화생활 합숙 · 원주민수공예품 연수회
생활안정	· 가옥자립재건 모델사업 · 부녀조직육성 계획
산업재건	· 과물생산판매 계획 · 차 재배 합숙 연수

자료: 靑田良介(2004).

(표 3-14).

활동 내용은, [지역사회 재건] [피해자의 광보] [마음의 안정] [사회복지] [아동 · 청소년 지도] [교육 · 새건] [문화재산 보호] [생활안성] [산업재건]등 다양하다.

이처럼 전맹은 센터를 통해, 재해지에서 [전맹] [민간활동단체] [이재민]간의 제휴를 높여주는 것 외에도 피해자의 실정, 요구에 맞는 활동을 촉진하는 것이 가능했다(그림 3-8).

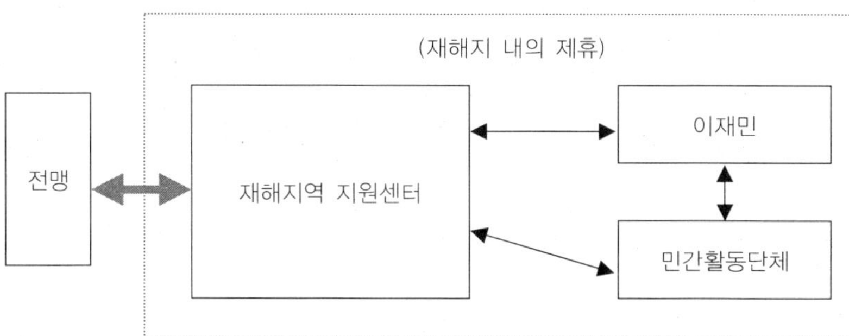

자료: 靑田良介(2004).

[그림 3-8] 재해지역 지원센터를 개입시킨 전맹과 민간활동단체, 이재민과의 제휴

3) 민간활동단체에의 자금조성

재건지원활동이 지속된다는 전제에 자금의 확보는 중요하다. 전맹은 아래의 방책에 의해, 민간활동단체에 경비를 조성했다.

a) 민간모금단체로부터 활동단체에의 자금조성

모금단체 중에서는, 재해지에의 지원활동을 다른 곳에 부탁하는 일이 있기에, 활동단체로부터 신청을 모아, 전맹이 모금단체를 알선해, 경비를 지원하는 시스템을 만들었다. 또한, 채택에서는, 이하의 심사기준이 마련되었다.

① 전문성 (전문성을 갖추었는가)

② 지속성 (장기적이며 지속적인 지원이 있는가)

③ 인적자원 (인적자원이 확보되어 있는가)

④ 고용대책 (이재민의 고용에 연결되어 있는가)

⑤ 지원요구/자원 (재해지의 요구와 자원에 적합한가)

⑥ 실적 (이재민에 봉사한 실적이 있는가)

심사결과, 148건의 응모에 대한 47건(계: 72,308천원)이 조성됐다. <표 3-15>는 주된 조성실적을 예시한 것이다.

▶ 표 3-15 ◀ 전맹을 중개로 한 모금단체에서의 활동단체 자금조성

조성금 제공 (모금단체)	조성금 신청 (활동단체)	조성 항목 (전수)	조성액 (천원)
태북시남두현동향회외1단체	남투현정부외 3단체	초중학교등수선 (32)	3,045
신죽시정부	과연공작실	커뮤니티분 작성 (1)	150
중앙연구원외2단체	상기부락재건단체외 2단체	재해지 서포트센터 설치 (3)	3,416
신죽시정부	대만그리스도장로교회	청년캠프등 개최 (1)	420
병동현정부, 신죽시정부	대만채홍원주민협회외2단체	재해지재건종합계획, 프로젝트실시 (3)	6,000
태북변호사협회	남투현정부	이재민생활건강유지계획 작성 (1)	1,241
TVBS케어대만문교기금회	인본교육기금회	교육재건계획 작성	36,361
태북변호사협회	대애문화생활권협진회	가설주택계획 작성	1,241
TVBS케어대만문교기금회	나노만고유한공사	이재민마음의케어재건계획 작성	1,000
허조영기금회	나노만고유한공사	원주민부락의료X레이차 구입	1,800
태신은행	방완여기금회	주부에 의한 재건활동 작성	10,000

자료: 靑田良介(2004).

b) 전맹의 모금을 활동한 활동단체의 자금조성

전맹 자신에 대해서도, 모금단체 등으로부터 사업활동을 위한 약 1억 5천만원의 기부금이 모였기에 모두 327건의 사업 소성금을 지급했다.

c) 조성의 특색

이처럼 a) 및 b)로부터는 자금적인 면에서도 전맹이 중간에 개입해 재해지의 활동단체가 갖는 요구와 재해지에 공헌하길 바라는 모금단체가 가진 자원을 연계하는 역할을 담당한다(그림 3-9).

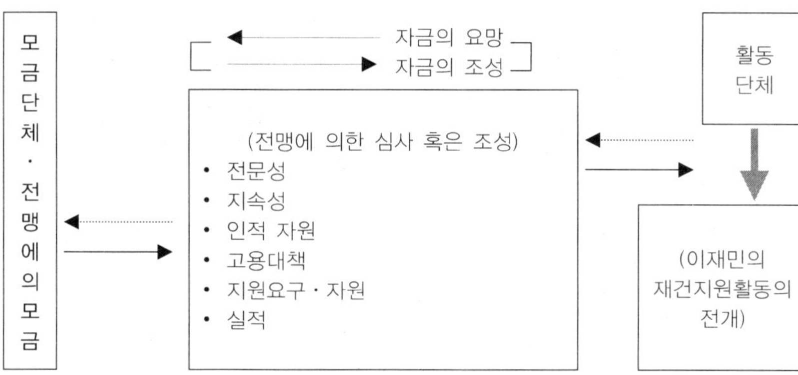

자료: 靑田良介(2004).

[그림 3-9] 전맹을 개입시킨 모금단체에서 활동단체의 조성

▶ 표 3-16 ◀ 전맹의 모금을 활용하는 민간활동단체의 자금조성

재건 항목	건수	안건 예	보조단체 예	보조액 (천원)
서포트센터설치 · 운영	39	석망 공작처	과계문교기금회	39,400
커뮤니티재건	57	파파마마의 집	신고향문교기금회	15,821
커뮤니티회보	13	중료향친보	과연문화공작처	7,615
마음의 케어	26	고령자심리재건여행	덕극부락재건공작처	9,601
사회복지	22	노인안주계획	불향서원문교기금회	8,870
아동 · 청소년	33	재해지 청소년종합지원봉사	도시인기금회	11,579

교육재건	50	재해지학교 건설관계비	북중료공작처	15,056
문화자산	16	장기촬영 보존계획	전경광보기금회	7,459
생활재건	58	자립가옥 재건계획	송학고향재건공작대	18,466
산업재건	10	재해지과물생산판매계획 [석망리]	과계문교기금	3,289
연수토의회	2	지방정부재건연수토의회	대학공공정책학부	336
활동비	1	기자회 좌담회, 공작처 시찰, 민의 조사	전맹	2,724

자료: 靑田良介(2004).

표 3-17 민의조사의 개요

조사 시기	대상 지역	대표자	주된 질문 항목 (회수)
(제1번째) 2000.3.13~15 (제2번째) 2000.4.11~13 (제3번째) 2000.5.9~11 (제4번째) 2000.6.11~13 (제5번째) 2000.7.18~20 (제6번째) 2000.9.4~6	남동현 전역 (향진시) 태중현 전역 (13향진시)	지진재해 당시 거주했던 20세 이상 약 1,000명 (반수가 이재민)	· 심신의 건강상황 변화(7) · 주거 훼손상황 및 거주문제(5) · 정부 레벨에 의한 재건책 견해(5) · 장래 생활의 전망(4) · 재건책의 우선순위(4) · 가정, 친구, 근린관계(4) · 긴급 과제(3) · 치안 문제(2) · 주거 재건문제(2) · 재건과 생계(2) · 토석류문제(2) · 스포츠, 레저(2) · 인생관의 변화(2)
(제7번째) 2000.9.7~11	대만 전역 현시	20세 이상 약 1,000명	전술

자료: 靑田良介(2004).

4) 재해지를 중심으로 한 민의 조사

지진재해 반년 후인 2000년 3월에서 9월에 걸쳐, 이재민 등을 대상으로 한 민의조사를 매월 실시했다. 조사항목은 [정부의 재건책에 대한 이재민의 평가] [주택재건, 생활재건, 마음의 안정 등에 관한 평가] [이재민 및 그 가족의 상황] 등 이재민에 밀착되는 내용이 다수다(표 3-17).

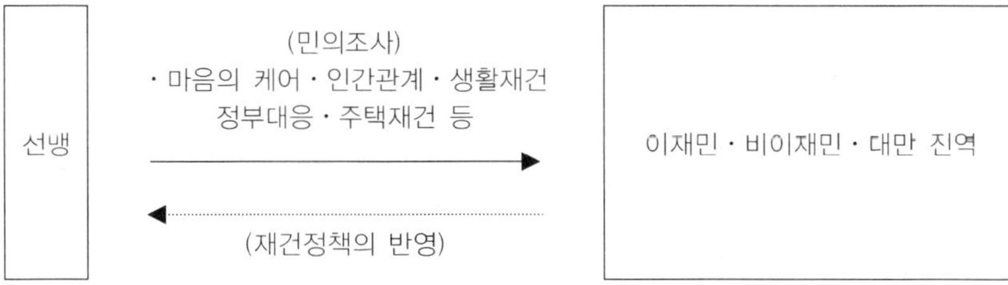

자료: 靑田良介(2004).

[그림 3-10] 민의조사와 재건정책의 반영

이처럼 민의조사는, [위원회] [재해지서포트센터] [조성금] 등의 방책과는, 다른 접근에 의해, 직접민의를 취해 재건정책에 반영해 나가려고 한다(그림 3-10).

▶ 표 3-18 ◀ [921 재해 복구 건의서]에 의한 제언 항목

제언 항목 및 소항목 (수)	소항목 (예)
재건에 걸리는 상담기능(10)	[재건상담창구, 24시간 프리다이얼의 설치] [재건관계법령의 제정화]
재건지원(4)	[이재민재건지원재원의 동일화] [커뮤니티 재건기금의 설립]
재건계획 시스템(5)	[산업,교육,사회재건 등 리프트면의 충실] [재건계획에 대한 시민의 참여]
재건대부(3)	[지진전의 론에 대한 지진후론과 같은 우대조건의 부여] [재건론에 관한 신용보증 메커니즘의 설정]
토석류 위기(3)	[긴급피난계획의 책정] [마을의 이전에 관한 이재민의 참여]
자연에의 배려(2)	[중부횡단도로 개발의 자연에 미친 영향의 체크]
집합주택의 재건(7)	[주택재건에 종사하는 건설업자의 영업세 면제] [전반괴 판정과 건물철거기준과의 구별]
개별건축물의 재건(5)	[건축성사의 간소화] [농촌집락에 있어서의 재건기준의 완화]
공공시설의 재건과 심사감독(6)	[공공시설의 입찰과 공사작업 프로세스의 검토] [재건공사의 책임자, 감독기관의 명확화]
원주민 커뮤니티 재건(4)	[경비지원에 의한 자력가옥재건의 장려] [자력가옥재건융자에 있는 견적서의 불요화(100만원 이상)]
인적 자원(7)	[인수부족에 대응하는 청년재건팀의 설치] [인적자원의 다양화, 병역면제에 의한 재건작업에의 참여]

재해지산업, 교용재건(6)	[취직알선과 직업훈련의 실시] [재해지의 단체여행과 관광이벤트의 개최]
환경위생(8)	[배수와 관개정비에 의한 이차오염의 방지] [가설교실과 가설주택 내의 저온화]
건축폐기물(4)	[건축폐기물 기준의 명확화] [건축폐기물 리사이클의 장려]
921진재재건기금 · 운용(1)	[기금의 합리적인 배분과 운용의 추진]
교육재건(5)	[교원과 학생의 의향을 반영한 교육재건] [1클래스에 교원 2명 배치]
마음 및 신체의 케어(4)	[기초의학을 주체하는 건강 케어시스템의 책정] [심신 모두 건강한 커뮤니티의 구축]
고령자, 신장자의 케어(5)	[고령자, 신장자 케어에 종사하는 일손 증강] [중고년, 신장자의 취직기회 장려]
문화재건(9)	[문화자산에 관한 세법, 보조금제도의 검토] [문화자산의 보존, 수복을 위한 인제육성계획]
그 외(6)	[가임보조의 기한문제의 응대] [전반괴판정의 분쟁을 해결하는 조직의 설립]

자료: 靑田良介(2004).

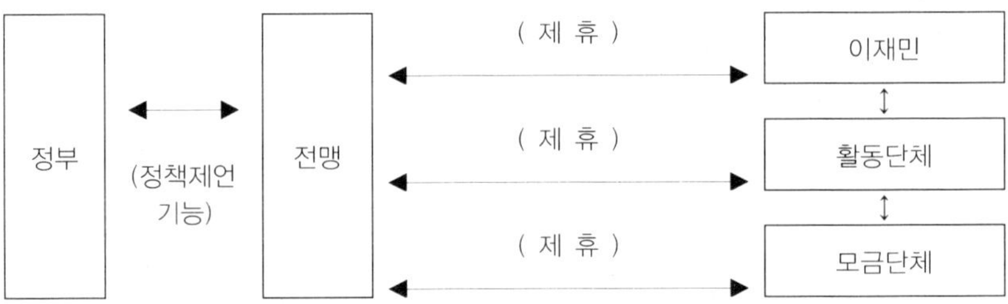

자료: 靑田良介(2004).

[그림 3-11] [이재민] [활동단체] [모금단체] 등과의 제휴를 기반으로 한 정책 제언 기능

5) 정부에 대한 재건에 가까운 정책 등의 제언

전맹은 [위원회] [재해지 지원센터] [조성금] [민의조사] 등의 방책을 통해 [이재민] [민간모금단체] 등과의 제휴를 깊게 하고, 재건을 위한 과제, 해결방책을 검토했다.

이것을 기반으로 작성된 것은 [921 재해 복구 건의서] <표 3-18>로, 20항목의 재건테마에 관하여 행정부와 입법부 등에 대한 법률과 정책 등의 제언을 행했다.

제언 내용은 재건계획에서 재원조치, 교육, 주택 재건, 원주민대책 등을 넘어서 재해지의 실정이 구체적으로 반영되고 있다.

전맹은 전문가집단이며 제휴·조정기능을 통해 얻은 정보 등을 기반으로 제언을 통해 정부에 헌신하는 주창적(advocacy) 기능을 담당한다(그림 3-11).

4. 전맹에서 배우는 민간중간지원단체의 기능 및 특징

앞에서 언급한 것을 기반으로 민간중간지원단체로서의 전맹의 기능 및 특징을 다음에 따라 정리했다.

1) 감독위원회로서의 기능

감독위원회는, 민간에서 모은 모금을 전문가가 심사해, 모금에 대한 책임성이 높다. 이 결과, 민간모금단체, 나아가서는 전맹 그 자체에 사회적 신용성을 높이는 결과로 연결된다(기능 I: 모금심사).

2) 협조위원회로서의 기능

협조위원회는, 먼저, 재건 항목마다 위원회를 설치해, [전맹]과 [민간활동단체] 혹은 [민간활동단체]간의 제휴를 깊게 했다(기능II: 재건 항목 제휴).

다음에 재해지 지원센터로서는, 전맹 피해지의 거점으로서, 이재민과 민간활동단체의 활동을 지원했다(기능 III: 재해지 제휴). 기능 II·III에 의해, 항목마다, 재해지에 의한 중층적인 재건지원이 가능하게 되었다.

한층 더, 자금면에서는 민간모금단체와 전맹에 모은 모금을 활용해, 재해지 지원센터와 민간활동단체의 지속적 활동을 지원했다(기능 Ⅳ: 직정지원).

또, 민의조사에 의한 이재민을 시작으로 하는 시민의 목소리를 직접 전달했다(기능 Ⅴ: 민의조사).

그래서 이재민, 모금단체, 활동단체 등과의 제휴를 기반으로, 재건책을 작성해, 정부에 정책을 제언했다(기능 Ⅵ: 정책제언).

3) 전맹의 특징

전맹의 특징으로는 이하의 점을 들 수 있다.

① 코디네이터로서의 역할 (포괄성)

감독위원회와 협조위원회의 역할을 통해, 재해지 전역을 대상으로, [피해자] [민간모금단체] [민간활동단체] [정부] 등을 포괄적으로 잇는 코디네이터로서의 역할을 담당한다.

② 전문가에 의한 지식, 경험 등을 살린 지원 (전문성)

대만대학 등의 전문가를 중심에, 전문성을 살린, 정부에의 정책제언은 원래, 전맹의 설립・운영, 민간단체・피해지서포트센터에의 지원, 회계사・변호사협회에 의한 모금의 심사 등, 활동 전반에 주도권을 발휘했다.

③ 사회적 신용력의 형성 (신용성)

책임성을 높이는 것으로 민간모금과 전맹에 대한 사회적 신용력을 형성했다. 전맹의 보증문서를 얻으려고 모금단체와 지방공공단체가 심사를 의뢰했다. 전맹은 사회적 신용력을 배경에, 재난피해자와 민간단체에의 지원과 정부에의 정책제언을 했다.

④ 피해지에 밀착해 재난피해자를 임파워먼트하는 재건 지원 (자립지원성)

「모금 흐름의 공표」, 「피해지 지원센터의 활동 내용」, 「조성금 교부 내용」, 「정부에의 정책제언 내용」 등에서 볼 수 있듯이, 피해지에 밀착해, 재난피해자를 임파워먼트하는 지원책을 실시했다.

4) 전맹으로 보는 민간중간지원단체의 기능과 특징

전맹의 6개 기능(Ⅰ~Ⅵ) 및 4개의 특징(①~④)을 나타낸 것이 [그

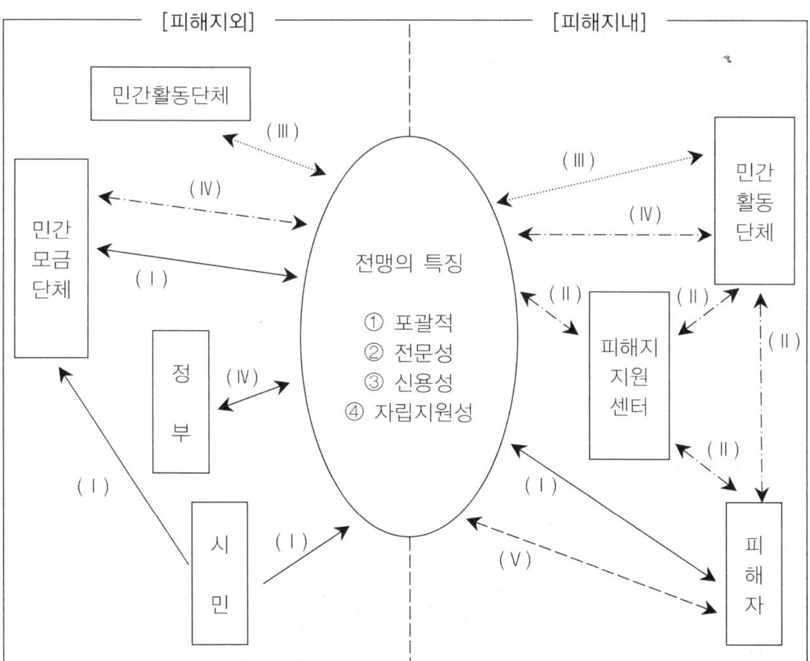

※ 전맹의 6개 기능 : Ⅰ) 모금 심사, Ⅱ) 재건항목별 제휴, Ⅲ) 피해지 제휴, Ⅳ) 재정 지원, Ⅴ) 민의 조사, Ⅵ) 정책 제언

자료: 靑田良介(2004).

[그림 3-12] 전맹을 매체로 한 민간중간지원단체로서의 기능

림 3-12]에 나타나 있다. 전맹은 민간중간지원단체로서, 피해지 내외에 두어, 「NGO/NPO」, 「시민」, 「정부」, 「모금단체(민간기업)」라고 한 사회를 구성하는 각 섹터의 요구와 자원을 조정하여 제휴와 협동을 촉진하는 매체로써 활동했다. 즉, 전문성과 사회적 신용력을 배경으로 피해지 전역을 포괄적으로 코디네이터하여 피해자의 자립을 지원하는 역할을 담당했다고 한다.

제3절 미 국

1. CBO의 역할

미국에는, CBO(Community Based Organization)이라 불리는 일상적인 사회 서비스를 제공하는 지역밀착형의 조직이 있다. CBO는 미국에서 넓게 이용되고 있는 개념으로, NGO/NPO와 반드시 엄밀히 구별되지 않지만, 전자가 특정 지역에 밀착하는 단체를, 후자가 전국 베이스에 활동을 전개하는 것을 가리키는 경우가 많다. 이것들의 서비스 내용은 다방면에 걸쳐 있다. 미국과 면세단체(NTEE: The National Taxonomy of Exempt Entities)에 의하면, 활동 분야에 의해서 26가지로 분류된다(<표 3-21> 참조). 특히, 「건강」, 「정신위생」, 「범죄, 법률관계」, 「고용, 직업관련」, 「식품, 농업」, 「주택, 피난소」, 「인적서비스」 등이 재해시에 피해자를 지원하는 것이다. 또 여기에서 소개하는 ENLA에서, CBO는 중심축으로서, 이하의 분야를 중심에, 다종다양한 소수자의 요구에 대응하고, 활동하는 것으로 되어 있다.

▶ 표 3-19 ◀ 인터뷰를 위해 방문한 사람

분류	조직 명	관계자 명(역직)
CBO	FNI A (Emergency Network of Los Angeles)	· Jacqueline Rusell (대표) · (※) Kimberly Hall (전대표)
	INFO LINE	· (※) Burt Wallrich (소장) 외
	HHCLA (Homeless Health Care of Los Angeles)	· Vickie Casanove (소장대리) · (※) Eve Rubell (교육훈련)
	SFVIC (San Fernando Valley Interfaith Council)	· Barry A. Smedberg (소장)
	CARD of Alameda County	· Ana-Marie Hones (소장)
전국재해 NPO	미군적십자 롱비치 지부	· Peggy Brutsche (재해서비스부장)
	구세군 남캘리포니아 본부	· (※) Garvel W. Wike (긴급재해서비스부장)
행정	FEMA	· (※) David L. Vargo (볼런티어 · 커뮤니티 단체 코디네이터) 외
	캘리포니아 주긴급사태 서비스국	· Richard K. Eisner (전 재해 원조부장)
	로스군긴급사태관리사무소	· (※) Bill Butler (소장대리) 외
	로스시긴급사태준비국	· (※) Anna Burton (국장대리) 외
	로스시대이관계위원회	· Rabbi Freehling (소장)
	로스시제3구	· Rayna Gabin (제3구지역 사무소장)
	로스시커뮤니티재개발국	· Leslie Lamnert (프로젝트 책임자)
학식	캘리포니아공과대학	· James D. Glotz (지진네트워크아웃리치 책임자)
그 외	TBS방송인터내셔널 · LA지국	· Charie Y. Kagami (운영 책임자)

※는 ENLA 설립시에서의 관계자로 재해 당시의 상황을 청취했다.
자료: 青田良介(2004).

○식료 ○수송 ○피난소 · 주거 ○건강, 의료 ○정신위생 ○고령자 ○장애인 ○홈리스 ○에스닉 ○언어 ○성 ○학대아동 ○볼런티어 알선 ○정보발신 ○통신기술

CBO는 반드시 재해구원 전문단체에 한정되지 않는다. 그러나 이상의

점에서, 평소 지역에 있는 사회적 약자를 지원한다. CBO가 재해시에는 평소의 활동을 발전, 확대하여 재해 약자의 다종다양한 요구에 대응할 것으로 기대된다([그림 3-13] 참조).

▶ 표 3-20 ◀ LA에 있는 에스닉별 인구 구성

	히스패닉계		비 히스패닉계		합 계	
	인구(천명)	비율(%)	인구(천명)	비율(%)	인구(천명)	비율(%)
백인계	1,677	17.62	2,960	31.10	4,637	48.71
흑인계	29	0.30	901	9.47	931	9.78
인디안・알래스카원주민계	51	0.54	26	0.27	77	0.81
아시아계	13	0.14	1,126	11.83	1,138	12.00
하와이・태평양계	4	0.04	23	0.24	27	0.28
그 외	2,220	23.32	20	0.21	2,240	23.53
다민족혼혈계	247	2.60	223	2.34	470	4.94
합계	2,242	44.56	5,277	55.44	9,519	100.00

자료: 靑田良介(2004).

▶ 표 3-21 ◀ NTEE에 의한 NPO의 활동 분야

	항 목		항 목		항 목
A	예술, 문화, 인문	J	고용, 직업관련	S	지역사회개선
B	교육	K	식품, 농업	T	자선, 봉사
C	환경	L	주택, 피난소	U	과학
D	동물관계	M	공공의 안전	V	사회과학
E	건강	N	오락, 스포츠	W	공공의 문제
F	정신위생	O	청소년교육	X	종교
G	상병	P	인적 서비스	Y	공제
H	의학연구	Q	국제관계	Z	그 외
I	범죄, 법률관계	R	인권		

자료: 靑田良介(2004).

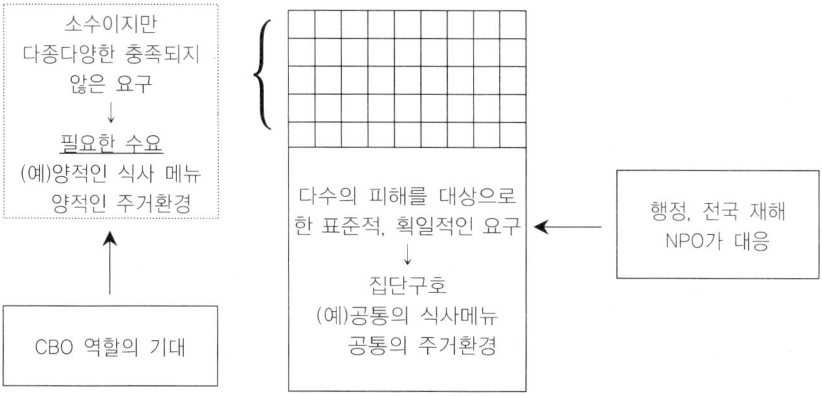

자료: 靑田良介(2004).

[그림 3-13] 사회적 약자의 문제와 CBO의 역할

더욱, 여기에서도, 적십자와 구세군의 양인 전국 베이스의 재해구원단체를 전국재해 NPO라고 불러, 넓은 의미에서 지역에 밀착해 서비스를 제공하는 단체를 CBO로서 구별한다.

2. CBO네트워크조직으로서의 ENLA

1) 설립의 경위

노스릿지 지진 후, 개개의 CBO에 의한 구원활동이 행해졌지만, 재해구원에 관한 경험, 노하우의 부족, 구원이 중복되기도 하고, 공백 지역이 생기는 등, 다양한 문제가 발생했다.

거기서, CBO의 네트워크를 쌓아 올리기 위해 다음의 세 번째 조직이 같은 시기에 각각 별개로 등장했다.

① LA시의 요청에 CBO, 시청, FEMA, 적십자, 구세군이 집결한 것

② FEMA와 적십자의 요청에 CBO와 시청이 참가한 것

③ CBO가 정보의 공유, 행정과의 조정 등을 목적으로 자발적으로 집

결한 것

①~③은, 멤버와 활동 내용 등이 중복되기 때문에, 조정결과, ①에 집약된, ENLA(Emergency Network of Los Angeles)가 탄생했다(그림 3-14).

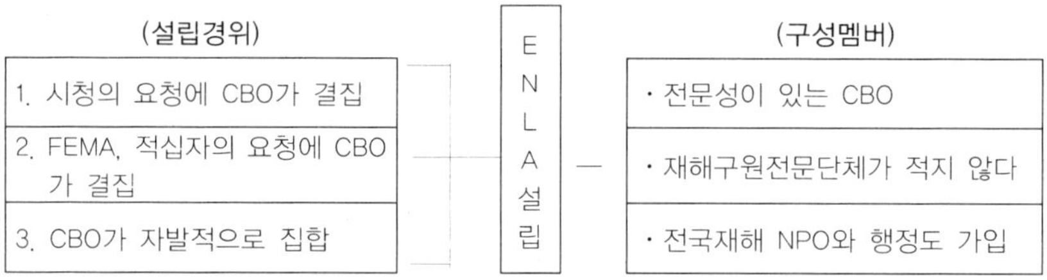

자료: 靑田良介(2004).

[그림 3-14] ENLA설립에 관한 CBO에의 기대

2) 구성멤버

지진 직후에는 1천 5백 정도의 단체가 ENLA와 어떤 관계가 있다고 말하지만, 정확한 기록이 남아 있지 않다.

2002년 10월의 시점에서, 회비를 지불한 멤버가 약 80 있어, 활동 분야별 그래프로 나타낸다(그림 3-15). 이로부터 ENLA에 관해 이하의 것을 알 수 있다.

① 전문성이 있는 CBO가 가입하고 있는 것

② 대부분은 재해구원 전문단체가 아닌 것

③ 전국재해 NPO와 행정도 가입하고 있는 것

다음에 설립의 경위 및 구성 멤버의 관계를 [그림 3-14]에 기록했다. 전국재해 NPO와 행정 및 CBO 자신이 재해에 있어서 CBO의 역할을 인식해 ENLA에 관계하고 있는 것을 알 수 있다.

3) ENLA에 소속한 CBO

(a) CBO멤버의 활동사례

여기서는, ENLA의 주요 멤버가 있는 CBO가, 구체적으로 어떻게 있는지, 세 번째의 활동사례를 소개하는 것과 동시에 ENLA와 CBO와의 관계에 관해 고찰한다.

(사례 1) SFIVC(San Fernando Interfaith Valley Council): 고령자, 장애인 등에 대한 서비스를 제공

SFIVC는 진원지 부근의 노스릿지지구 및 그 주변 지역에 두어, 고령자, 장애인 등에 대한 서비스를 제공한다. 주된 활동개요는 <표 3-22>에 나타나 있다.

(사례 2) GGCLA(Homeless Health Care of Los Angeles): 홈리스를 중심으로 한 건강·의료 등의 서비스를 제공

HHCLA는, LA의 다운타운을 중심으로, 홈리스에 대한 의료, 정신건강, 마약중독박멸 등의 사회활동에 종사해 왔다. 주된 활동의 개요는 <표 3-23>에 나타나 있다.

(사례 3) INFO LINE : 에스닉 등에 대한 생활에 관한 정보 제공

INFO LINE은, 생활에 관한 전화조회무료서비스(다이얼 211)를 시행한다. 카운셀링과 달리, 조회에 관한 서비스 제공기관과 그 연결선, 신청에 필요한 요건, 대상자, 대상 지역 등의 정보를 제공한다. 제공에 필요한 정보는 약 4만 2천의 데이터베이스에 이르며, 적절한 내용을 업데이트하고 있다. 조회건수는 1일 평균 800~900건, 75%가 여성이다. 그 중에서도, 0~5세의 육아를 포함한 여성이 58%에 달한다. 특히, 월수입이 500~1,000달러의 저 소득자층으로서, 육아를 포함한 히스패닉계 여성의 조회가 제일 많다.

더욱, 영어를 하지 못하는 사람에서의 조회에 대비해, 스페인어와 중국어, 한국어 등을 말하는 스탭도 있다. 전화통역도 개입시키고 140언어에의 대응이 가능하다.

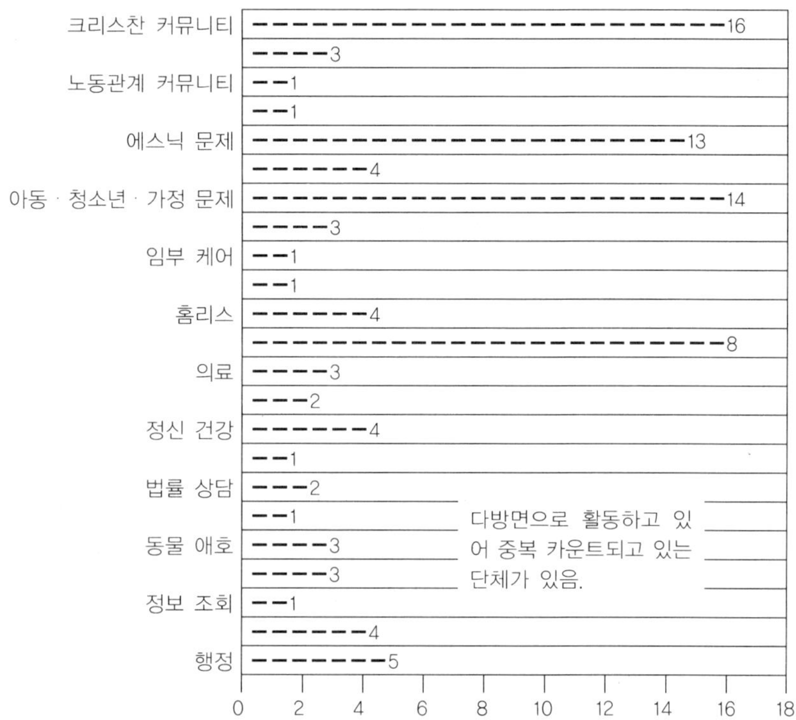

자료: 靑田良介(2004).

[그림 3-15] ENLA멤버의 전문 분야별 구성

INFO LINE은 노스릿지 지진 직후에도 정보를 제공하고 있어, 그 때의 주된 내용을 <표 3-24>에 나타내었다.

(b) 멤버로서의 CBO의 특색

세 번째의 사례로부터, CBO가 사회적 약자를 중심에 두어 다종다양한 요구에 대응하고 있다. 재해시에 CBO는 전문성을 살려 활동을 발전, 확대해 재해 약자를 지원할 가능성이 있다.

▶ 표 3-22 ◀ SFIV의 주된 활동 내용

항 목	내 용
①고령자 구매물건 대행 서비스	구매물건 대행 서비스(주 1회 정도)
②고령자 영양식 제공 프로그램	주식교류회, 영양식 택배 서비스
③의료면에서의 식사 택배 서비스	고령자・장애인의 의료상태에 맞추어, 주 5일, 주식을 제공
④이주자 지원 프로그램	미국에서의 신분에 관한 법적수속 지원, 모국의 가족을 불러와, 영어교육 등
⑤홈리스 프로그램 지원	동기 피난소 제공, 식료・의복・버스의 프리패스 등 제공, 취업알선 등
⑥근린의 직인에 의한 지원 프로그램	고령자, 장해자의 주거에 대한 페인팅, 난간・시큐러티 도어 등의 매달림
⑦타단체와의 식사 제공 공동 프로그램	저소득자, 실업자 등을 대상으로 한 종교단체, 복지단체, 노동조합에 의한 공동 프로그램(20개 장소)
⑧가정자급자족 프로그램	가정의 자립을 재촉해 5년의 지원기간을 종료하고, 자택구입자금 등을 지급
⑨학대아동지원 프로그램	침대와 의복, 악기, 파티 드레스, 여름캠프의 참가지원을 제공, 가족복지를 지원
⑩고령자 복지 센터의 운영(3곳)	카운슬링, 세대간 교류활동, 교육・법률・영양・의료・주택복지 서비스 등
⑪가정지원 센터의 운영	케이스워크, 긴급식량 원조, 건강보험 수속 보조, 의복과 생활용품 배포
⑫어른・주간보호・서포트센터의 운영	신체적, 정서적 장해가 있는 고령자, 가족에 대한 음악 감상, 피크닉 등의 기회와 카운슬링을 제공

자료: 靑田良介(2004).

▶ 표 3-23◀ HHCLA의 활동

①홈리스의 봉사활동	· 노상과 피난소에서의 식사 배급, 심신의 건강에 관한 조회의 접수, 주택·공적납부금을 얻기 위한 지원 · 마약 및 알코올 중독, 성 문제, 취업 등에 관한 상담 · 노상과 피난소에서의 신체검사, 결핵증검사, 에이즈검사·교육, 침 치료 등 · 육아교실, 마약상용방지, 친자활동 등의 가족지원 프로그램 · 주사침 교환, 에이즈검사, 심신의 건강 서비스에 관한 상담
②아드보카시 활동	· 커뮤니티와 교육에 관한 활동을 위한 홈리스단체 네트워크의 확대 · 커뮤니티를 포함한 문제에 관한 보급계발
③커뮤니티 조사활동	· 마약중독 및 정신건강에 관한 조사 · 각성제와 알코올 치료, 정신건강서비스, 직업복귀 훈련, 주택·건강·법률문제, 사회서비스 등에 관한 조사 · 전염병 등 조사, 에이즈검사·교육에 관한 조사
④교육훈련	· 스탭에 대한 교육·훈련 · 케이스워크와 카운슬링의 기능 향상 · 홈리스와의 접촉의 방법, 위험의 방지, 간염·에이즈 교육, 의료·정신건강, 마약, 결핵증 교육 등 이상 34개 항목

자료: 靑田良介(2004).

▶ 표 3-24◀ INFO LIVE가 노스릿지 지진 직후에 제공한 정보

○긴급연락선 ○고령자보호서비스 ○군 ○재해시 핫라인 ○동물 피난소 ○건물의 안전 확인 ○서비스 정지 ○재판소 ○기부 ○안경 ○FEMA ○자금 원조 ○식료 ○고속도로 정보 ○차가계약 ○주택지원 ○보험 ○주택임대 ○법률어드바이스 ○약 ○건강 진단 ○마음의 안정 ○멕시코 총영사관 ○행방불명자 ○우편 ○위생 ○학교 폐쇄 ○피난소 ○샤워 ○세금문제 ○교통기관 ○실업문제 ○라이프라인 ○볼런티어 ○물배급 긴급
(예) 긴급연락선에 관한 제공 내용 ① 적십자의 연락선 Antelope Valley 지부 : (085)948-4729 Burbank 지부 : (818)842-5295 Glendale/La Crescenta 지부 : (818)243-3121 Los Angeles 지부 : (213)739-5200 ② 적십자에서는 긴급식료와 피난소가 필요한 사람을 위해 핫라인을 개설했다. 24시간 응대 가능해 스페인어가 가능한 통역도 준비되어 있다. 전화번호 : (213)739-4543 ③ 구세군에서는, 지원을 필요로 하는 사람을 위해 긴급재해전화를 개설했다. 전화번호 : (800)725-9005 (213)380-9729 Burnamk 지구, 스페인어 대응 (213)463-5681 Hollywood지구, 스페인어 대응

자료: 靑田良介(2004).

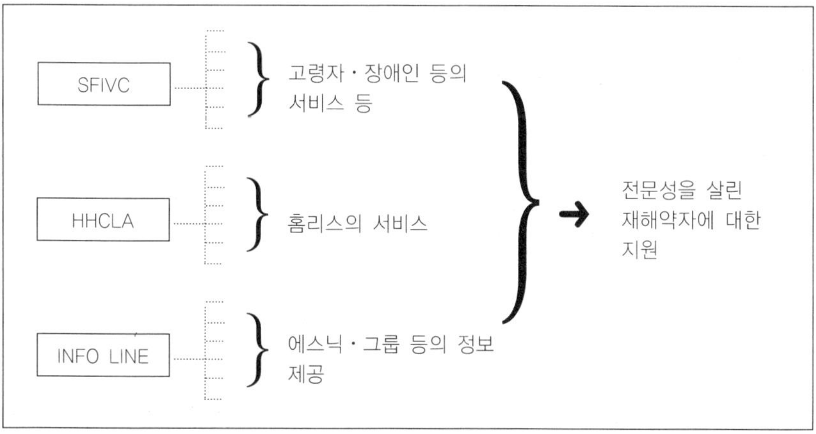

자료: 青田良介(2004).

[그림 3-16] 재해시에 둘 수 있는 CBO의 역할 이미지

4) ENLA의 활동개요

ENLA의 주된 사명은 이하에 나타나 있다.

① CBO 같은 종류 및 CBO와 행정 등의 제휴

② 지원에 관한 요구와 자원의 연계

③ CBO에 대한 연수 · 훈련의 제공

④ CBO, 행정, 미디어 등에 대한 정보 제공

⑤ CBO의 자금 확보를 위한 조정

CBO는 본래 재해구원단체가 아니기 때문에 노하우와 지식, 경험 등을 가지지 않은 경우가 많다. 이 때문에 ENLA는 CBO의 제휴를 그리는 한편으로, 방재력을 향상시키기 위한 방책을 강화했다.

<표 3-7>은 ENLA의 책정한 방재계획을 나타낸 것이다. 활동은 「재해의 준비」, 「재해발생의 대응」, 「대응종료후의 평가」의 3단계로 나눈다.

이 가운데 ENLA 특유의 이하 두 가지 특징에 대해 소개한다.

▶ 표 3-25◀ ENLA의 방재계획

항 목	소 항 목	주된 내용
①재해의 준비	a)연수 · 훈련	· 4반기의 강연 · 연수회 · 재해발생을 상정한 실전적인 도상훈련
	b)분과회 설치	· 전문 분야에 분과회를 설치
②재해발생후의 대응	a)이사회 소집	· 회장은 재해발생 후 2일 이내에 이사 및 분과회리더를 소집 · 피해를 받은 ENLA 멘파헤의 지원책을 검토
	b)분과회 활동	· 분과회리더에 의한 활동 개시 · ENLA은 분과회 리더가 정부와 교섭
	c)지원미팅 개최	· FEMA, 캘리포니아주, LA군, LA시 등이 더해져 미팅을 개최 · 재해 직후에 CBO, 전국재해구원 NPO, 행정간의 정보공유를 개시
	d)미충족 욕구(Unmet Needs)위원회 개최	· 복구단계에서는 각 재해약자에 대한 미충족 욕구(Unmet Needs)위원회를 개최
③활동평가 레포트의 작성	a)평가미팅 개최	· 활동평가 미팅을 검토해 향후의 과제 등을 검토
	b)레포트 내용	· 커뮤니티의 피해자 상황과 영향 · ENLA 미팅의 참가자 리스트 · 재해대응의 과정에 발생한 문제 · 장래의 재해에 대한 행동 리스트
	c)관개기관의 배포	· ENLA 멤버, 피재시, LA군, 캘리포니아주, FEMA, 적십자 등에 레포트를 배포

자료: 青田良介(2004).

(a) 분과회

CBO는 저마다 전문 서비스 분야를 가지고 있어, ENLA에서는 피해자의 요구에 의해 적절하게 응하기 위해 전문 분야별 분과회를 설치했다(<표 3-26> 참조). 또, 분과회에서는 중심이 되는 리더단체를 지명한다.

① 동일한 전문 분야 등의 CBO를 제휴해, 훈련 등을 통해 분야별로 재해대응력을 높인다.

② 스스로의 전문 분야가 아닌 요구에 대해서도 다른 CBO를 소개하는 등 ENLA 전체로서 과제를 처리한다.

(b) 미충족 욕구(Unmet Needs) 위원회

각각의 재해약자가 있는 다종다양한 요구는, 재해에 대한 대응이 방치가 되는 경우가 많기 때문에, ENLA에서는, 노스릿지 지진 후에 미충족 욕구(Unmet Needs) 위원회를 설립했다.

<표 3-27>은 실제 사례를 나타낸 것이다.

① 평소에 사회적 약자에 접하고 있기 때문에 수요를 찾아보는 일이 가능할 것

② CBO뿐만이 아니라, 행정과 전국재해 NPO 등이 있는 자원도 동원해, 사회 전체에서 문제를 해결한다.

5) CBO네트워크화에 의한 재해대응 매커니즘

이상으로부터, ENLA는, 재해 약자를 중심으로 하는 다종다양한 요구에 대응하는 CBO의 특색을 방재대책에 살리기 위해, 다음의 메커니즘을 구축했다고 말할 수 있다([그림 3-17] 참조).

① 준비단계에 두어 ENLA는 제휴를 추진해, 훈련·연수의 기회를 제공하는 것에 따라, CBO의 방재력의 향상을 목표로 한다.

② 재해가 발생하고, 분과회와 미충족 욕구(Unmet Needs) 위원회를 열어, 각각의 수요에 대응해, 행정과 전국재해 NPO와의 제휴를 한다.

③ 활동이 일단락되고, 평가 리포트를 작성해, 행정과 전국재해 NPO 등에 배포하는 교훈을 공유한다.

3. ENLA와 전국재해 NPO와 행정과의 관계

설립의 경위와 구성 멤버에서도 알듯이, ENLA에는 전국재해 NPO와

행정에도 관계가 있다. 이로부터, ENLA의 정책과 활동, 예산 등의 의사결정기관에 있는 이사회 멤버로 되어 있다.

CBO네트워크로서의 ENLA가 전국재해 NPO와 행정에 대해 어떠한 것이며, 얼마나 제휴하고 있는지를 고찰한다.

1) ENLA와 전국재해 NPO와의 제휴

ENLA에는, 적십자・구세군이 설립시부터 관여하고 있다. 양자는 미국의 대표적인 재해구호 NPO이다. 오래되고 거대한 조직이어서 인재와 재원의 양면에서 지도, 지원이 행해지고 일정한 규칙에 맞게 재해구원을 행한다. 이 때문에, 양자의 지원활동에 대해서는, 이하의 지적이 있다.

- 재해 직후의 단기적인 구원에 중점이 놓여져 있다.
- 기본적인 집단구호를 염두에 두고 지원한다.
- 지시계통이 중앙집권적으로, 서비스를 획일적이고 관료적이 되어 융통성이 없다.

이 때문에, 다종다양하게 장기적인 지원을 요구하는 소수파의 요구에 관해서는 CBO와의 제휴를 중시한다. 적십자의 경우는 적십자에서 하는 인재육성 프로그램을 ENLA멤버국을 위해 무상으로 제공한다. 또, 함께 ENLA의 활동이 지속적이 되도록 지원한다.

더욱이, 자금조성 프로그램(<표 3-27>의 사례 3 참조) 등을 통해, CBO가 처리하지 못한 과제를 적십자・구세군의 지원 프로그램에서 승계도 가능하게 됐다(그림 3-18). 또, ENLA는, 전미재해구원 볼런티어네트워크(NVOAD: National Volunteer Organization Active in Disaster)의 산하에 있는 LA군 재해구원 볼런티어네트워크(LA VOAD)로서 자리 매김되고 있는 점에서도, 적십자와 구세군과의 관계가 강하다.

▶표 3-26◀ ENLA 분과회

분과회명	리더단체 (본래의 활동 분야)	리더단체의 역할
① 피난소・주거	Homeless Health Care Los Angeles(홈리스)	・분과회의 명부를 관리한다. ・재해에 대비, 회의와 계획, 훈련 등을 실시한다. ・재해시에는, 6시간 이내에 ENLA에 연결한다. ・분과회 회원의 피해상황 보고를 파악한다. ・ENLA총회로 활동상황을 보고한다.
② 식료배급	LA Regional Food Bank(식료배급)	
③ 정신건강	Catholic Charities (교회커뮤니티서비스)	
④ 동물보호・맡음	City of LA, Department of Animal Regulations(동물보호)	
⑤ 종파를 뛰어넘은 제휴	World Vision of Los Angeles (재해구현, 빈곤박멸)	
⑥ 사우스・베이지구	American Red Cross, Greater Long Beach Chapter(재해구원)	
⑦ 건강・의료	Operation USA(건강・의료 구원)	
⑧ 그 외	INFO LINE(정보조회서비스)	

자료: 靑田良介(2004).

▶표 3-27◀ 미충족 욕구(Unmet Needs)의 사례

	문 제 점	해 결 책
사례 1	77세의 노부부의 가옥이 손상. 부인은 알츠하이머의 증세가 있다. 애완동물의 분뇨의 시말을 하지 못하고 위생상문제가 있다.	복지단체와 군정부의 지원으로, 주거의 위생 상태를 향상시킨다. 부인의 병인을 진단한다. 보이스카웃이 협력해, 카펫을 교체해, 가옥을 수선한다.
사례 2	독신남성으로 암을 앓는다. 주로 있는 아파트를 전대하려고 했지만, 일부손괴로 법적으로 불가능하게 되었다. 주거나 경제면으로 문제가 있다.	정부 혹은 전국재해 NPO에 자금적인 지원을 요청한다. 혹은 새로운 주택의 제공처를 찾는다. 혹은, 아파트 소유자에 대해, 일부손괴에 따른 집세 저감을 요청한다.
사례 3	주택손괴에 따른 이전 때문에, 냉장고, 난로와 그 외 전기제품을 필요로 하는 피해자가 증가	FEMA에서 3개월간의 렌탈에 필요한 자금 성출이 나오지만 신청으로부터, 10일간 걸린다. 적십자가 대신해 전불한다.

자료: 靑田良介(2004).

2) ENLA와 행정과의 제휴

(a) LA시와 LA군과의 제휴

1997년 3월 19일에, ENLA를 방재대책의 파트너로서 정식으로 인지했다(표 3-28).

구체적인 협동사업으로는, 예를 들면, LA시에서는, 2000년의 Y2K 문제에 대처하여 관계행정기관, 비즈니스센터, ENLA, 미디어 등과 협동으로 기업과 주민용의 보급계발 팜플렛을 작성한다. 이것을 ENLA의 멤버의 에스닉 단체가 13개 국어로 번역해, 영어를 읽지 못하는 주민에게 배포한다.

또 LA군에서는 2002년에 15개 항목에서 군의 긴급관리전략 프로그램(Los Angeles County Operational Area Strategic Plan for Emergency Management)를 책정했지만, 10항목에서 ENLA의 참여를 요구했다(표 3-29).

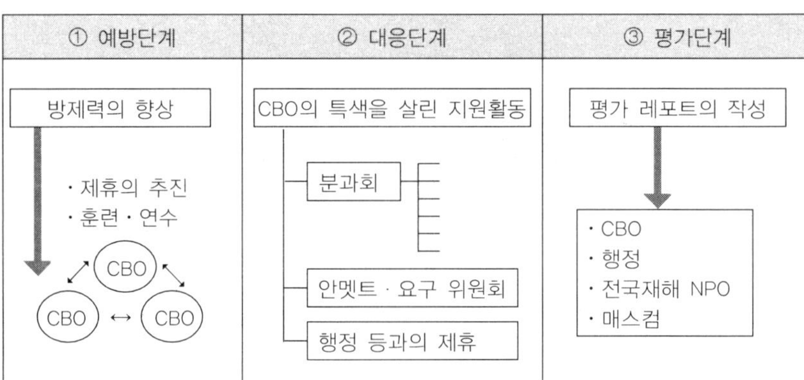

자료: 青田良介(2004).

[그림 3-17] CBO네트워크화에 의한 재해대응 메커니즘

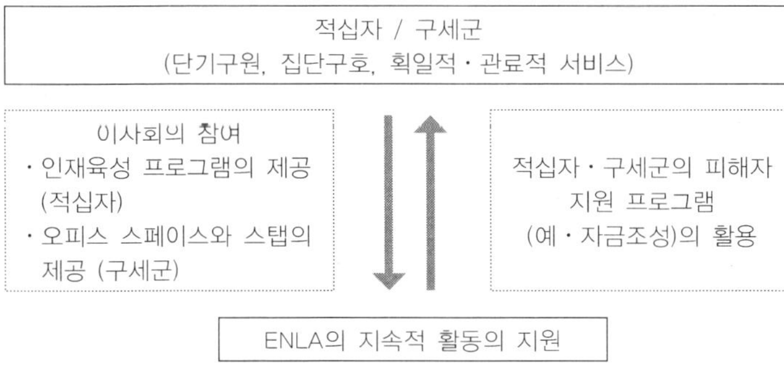

자료: 靑田良介(2004).

[그림 3-18] 전국재해 NPO에 의한 ENLA의 지속적 활동을 위한 지원

(b) ENLA에 의한 행정과의 제휴를 위한 환경 만들기

ENLA는, 캘리포니아주 정부의 SEMS(Standardized Emergency Management System: 표준 위기관리 시스템)을 채용한다. SEMS는, 본래, 긴급시에 둘 수 있는 주군-시 등 행정간의 협력 체제를 강화하기 위해, 조직체계와 전문용어의 정의 등을 표준화하는 것이다. 구체적으로는, 지휘관(incident commander)의 아래에, 계획, 운영, 로지스틱스, 예산·서무 등의 섹션을 두는 등, 그 명칭 및 역할 등을 통일해, 자치체간의 원활한 응원체제를 정비한다. ENLA에서는, SEMS를 통해, LA시와 보조를 맞추어, 정보 공유와 대책 실시 등의 면에서 신속한 제휴를 만든다(그림 3-19).

또, 행정은 중립성·공평성으로 타인과의 제휴에 신중한 면이 있지만, ENLA는 행정의 시책에 대한 주창을 행해 중립적 입장을 유지하는 것에 의해(각 멤버가 각자의 입장으로 주창을 실시하는 것은 상관없다) 행정이 제휴하기 쉬운 환경을 정비하고 있다.

(c) ENLA와 행정과의 제휴 특색

행정과의 제휴의 특색을 나타내 보인 것이 [그림 3-20]에 있다.

① ENLA는 행정과 같은 긴급사태관리시스템을 채용하는 것과 동시에 중립적 입장을 유지하는 것으로 LA시가 제휴하기 쉬운 환경으로 정비한다.

② 시·군도 ENLA의 의사결정기관으로 있는 이사회의 멤버로서, 앞의 ①의 요인에 더하여, ENLA를 공식의 파트너로서 승인하는 일이 된다.

③ 파트너십을 통해, 시와 군과의 협동과 시책의 참여가 활발해져, ENLA의 사회적 신용력이 더해져, 지속적 활동이 추진된다.

3) 제휴에 따른 상승효과

ENLA와 전국재해 NPO·행정과의 제휴에 의해 이하의 효과가 기대된다(그림 3-21).

① 전국재해 NPO와 행정으로 해결하지 못하는 미충족 욕구(Unmet Needs)의 과제를 ENLA를 개입시켜 CBO에 끌어안는다.

② ENLA는 CBO에서 처리하지 못하는 집단구호에 관한 과제를 전국재해 NPO와 행정의 기존의 프로그램으로 대처해 받는다. ENLA의 지속적 활동에 대한 지원도 받는다.

③ 제휴에 의해, 「표준적인 집단구호 서비스」와 「각각의 재해약자의 서비스」의 사용 구분이나 편성이 가능하게 된다.

표 3-28 LA시와 LA군에 의한 ENLA의 인지

① CBO는 평상시에 지역사회에 대한, 레벨의 높은 전문성인 서비스를 제공한다.
② 노스릿지 지진 후, CBO는 서로의 혹은 정부와의 제휴의 필요성을 인식해, ENLA를 설립한다. 시 및 군은 그 공헌을 인정한다.
③ CBO에 의한 서비스가 중복되지 않게 시 및 군은 적절한 지원을 행한다.

자료: 青田良介(2004).

▶ 표 3-29 ◀ LA군 긴급관리전략 프로그램의 ENLA의 계획

항 목	ENLA의 참여
① 시 · 군, 비즈니스섹터, NPO에 의한 제휴의 강화	○
② 훈련과 준비에 의한 재해의 강한 커뮤니티 만들기	○
③ 커뮤니티에 둘 수 있는 경재재건계획 작성	○
④ 재해 후의 고용자의 안정	X
⑤ 정부, 비즈니스섹터, NPO에 의한 위기관리의식의 고양과 전문성의 강화	○
⑥ 재해리스크에 대한 정부, 비즈니스섹터, NPO의 의식의 강화	○
⑦ 재해 후의 재건작성에 관계되는 정치가의 역할 강화	X
⑧ 재해 후의 기부의 접수나 볼런티어의 활용	○
⑨ 재해약자와 영어문맹자를 포함한 재해의 준비와 재해대응 프로그램의 작성	○
⑩ 군정보에서의 재해대응 · 재건포럼, 훈련의 강화	○
⑪ 학식경험자, 연구자와의 관계강화	X
⑫ 법제도 하에 의한 통신기술의 향상	X
⑬ 연방, 주, 군, 시, 재해대응단체, 매스미디어와의 제휴에 의한 정보전달 강화	○
⑭ 위기관리 강화를 위한 주민, 군직원의 지식 향상	○

자료: 青田良介(2004).

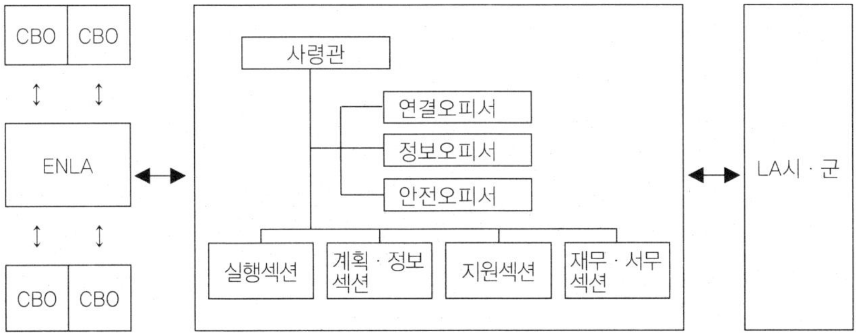

자료: 青田良介(2004).

[그림 3-19] SEMS의 채용에 의한 ENLA와 행정과의 제휴

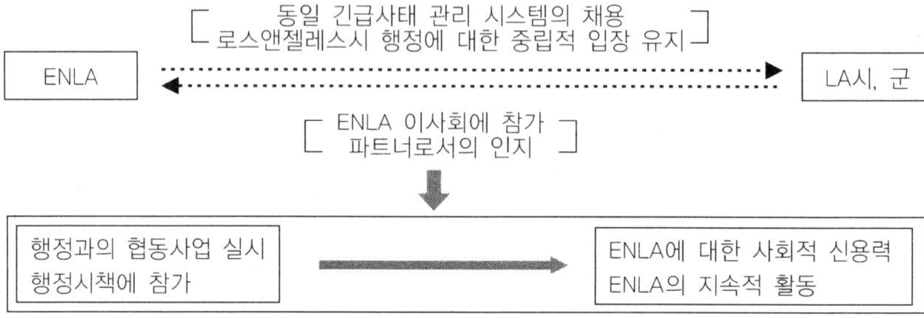

[그림 3-20] ENLA와 행정과의 연계 특색

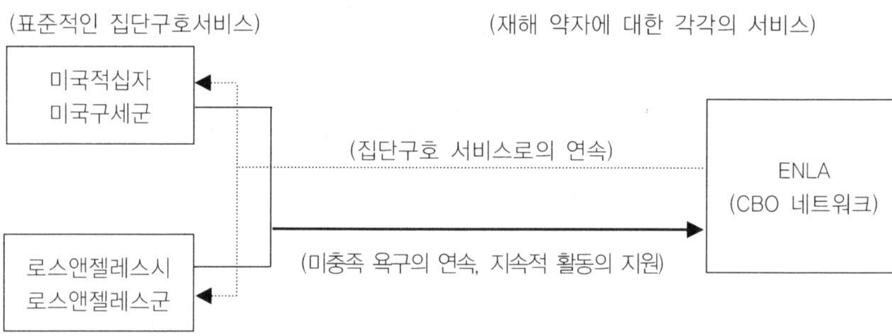

자료: 靑田良介(2004).

[그림 3-21] ENLA와 전국 재해 NPO · 행정과의 연계와 동반하는 상승효과

제 4 절 일 본

1. 한신 노인 · 장애인 지원 네트워크(<표 3-30>, <표 3-31> 참조)

지진피해 직후, 고베시에서, 피난소의 노인·허약자의 보호에 분주한 「노인·장애인 긴급지원 네트워크」에서의 활동을 계기로, 피해지 최대

의 가설주택이 있는 니시징(西神) 제7가설주택(1,060호, 1,800인 중 90%가 65세 이상)에서 노인・장애인의 생활 지원을 전개하였다. 주된 활동은 아래와 같다.

- 독거생활을 하는 고연령자를 혼자 죽게 하지 않는다.
- 노인・장애인을 질병이나 병환으로 누워있게 하지 않는다.
- 가설주택을 살기 좋은 생활공간으로 하기 위해 지역사회 만들기를 도모한다.

부흥주택으로의 이동과 동시에, 지역사회에 구축된 가설주택이 붕괴될 위험이 있으므로, 「수국이 핀 집(99.8~03.3)」과 「이천곡(伊川谷) 공방(99.8~현재)」을 개설하여, 「주간보호서비스(day service)」, 「상담의 공간」, 「일자리」, 「회합의 장」 등을 제공하고, 지역의 노인 등의 교류・삶의 보람을 느낄 수 있는 곳을 만들었다. 또한, 부흥주택에서는 지역과의 연계가 불가결하기 때문에, 자치회 등과도 연계하여 활동을 전개해 왔다.

한신 노인 지원 네트는 긴급에서 복구, 부흥지원, 노인・장애인에 대한 치밀하고 세밀한 서비스를 지속해 왔다. 또한 지역에 밀착한 서비스

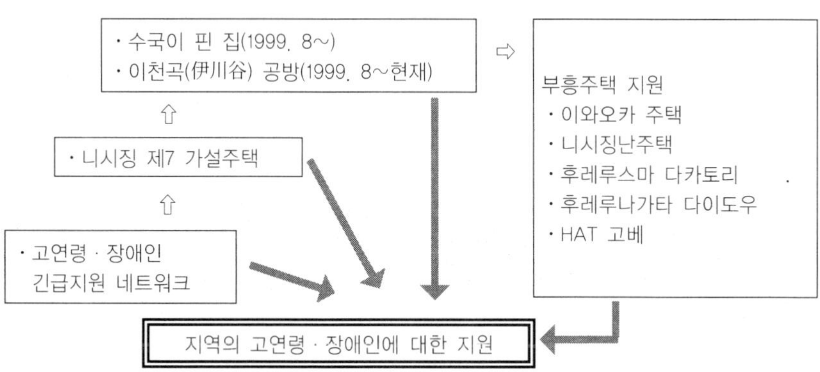

자료: 青田良介(2004).

[그림 3-22] 고령자・장애인에 대한 지원활동

▶ 표 3-30◀ 니시징 제7 가설주택 활동 사례

	피해자의 요구	요구에 대한 대책
주택의 환경개선	120동이나 있는 광대한 부지에서 자신의 집을 찾기가 어려움	눈높이에 맞춰 큰 글씨로 동 번호를 기재함
	밝음, 어두움, 비, 풀, 벌레가 들어옴, 노이로제가 됨	테이프나 헌 신문으로 빈틈을 보강함
	전기나 물의 원터치 버튼의 사용법을 모르겠음	사용법을 크게 써둠
커뮤니티의 구축	아는 사람이 없어 방안에 틀어박혀 있는 경우가 많음	매일 아침 10시 (화단에) 물주는 시간을 마련, 만남의 장소가 될 쉼터를 마련, 매일 2~3시간의 주간보호서비스 실시
의료보호 확보	주치의가 있는 병원으로 통원이 곤란함	자동차 지원 자원봉사, 활동 시간표를 기록하여 진료시 지참하게 함
만남 방문 실시	피해자에 따라 병의 증세가 다르므로 세심한 배려와 보살핌이 필요함	방문하는 자원봉사자를 고정하여 이상의 조기발견, 신뢰관계 구축에 힘씀
전문가와 자원봉사의 연대	우울증, 알코올 의존증, 치매를 앓는 사람이 있음	자원봉사 간호사 방문시 정보를 보건부에 제공함
	치매 환자가 배회하고 있는 것이 경찰에 통보됨	경찰로부터 자원봉사측에 연락이 옴
	증세가 악화, 병원으로 갈 가능성이 있는 환자가 있음	그 환자의 방까지의 진입로를 사전에 확보하여 소방서에 알림

자료: 靑田良介(2004).

▶ 표 3-31◀ 부흥주택 활동 사례

활동 장소	활동 내용
이와오카주택	만남 방문, 방문간호, 만남서비스, 이벤트
니시징난주택	방문간호, 개호(介護)서비스, 입욕서비스, 만남쉼터, 이벤트, 지역지킴이 활동, 연락회 등
후레루스마 다카토리	주간보호서비스, 만남쉼터, 만남방문, 이벤트
후레루나가타 다이도우	만남쉼터, 자치회장의 상담역, 이벤트, 방문간호 등
HAT 고베	만남방문, 주민상담, 이벤트
신자이게	만남쉼터

자료: 靑田良介(2004).

를 제공하여 부흥주택에 있어서 자치회 등 지역조직으로부터의 신뢰가 높다.

2. 프로젝트 1-2(<표 3-32> 참조)

고베시 효고구에 있는 중학교로 피난했던 피해자들이 설립한 것으로써 피해지에 계속 살 자로서「무엇을 할 수 있는가」를 생각하면서, 활동을 전개해 왔다.

교통편이 나쁜 가설주택의 피해자를 위해 전국에서 전해 오는 물건이나 생활 필요품을 가득 실어 가설주택을 순회하는 출장 상점「모두가 들리는 가게」를 개최하는 한편, 통솔력이 있는 피해자를 가설주택의 책임자로서 지지하거나, 노조의 협력을 얻어 기업 시설에서 이벤트를 실시하거나, 행정시스템을 기반으로 한 지원과는 다른, 지역사회의 인적 유대를 중시하면서 지원활동을 전개해 왔다.

원투는 피해자가 중심이 되어, 지역의 활성화를 전개해 왔다. 현재의 주된 활동은 다음과 같다.

① 지역 상호접촉 프로젝트

같은 지역에 사는 자들끼리 공동으로 모이는 장소를 제공하고, 지역에서 서로 돕거나 지지해 주는 환경을 양성한다.

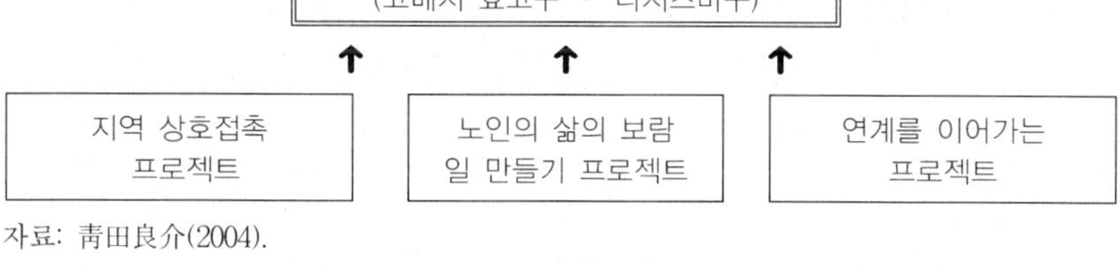

자료: 靑田良介(2004).

[그림 3-23] 지역 활성화의 작업

▶ 표 3-32 ◀ 원투의 활동 내용

<table>
<tr><th></th><th>프로젝트</th><th>활동 내용</th></tr>
<tr><td rowspan="2">①지역 만남 프로젝트</td><td>마을의 만남쉼터 올리브</td><td>매주화요일 오전 중, 카톨릭 효고 교회에서 민생위원, 지역의 유지, 교회의 복지위원회가 섞여 지역교류의 장을 제공함</td></tr>
<tr><td>만남 점심회</td><td>매월 마지막 주 목요일에 주택의 집회소에서 입주자와 주변 지역의 주민이 함께 점심을 먹는 행사를 마련</td></tr>
<tr><td rowspan="5">②고령자에게 삶의 보람을 가질 수 있게 하는 일 만들기 프로젝트</td><td>제품 개발</td><td>판매할 수 있는 수공품을 고안하여 시험적으로 만들어 봄</td></tr>
<tr><td>기술 계발</td><td>자치회나 노인회에 상담하여 기능을 가진 고령자를 발굴해냄</td></tr>
<tr><td>교류 장소 만들기</td><td>여러 세대가 모일 수 있는 장소 제공</td></tr>
<tr><td>제품의 전국 판매</td><td>팜플렛에 수공예품을 게재하여 통신판매를 실시함</td></tr>
<tr><td>위탁 판매</td><td>이벤트나 지원자의 가게에서 판매</td></tr>
<tr><td rowspan="4">③인연을 잇자 프로젝트</td><td>사무기능 공여</td><td rowspan="4">지역의 워크, 바자, 바비큐 대회 등의 개최를 통해 자원봉사나 NPO, 지역자치회조직의 활동이 계속 발전할 수 있도록 지원함</td></tr>
<tr><td>활동 노하우 제공</td></tr>
<tr><td>재정기반이나 운영 상담</td></tr>
<tr><td>재단간의 조정</td></tr>
</table>

자료: 靑田良介(2004).

② 노인의 삶의 보람·일자리 만들기 프로젝트

공동 공방(工房) 「모두가 들리는 가게」를 운영하여, 고연령자가 만든 물품을 판매하는 것을 통해, 삶의 보람을 만들고 수입을 얻는 계기를 만든다.

▶ 표 3-33 ◀ 복잡한 토지·건물의 권리관계

	유형	토지소유자	건물소유자	건물점유자	귀환율
지지·지가	AAA	A	A	A	51.6%
지지·지가	ABB	A	B	B	59.2%
지주가 경영하는 차가(借家)	AAC	A	A	C	15.5%
가주가 경영하는 차가(借家)	ABC	A	B	C	8.1%

자료: 靑田良介(2004).

③ 연계를 이어가는 프로젝트

고베시에서 시민활동을 위해 거점으로서 운영을 위탁받은 「support station」을 거집으로, 지금까지 만난 사람들과 연계를 하고, 재해 시 등에 서로 협력할 수 있는 관계를 구축한다.

3. 마을·커뮤니케이션, 프라자 5(<표 3-34> 참조)

고베시 어장(御臟) 5·6가에서는 지진 당시 대규모 화재가 발생하여 지구(地區) 면적(4.6ha)의 80%가 전소하였다. 지진 피해 후 많은 사람이 마을을 떠났다. 토지·건물의 권리관계가 복잡하여, 셋집에 사는 사람일수록 지주·집주인의 재건 의욕에 좌우되어, 마을로 귀환하는 것이 곤란했다.

마을·커뮤니케이션은 1996년 4월 동 지구의 마을 만들기 재건을 지원하는 단체로서 설립되었다. 교외의 가설주택으로 이동한 사람들을 마을로 불러들이기 위해, 지방의 마을 만들기 협의회나 전문가와 협력하여, 권리자 등과의 조정을 도모하면서, 집합환지에 의한 공동 맨션 「미쿠라 5(파이프)」를 완성시켰다(2000년 1월). 또한 1997년부터는 전국을 향해, 매년 「어장(御臟) 학교」를 개최하여, 피해지를 걷고 다시 바라보는 것으

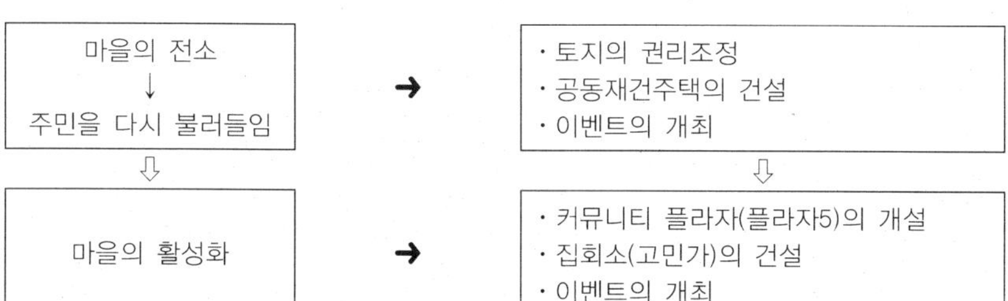

자료: 青田良介(2004).

[그림 3-24] 주민을 다시 불러들임 · 마을의 활성화 수단

▶ 표 3-34 ◀ 프라자 5에서의 커뮤니티 거점사업

○만남 쉼터 ○식사회 ○컴퓨터 교실 ○그림편지 교실 ○주간보호서비스 ○어린이 쉼터 만들기 ○농업 체험 ○고령자 지킴이 ○건강 체크 ○건강 강좌 ○개호 강좌 ○자치회, 마을 만들기 협의회 지원 ○마을 이벤트 지원

자료: 靑田良介(2004).

로, 부흥의 현황이나 현재의 모습을 헤아려, 지진 피해는 왜 있었는지를 다시 묻는 기회를 제공해 왔다. 또한 2002년부터는, 자치회의 부활에 동반하여, 효고현 북부에 있는 오래된 민가를 이축하고, 마을의 집회소로서 건설 중에 있다.

프라자 5는, 마을의 신구 주민의 교류나 공영 부흥주택의 노인들의 사교 공간으로써, 마을·커뮤니케이션으로부터 독립하여, 「미쿠라 5」 안에 설립한 것이다. 밤에 남녀들이 모여서 추는 윤무, 떡치기 등의 이벤트 등도 개최한다.

이처럼 토지나 주거의 권리관계가 복잡한 지역에 있어서, 유출한 주민을 다시 부르고, 지역을 활성화시키기 위하여 지역에 밀착하여, 마을 만들기 협의회나 자치회와 협동하면서, 소프트웨어(프라자 5)와 하드웨어(협동 맨션, 집회소)에 의한 거점 만들기에 힘써온 것이 특징이다.

4. 피해지 NGO 협동센터(<표 3-35> 참조)

지진피해 직후의 1995년 1월 19일, 구원활동을 행하는 봉사단체의 네트워크 구축을 목적으로 「한신대지진원 NGO 구원연락회의」가 설립되었다. 구원 내용마다 7개의 분과회가 설치되고, 「가설지원 NGO 연락회」에는 가설주택으로 지원활동을 전개하는 약 25개의 단체가 모였다. 그것을 기반으로 1995년 8월에 설립한 것이 협동센터이다.

협동센터에는 NGO/NPO 네트워크 추진을 위한 조직을 시작해 왔다.

첫 번째는, 시민과 NGO의 『방재(防災)』 국제포럼이다. 행정과 다른 시점에서 시민의 피해지진 후의 모습을 살펴보는 것으로, 지진피해 1주년부터 5주년까지의 매년 개최하는 것 외, 10주년에 해당하는 2005년 1월에도 실시하였다.

두 번째는 고베 YMCA나 코우프 · 고베, NGO/NPO 등에 호소하여 실시해 온 해외재해구원활동으로 1995년 5월의 사할린 지진을 시초로 2003년 5월부터 알제리 지진에 이르기까지, 총 29회를 헤아린다. 2002년 1월 17월에는, 상시 조직으로서 해외재해원조시민센터를 설립했다.

세 번째는 「지진피해가 연결하는 전국 네트워크」이며, 재해구원활동을 실시하는 전국의 21단체부터 이루어진 네트워크로서 국내에서의 재해구원활동을 실시해 왔다.

이처럼 NGO 협동센터는 긴급구원, 복구 · 부흥 지원을 통해, 네트워크에 힘씀과 동시에, 고베의 피해자뿐만 아니라 국내외의 재해에도 지원의 폭을 넓히고 있다.

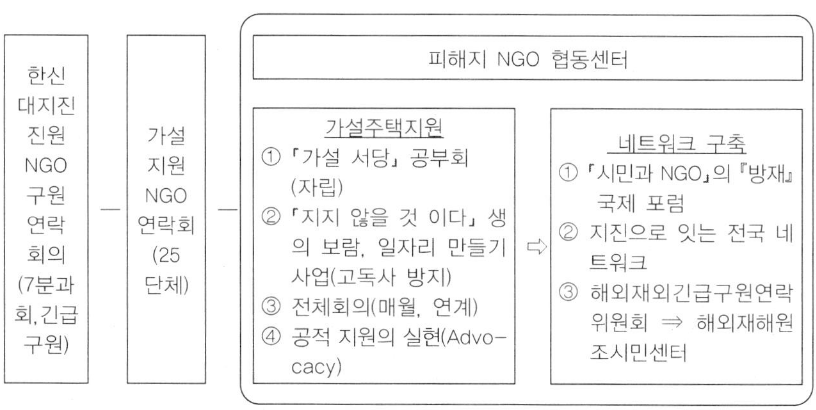

자료: 青田良介(2004).

[그림 3-25] 지진 직후부터의 네트워크의 변천

▶ 표 3-35◀ 가설주택 지원을 위한 네트워크

테 마	활동 내용
① 자립	'가설 야학'을 개설해 강사를 불러 공부회를 실시함
② 고독사(孤獨死)	'고독사'전에 '고독한 생'을 인식하고 '삶의 보람이 있는 일 만들기 사업'을 통해 지진재해 사업인 '지지 않아 사업'을 전개함
③ 연대	관계 단체와 매달 전체 회의를 실시함
④ advocacy: 옹호, 지지	공적 보장의 실현을 목표로 함

자료: 靑田良介(2004).

5. 한신 대지진 부흥시민 마을 만들기 지원 네트워크

(<표 3-36~37> 참조)

지진피해부터 10일 후, (주)코우프란을 중심으로, 주로 고베의 마을 만들기에 연관이 있었던 도시계획가, 건축가, 대학 연구자 등 약 50명을 모아, 부흥에 나선 시민마을 만들기를 지원하기 위한 느슨한 네트워크가 구성되었다. 중심이 된 것은, 건축가 고(故) 미즈다니(水谷穎介)씨의 제자 약 10명으로 고베시 동부·서부·도심부와 니시노미야시의 각 지역으로, 마을 만들기 컨설턴트 지원 네트워크를 확대하고, 피해상황을 기반으로, 마을의 이념이나 구체적인 수법에 관해 검토를 시작하였다.

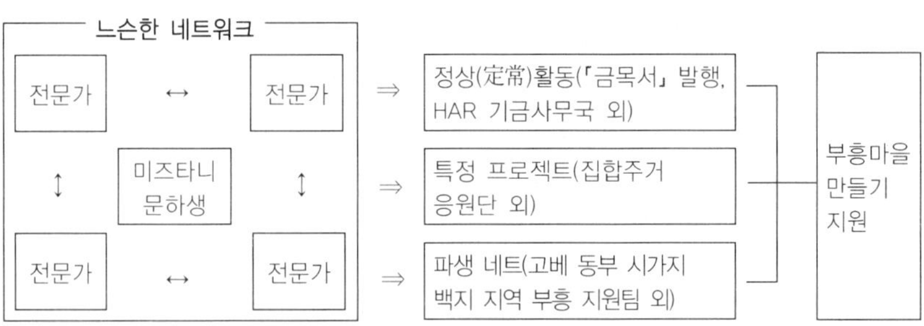

자료: 靑田良介(2004).

[그림 3-26] 전문가 집단에 의한 부흥 마을 만들기 지원

네트워크에 의한 정보교환이나 협동작업 등을 통해, 다음의 활동들이 생겨났다.

① 정상적인 활동

· 네트워크 연락 회의

· 「금목서」의 발행

· 「부흥시민 마을 만들기」의 발행

· HAR 기금 (한신 · 아와지 르네상스 펀드) 사무국의 운영

② 특정 프로젝트

· 피해실태긴급조사

· 시가지연화재생 프로젝트

· 집합주거(Collective Housing) 사업추진응원단

▶ 표 3-36◀ 마을 만들기 지원 네트의 주요 활동

네트워크 연결회의 월 1회 멤버가 모여 각자가 다루는 마을 만들기 프로젝트의 진행상황, 과제 등에 대해 의견을 교환함

'금목서' 발행	피해를 입은 각 지역의 재건 상황을 소개, 마을 만들기 전문가의 의견 교환의 장으로서 뉴스레터를 발행함 *제1기 : 금목서 (제1~50호, 95.2~97.8) *제2기 : 정보 금목서 (제1~16호, 97.10~98.11) *제3기 : 복간 금목서 (제1~36호, 99.4~01.16) *제4기 : 월간 금목서 (제1호~, 03.6~)
'부흥 시민 마을 만들기'발행	마을 만들기 지원단체의 뉴스레터를 3개월마다 수록 합본함 *제1~제8권(95.5~96.11) *네트워크 각 단체 뉴스 *도시계획 사업지구에 있어 각 지역의 원협의회 뉴스 *도시계획 사업지구 외에 있어 각 지역의 원협의회 뉴스 *행정 뉴스
HAR기금 (한신 아와지 르네상스 펀드) 사무국	백지 지역 등 행정지원이 이뤄지기 어려운 지역에서 활동하는 단체를 주요 대상으로 용도에도 특별히 제한을 두지 않는 자금조성을 실시. '마을재건', '삶터재건', '생활재건', '기록 만들기' 등에 관해 계107건, 3,364만엔 조성(95.9~01.3)

자료: 青田良介(2004).

▶ 표 3-37 ◀ 지원 네트의 특정 프로젝트

피해실태 긴급조사	건축학회, 도시계획학회의 지진재해 부흥도시 만들기에 있어 특별위원회의 중추적 역할
시가지 녹지재생 프로젝트	한신 그린네트 (랜드스케이프 부흥지원회의)
집합주거사업 추진응원단	'만남 주택의 주거자 교류회'→'만남주택 연락회'

자료: 青田良介(2004).

▶ 표 3-38 ◀ 지원 네트로부터 파생 전개된 새로운 네트워크

고베동부 시가지 백지 지역 부흥지원팀	지원 네트에서 생겨난 '고베동부 시가지부흥 시민마을 만들기 지원네트워크'로부터 파생되어 1995.10.6 부터 고베시동부 백지 지역의 마을 만들기에 착수. 1996.6.9에는 '히가시나다 시민부흥 마을 만들기 포럼'을 개최 1996.12.14에는 '백지 지역의 피재실태와 부흥방책에 대한 심포지엄'을 지진재해지 부흥 실태조사 네트워크와 공동으로 개최
니시노미야 부흥마을 만들기 지원 네트워크	니시노미야시 지진재해지 부흥계획을 본보기로 피해상황의 정리, 과제 검토 등을 실시하기 위해 1995.2.25에 결성. 1995.9에 '니시노미야 부흥지구별 마을 만들기 계획'을 모음. 백지 지역인 '야스이 마을 만들기 협의회' 설립 등, 각 지구에서 주민을 위한 실천 활동을 전개해 옴

자료: 青田良介(2004).

③ 「지원 네트」에서 파생 전개한 새로운 네트워크

· 고베 동부시가지 백지 지역 부흥지원팀

· 니시노미야 부흥마을 만들기 지원 네트워크

이처럼, 지원 네트를 통하여 마을 만들기 전문가의 네트워크의 장을 제공하는 것으로 인해, 기존의 틀에 박히지 않은 유연한 부흥마을 만들기 프로젝트가 탄생한 것이 특징이다.

6. 고베 부흥단체, 고베마을 만들기 연구소

(<표 3-39~40> 참조)

고베 부흥단체는 부흥의 현황을 분석하고 새로운 시민사회를 향한 과

제를 탐구하는 학자·연구자, 건축가·플래너, 의사, NGO/NPO, 저널리스트 등, 「현장의 지식」을 중시하는 전문가 개인들의 집단으로서 1996년 4월에 설립되었다. 공영 부흥 주택입거자의 사전교류 사업이나 시민에게 피해지를 시찰하게 하며, 부흥기금으로서 참가비를 모집하는 등 참신한 시도를 전개해 왔다.

고베 부흥단체는 개인을 기초로 한 임기응변적인 조직으로, 신규 사업의 시작으로 효과를 발휘하고, 장기적·지속적인 부흥마을 만들기에 몰두하기 위해, 복구단체를 모체로 2003년에 NPO법인으로 발족한 것이, 고베마을 만들기 연구소이다. 「집합사무소(Collective Office) 사업」, 「NPO 지원 어드바이저 사업」, 「지역생활화를 위한 컴퓨터 교실」, 「부흥 주택·지역사회 지원 연구회 사무국 업무」, 「효고마을 만들기 플랫폼」 등을 실시해 왔다.

이처럼, 부흥단체에서는, 다채로운 분야의 전문가가 모여, 지원을 위한 참신한 프로젝트를 만들어내는 한편, 마을 연구소에서는 NPO 법인으로서의 마을 만들기 연구소를 발족시키고, 장기적·지속적 활동을 짊

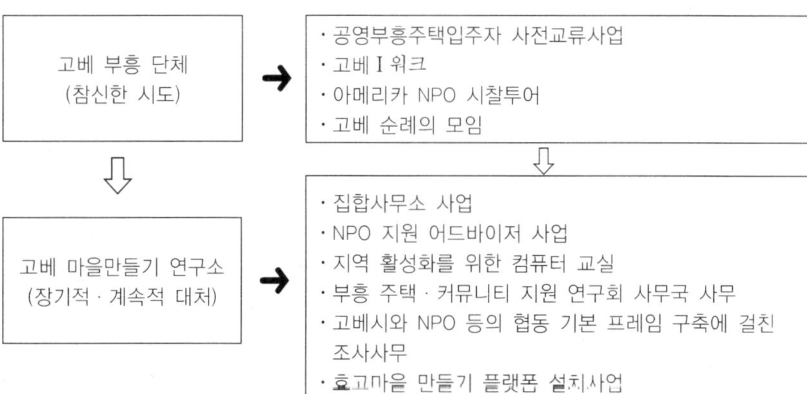

자료: 靑田良介(2004).

[그림 3-27] 부흥단체와 마을 연구소의 관계

어지도록, 역할 분담을 완수하면서 전문적 견지에서 활동을 하고 있다.

▶ 표 3-39◀ 부흥단체의 주요 활동 내용

공영부흥주택 입거사업전 교류사업	부흥공영주택에서의 커뮤니티 재구축을 위해 입거 예정주택 견학, 점심회, 온천 투어 등을 기획하고 입거 예정자들의 대면의 장을 제공함
고베 i워크	지진재해가 있던 날의 피해지를 시민들이 직접 걸어보도록 하고, 지진재해와 부흥을 생각해 볼 기회를 제공함과 함께 참가비 형태로 기금을 모금하여 시민을 위한 부흥모금을 구축함
아메리카 NPO 시찰 투어	NPO 활동의 선진지인 미국을 시찰하여 고베의 이후 부흥활동에 도움을 줌
고베 순례회	국내외의 전문가, 저널리스트, NPO 등이 고베의 피해지를 시찰하고 각자의 마을 만들기 활동에 참고로 삼음

자료: 靑田良介(2004).

▶ 표 3-40◀ 마을연구소의 주요 활동 내용

사업명	주요 내용
집합 사무소 사업	비영리단체에 거점이 되는 장소나 설비를 제공하는 인큐베이터 사업(00.9~, 7단체)
NPO 지원 어드바이저 사업	NPO의 정보발신력, 조직기반강화를 위해 약 4개월간 어드바이저를 파견
지역 활성화를 위한 컴퓨터 교실	집합사무소 입거자나 주변 지역의 거주자, 상점을 대상으로 컴퓨터, IT를 통해 커뮤니티 만들기를 진행함(00.10~, 2,112명)
부흥주택 커뮤니티 지원 연구회 사무국 사업	효고현 부흥지원회의 파트3의 파트너 포럼 실시(01.4~, 12회)
고베시와 NPO 등의 협동의 기본 프레임 구축에 관한 조사 사업	고베시와 NPO와의 협력을 구축하기 위한 연구회 실시(01.6~)
효고마을 만들기 플랫폼 설립 사업	효고현 내의 자원봉사 마을 만들기 활동을 네트워크화하여 마을 만들기 플래너, NPO, 주민, 행정기관에 따른 협동의 장을 구축함. 1년째 : 타지마, 키타하리마 2년째 : 아키라마이단지

자료: 靑田良介(2004).

7. 시민활동센터 고베(KEC, <표 3-41> 참조)

지진재해 후의 시민활동의 기록을 편집한 단체로서, 지진피해 후 1995년 3월에 「지진피해 · 활동기록실」이 설립되었다. 봉사단체를 대상으로, 피해지 현장의 상황을 정리한 「기록실 통신」을 발행함과 동시에, 1996년 봄부터 부흥 공영주택의 입거 개시에 맞추어, 응모서류를 쓰는 방법 매뉴얼이나 주택 주변의 공공 · 의료기관, 시장 등의 정보 제공 서비스를 시행했다.

지진피해 후 3년이 경과하여, 활동을 계속한 후에 하나의 고비를 맞이한 것에서, 지금까지의 피해자 지원부터 시민사회의 구축을 진전시키기 위해, 기록 부문에서 분리하여, 「지진피해 시민정보실」을 1998년 3월에 시작하였다. 지원 단체끼리의 연계나 재원개발 등에 대해 의견 교환하는 장소로서 「인도의 모임」을 공동 주최하거나, 고베시에서 하는 「시민활동에 대한 실태조사」나 효고현에서 하는 「지역사회 · 비즈니스에 관한 조사」의 위탁을 받거나 한다.

1999년 9월에는 「시민활동 센터 고베」로 개칭하여, 지진 피해를 계기

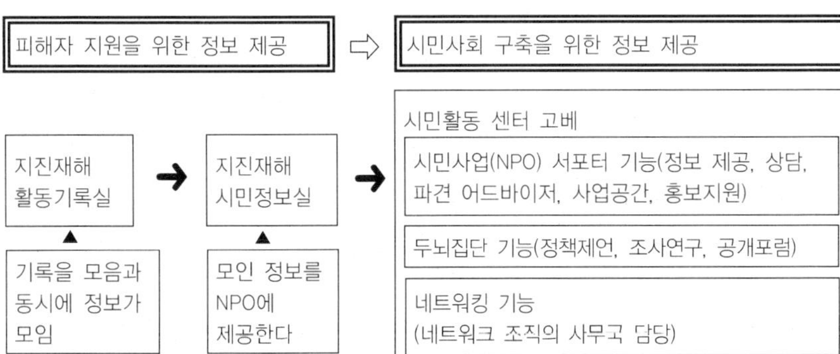

자료: 青田良介(2004).

[그림 3-28] 피해자 지원-시민사회 구축을 위한 정보 제공

로 한 시민활동 구축을 목표로 하여 이하의 활동을 전개하고 있다.

- 시민사업(NPO) 서포트(정보 제공, 상담, NPO 지원 파견 어드바이저 사업, 인쇄 · 작업 공간의 제공, 홍보 지원)
- 두뇌 집단(정책 제언 · 조사 연구, 공개 포럼)
- 네트워킹(「효고시 시민활동협의회」 등 사무국의 운영)

▶ 표 3-41◀ KEC의 활동 내용

항목	소항목	활동 내용
시민사업(NPO) 서포트	정보제공	· NGO/NPO가 주최하는 이벤트 정보, 자원봉사 모집정보 · NGO/NPO가 이용할 수 있는 조성금, 회의실 대여 정보 · 매스컴 연락처에 관한 정보 · 정보지 '수리부엉이' 발행
	상담	· 커뮤니티 비즈니스 세미나 입문편 & 상담회 · 운영상담(예: 조성금, NPO법인화)
	NPO지원파견어드바이저 사업	· 고베시 위탁사업, 회계나 컴퓨터를 지도할 수 있는 실업자를 채용하여 NPO에 파견함
	인쇄 사업스페이스 제공	· 사무소를 가지지 못한 NGO/NPO에 대해 인쇄 작업 장소를 제공
	광고지원	· 홈페이지를 가지지 못한 NGO/NPO에 대해 시민활동 센터 고베의 홈페이지에 광고 서비스를 실시함
싱크타운	정책제언 조사연구	· '시민과 NGO/NPO에 따른 정책연구' '시민활동 실태조사' '커뮤니티 비즈니스 지원조사'
	공개포럼	· '부흥지원단체의 정보교류포럼' · '시민사회추진구상 포럼' · 'NPO지원 세제포럼' · '시민검증 포럼' · '커뮤니티 비즈니스 세미나'
네트워킹	각종 협의회등의 사업국	· '효고 시민활동협의회(HYOGON)' 사무국 · '시민사회추진기구(CAS)' 사무국 · 'NPO협의회' · '와-스(삶의 보람이 있는 일 서포트센터 고베)'의 운영

자료: 靑田良介(2004).

KEC는 지진피해 직후부터 지금까지, 지원활동을 시행하는 NGO/NPO로의 정보 제공, 임파워먼트를 일관하여 실시해 왔지만, 차후도 시민사회의 구축을 향해, NGO/NPO를 중심으로 한 네트워크 조직의 핵심적 역할을 맡으려 하고 있다.

8. 지역사회지원센터 고베(CS 고베, <표 3-42> 참조)

한신・아와지 대지진을 계기로 만들어진 봉사 그룹 「동탄(東灘)・지역 서로 돕기 네트워크」를 모체로 고베시 동탄구를 중심으로 「자립과 공생」에 기반한 지역 사회 만들기를 지원하는 중간 지원단체로써, 1996년 10월에 발족하였다.

지역사회지원센터 고베의 활동은, 지원사업・지주사업・수탁사업으로 구성되었다. 지원사업에서는, 지역에 뿌리내린 활동 (고연령자 지원, 장애인 지원, 환경문제 등)에 몰두하고, 여유로운 마을 만들기를 추진하는 단체를 지원한다. 자주사업에서는, NPO의 가능성을 추구하고, 지역의 활성화에 공헌하는 선구적・실험적인 시도를 추진한다. 수탁사업에서는, 행정・기업이나 다양한 단체와의 협동 방법을 생각하고, 실천의 장소를 넓혀갔다. 이러한 것을 기초로 다음의 활동을 전개해 왔다.

・일 만들기(NPO 기업(起業) 지원, 상쾌한 길거리 재생 지원 사업,

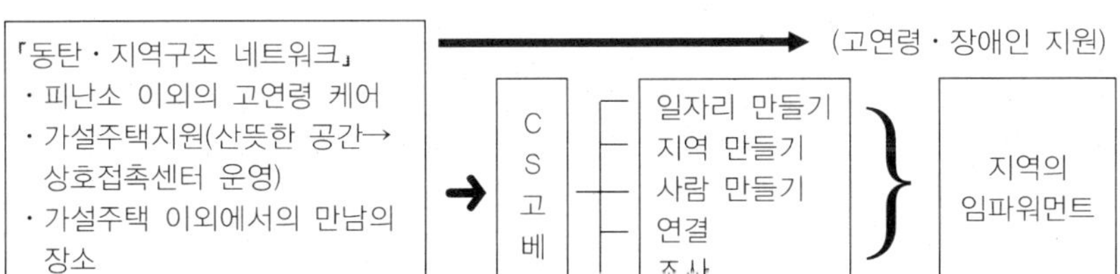

자료: 靑田良介(2004).

[그림 3-29] CS 고베에 의한 지역의 임파워먼트

고베 상호접촉 공방 운영, 오아시스 플랜, 와라비(삶의 보람 일자리 지원 센터) 운영)

- 지역 만들기(지역통화 발행, 모임 운영, 동탄구 부흥주택 커뮤니티 지원 운영)
- 사람 만들기(NPO 매니지먼트 스쿨(NPO 대학) 운영, 커뮤니티 비즈니스 연수 운영)

▶ 표 3-42◀ CS 고베의 주요 활동 내용

대분류	소분류	내 용
일 만들기	지원 사업	최대 2년간의 자금조성과 장소, 노하우를 제공하여 NPO의 자립을 지원함(1996~)
	산뜻한 길 재생지원 사업	쓰레기의 정점 조사사업. 무직의 피해자를 채용하여 무단투기된 쓰레기를 분별, 수집조사함. 효고현 노동복지협회 위탁사업(97.3~02.3)
	고베 만남 공방	장애인시설에서 제작된 상품, 작품을 전시, 판매함. 고베시 사회복지협의회 위탁사업(99.7~)
	오아시스 플랜	· 제1차 '배리어프리 마을만들기 현황조사사업' 고베시 위탁사업(99.7~00.9) · 제2차 '볼런티어 단체 등의 고령자 간호활동에 관한 실태조사사업' 고베시 위탁사업(00.2~00.3) · 제3차 '커뮤니티 서비스 사업' 고베시 위탁사업(00.8~)
	와라비(삶의 보람이 있는 일 서포트 센터)	NPO에 취업을 희망하는 사람과 구인의 개척, 포럼이나 세미나의 개최, 지원 정보의 발행, 상담, 인재육성연수회 개최. 효고현 위탁사업(00.10~02.3)
지역 만들기	지역통화	자치회에서 지역통화 실험(00.2~)
	데미즈회	고령자 그룹하우스 '고꼬라이프 구오자끼(魚崎)' 건설, 관리운영(96.10~)
	히가시나다구 부흥주택 커뮤니티 지원	롯코아일랜드 부흥주택 커뮤니티 만들기 지원을 계기로 히가시나다구 내의 부흥주택 자치회 교류를 코디네이터 함(98~01)
사람 만들기	NPO매니지먼트스쿨(NPO대학)	NPO의 조직운영 기반 확립을 진전시키기 위해 인재활용, 자금조달 등에 대한 학습기회 제공
	CB(커뮤니티비지니스 연수)	

자료: 靑田良介(2004).

이처럼 CS 고베는, 지역에 밀착하여, 지역의 NPO/NGO의 활동 개시를 지원(임파워먼트)하는 동시에 행정 등의 사업을 위탁하여, 소프트 면에서 시민의 요구를 배려한 운영을 실시하였다. 한편, 「둥글둥글 프로젝트」처럼 지역밀착형의 자주사업을 전개하고 있다.

9. 니시스마 마을 만들기 간담회

(니시스마 마을 만들기, <표 3-43> 참조)

고베시 스마구 니시스마 지역에서는, 지진피해 전부터 간선도로 계획 등의 추진에 반대하는 주민운동이 있었고, 지진피해 후의 도시계획 도로 결정에 대해, 지역주민들에 의한 「제1회 니시스마 주민집회(1995. 2.4)」 ⇒ 「니시스마 마을 만들기 회의(1995.2.11)」 ⇒ 「니시스마 마을 만들기 간담회(1995.10.1)」결성으로 발전해 갔다. 대학 연구자나 도시계획 전문가 등의 협력을 얻어, 주민에 의한 소음, 진동, NOx 등의 환경 평가가 자주 실시되었다.

이처럼 행정과 대립하는 한편, 한신 고속도로 붕괴에 동반하는 고가 아래의 텐죠강 공원 재생정비에 걸쳐, 전문가의 협력을 얻고, 고베시 공

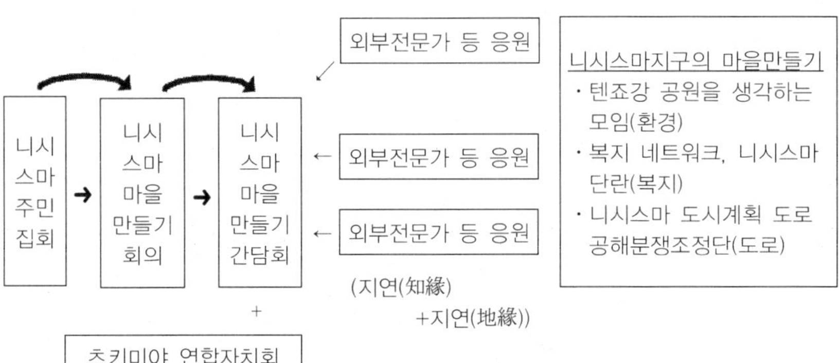

자료: 青田良介(2004).

[그림 3-30] 「지연(地緣)」과 「지연(知緣)」이 연계한 마을 만들기 재건

▶ 표 3-43◀ 니시스마 마을 만들기를 중심으로 한 주요 활동 개요

그 룹 명	활동 내용
니시스마 도시계획 도로공해 분쟁 조정단	· NO2 조사 · 한신 고속 츠키미야마 감시국 측정 데이터
텐죠가와공원회	· 공원의 청소, 물주기, 화단관리, 놀이기구, 식물 손질 · 바이오톱(생물서식공간) 육성 · 미니 농구장 관리 · 텐죠가와공원 축제 개최 · 텐죠가와공원 주변환경지도(독본) 만들기 · 텐죠가와 걷기
니시스마단란	· 가사지원서비스(청소, 세탁, 요리, 장보기, 말상대 등) · 도우미서비스(식사, 외출, 휠체어, 통원 도우미 등) · 주간보호서비스(특별 양호 노인홈에 자원봉사) · 배식서비스(자원봉사) · 삶의 보람 대응형 주간보호서비스(자원봉사)

자료: 靑田良介(2004).

원 사방부와 협력하여 비오톱(야생 동식물의 안정된 서식지)을 완성시켰다. 주민에 의한 「텐죠강 공원의 모임」도 완성했다. 더구나 매해 가을에는 지방 주민으로 번화한 텐죠강 공원 만들기를 추진했다.

또한 복지마을 만들기를 추진하기 위해, 1997년 5월에 복지 네트워크 「니시스마 단란」을 설립하였다. 더욱이, 주변의 산이나 강 상류부의 환경 개선, 역사의 재현 등 총합적인 마을 만들기를 목표하고 있다.

동일 간담회는 주민의 임의조직이지만, 지방의 츠키미야마 연합자치회와 연계하여 주민에 의한 마을 만들기를 목표로 하였다. 한편으로, 외부의 마을 만들기 NPO, 연구자 등에 의한 공부회, 어드바이스를 바탕으로 새로운 활동을 전개해 갔다. 행정 또한 필요에 의해, 대립과 협동을 하면서, 총합적인 마을 만들기를 목표로 함과 동시에, 자치회라고 하는 외부의 「지연(知緣)」을 활용한 점이 특징적이다.

10. 시민기금 · KOBE(<표 3-44> 참조)

지진피해 이후, 1,800억엔이나 달하는 의원금 외에 현(縣)과 고베시가

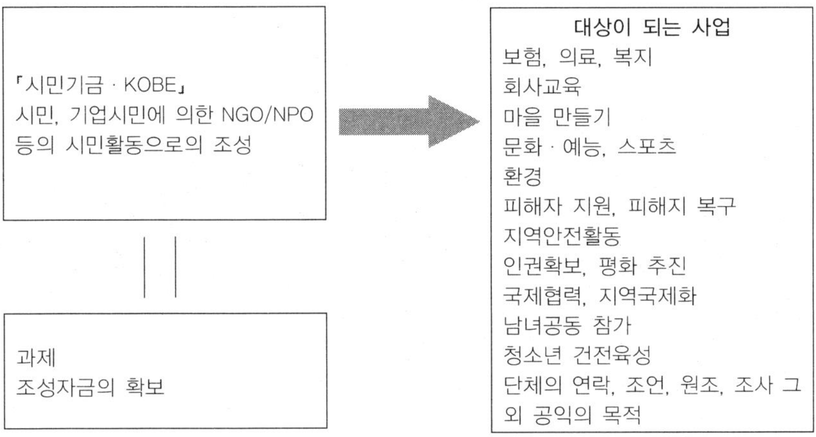

자료: 靑田良介(2004).

[그림 3-31] 시민자금의 활동

▶ 표 3-44 ◀ 시민기금에 따른 조성 상황(2001년도)

단체명	사업명	조성액(천엔)
위즈 네이처(WIZ-NATURE)	우리들은 자연체험대	280
고베타루미 오야코극장	어린이 페스티벌 개최사업	150
공동작업장 사쿠라	작업장 개선공사	800
NGO 베트남 in KOBE	재일 베트남인 지원활동	500
서포트 스테이션 나다 모임의 집	서포트 스테이션 나다 모임의 집 운영 사업	1,000
미카게 구락부	정신장애인 그룹홈 개설	510
찻집 아카톰보 작업소	찻집 아카톰보 작업소 운영	1,000
조성 총액		4,240

자료: 靑田良介(2004).

설립한 한신・아와지 부흥기금을 시작으로, 민간에서도 다액의 기부금을 보내 왔지만, 지진피해 3년째에 들어 이러한 자금의 규모가 작아졌다. 그래서 시민의 공익적 활동에 공적인 원조만을 요구하는 것이 아니라, 시민・기업이 서로 자발적인 기부를 하여, 시민의 공익적 활동을 지지하는 기금으로, 1999년 7월에 설립되었다.

피해자 지원에 한정되지 않고 넓게 공익활동에 공헌하는 단체에 대해 지원하였다. 이사가 분담하여 신청단체에 대해 공청회를 실시한 후 공개 프리젠테이션을 시행하는 등 공정한 심사를 하였다.

자금은, 한신・아와지 지역 기금으로부터의 조성금 3천만엔을 원금으로 시작하였다. 한편 시민에게서도 기부를 받았는데, 성과가 그다지 좋지 않았다. 시민단체에 의한 조성금 총액은, 1999년도 제1회가 800만엔(15단체), 2000년도 제1회가 300만엔(6단체), 2000년도 제2회가 460만엔(8단체), 2001년도 제1회가 430만엔(7단체)이다. 그 이후는 실시되지 않았다. 자금 확보가 과제가 되고 있다.

11. 키구찌 효고 지역 진흥재단(<표 3-45> 참조)

키구찌재단은, 지역사회가 일체가 된 시민 참가형의 복지 창조를 위해 1998년 9월에 설립된 민간조성 단체이다. (주)월드의 창업자의 소유주식을 기본재산으로, 그 배당금에서 매년도 조성한다. 한편 조성된 자금의 사용의 경우, 연간 3,600만엔(한 건당 상한은 100만엔)을. 「선구적・개척적 사업」, 「긴급성」, 「자주적 운영」을 심사기준으로 사용하지만, 조성금의 용도를 한정하지 않고, 인건비나 집세 등의 관리비에도 사용할 수 있기 때문에 소규모 집단에서는 유리하다. 과거 3년 장애인을 위한 생활터 작업소에 대한 지출이 중심이었지만, 근년 봉사 시민단체에 대해서도 지원을 확대하고 있다.

또한, 일반 지출에는 특별히, 장애인이 살기 쉬운 지역사회의 창조로 연결되는 사업에 대해, 별도, 연간 800만엔의 특별조성을 실시한다.

키쿠찌재단은 민간의 입장에서, 개개의 단체가 각각의 사용능력을 높

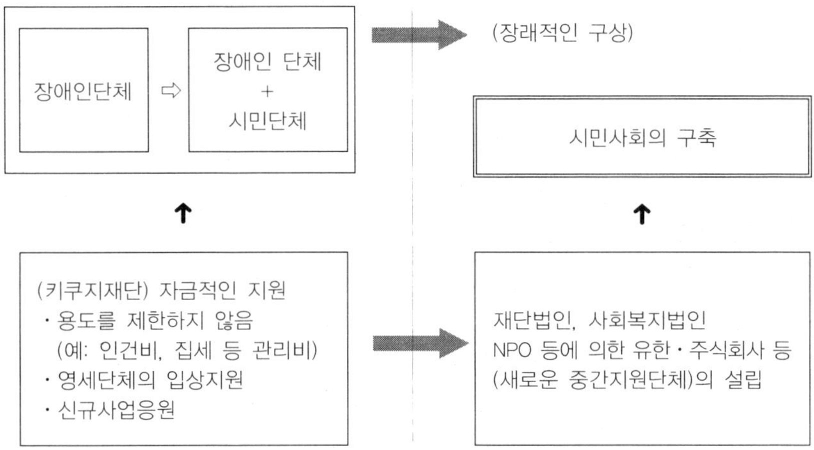

자료: 青田良介(2004).

[그림 3-32] 키구찌재단의 차후 전개

▶ 표 3-45 ◀ 키쿠치 재단에 따른 조성상황(2002년도)

	삶의 장 작업소	자원봉사 시민단체	각종 법인	그 외	합계
신규사업입상	36(64)	14(30)	4(6)	0(0)	54(100)
기재비품구입	30(99)	27(60)	5(21)	0(0)	62(180)
개수개축공사	21(47)	2(4)	4(8)	0(0)	27(59)
활동운영비	5(23)	15(55)	4(6)	0(1)	24(85)
조사연구출판	1(4)	13(27)	6(10)	1(1)	21(42)
레크리에이션 문화활동	0(5)	9(33)	2(2)	0(1)	11(41)
연수세미나 집회개최	3(11)	10(36)	0(6)	0(1)	13(54)
합계	96(253)	90(247)	25(47)	1(4)	212(561)

( )는 신청수

자료: 青田良介(2004).

일 수 있도록, 중간 지원 단체의 구축을 검토 중이다. 즉, NPO(Non Profit Organization)와는 다른 시점에서, 민간기업의 발상이나 수법도 도입하여, 이윤을 창출하고 장래 투자를 위해 재정면에서의 자활도 가능한 재단법인, 사회복지법인, NPO 등에서 유한회사, 주식회사를 설립한다는 구상 CSO(Community Service Organization)를 검토 중이다.

12. 한신 · 아와지 마을 만들기 지원 구상(<표 3-46> 참조)

마을의 부흥을 원활하게 추진하기 위해서는, 시민간의 복잡한 권리관계의 해결 등, 하드 · 소프트 양면에서의 전문가 직능에 의한 횡단적인 연계가 필요하였다 그래서 1996년 9월에 변호사(고베현 변호사회, 오사카 변호사회), 세무사(킨키 세무사회), 토지가옥 조사사(토지가옥 조사사회 킨키블록 협의회), 부동산 감정사((주)일본부동산 감정협회 킨키회), 건축사((주)일본 건축가 협회 킨키지부, 킨키 건축사협의회, 건축사 사무소협회 킨키블록 협의회), 사법서사(킨키 사법서사연합회)의 6전문가직, 9단체가 모여서 설립되었다.

지원 기구가, 당초 3년 동안에 접수한 상담건수는 237건으로, 그중 39건에 대해, 전문가를 파견(245명)하는 등 하여, 문제의 해결에 성공하였다.

(주된 지원 사례)

- 옹벽파괴 근처 지구의 공동재건으로의 지원
- 지반이동 지구의 경계지 확정으로의 지원
- 좁은 가로(街路) 정비, 너비 확장과 인접 소규모 택지세대의 공동재건으로의 지원
- 무너진 시장의 공동재건으로의 지원
- 지진복구 지역 구획정리사업 지구 내 가환지선으로의 공동복구 지원

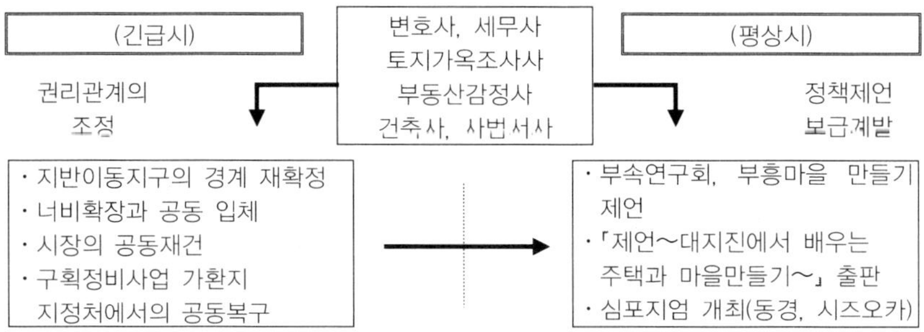

자료: 靑田良介(2004).

[그림 3-33] 긴급시와 평상시의 주된 활동

▶ 표 3-46 ◀ 지원기구에 따른 주요한 피해지 지원활동

지원사례	구체적인 내용	지역	파견전문가
옹벽손괴 공동재건 지원	옹벽복구에 있어 토지소유자, 건물소유자(차지권자)의 권리조정	고베시 나가타구	변호사, 건축가
지반이동지구의 경계 재확정 지원	이동후의 경계를 새 경계로 재확정하려는 주민운동을 기반으로 측량, 지적 정정, 경계 확정	니시노미야시 도노야마구	건축가, 토지가옥조사사사, 사법서사, 변호사
세가로정비, 폭원확장과 근접소규모주택세대 공동건설 지원	한줄의 세가로를 끼고 동서 각 7채의 세대간에 도로를 4미터 폭으로 확장하여 건축기준법의 용건을 확보, 공동재건을 꾀함	고베시 나가타구	변호사 토지가옥조사사사
토우카이시장 공동재건 지원	전소한 고베 토우카이시장 재건과 함께 차지권자 18명, 토지소유자 1명의 권리(전유부분 확정, 차지권비율의 평가 등)을 조정함	고베시 히가시나다구	건축사 변호사 세리사 사법서사
지진재해부흥토지구획정리사업지역내 가환지 공동부흥 지원	지진재해 부흥토지구획정리사업지구 내에서 정리된 토지로 복수 차지권자의 이해관계가 있는 곳을 가환지(토지구획정리사업 과정에서 임시로 하는 환지)로서 건물을 재건함	고베시 나가타구	변호사, 토지가옥조사사사, 건축사, 부동산감정시, 사법서사

자료: 靑田良介(2004).

1996년 12월에는, 부흥마을 만들기에 관한 정책적·제도적 제언을 실시해야 하였다. 그래서 공법·사법, 주택도시계획의 연구자 15명, 각 전문가의 직능의 실무가 15명으로 구성하는 부속연구회를 설립되었다. 또한, 지진피해의 교훈을 전국에 발신하기 위해, 1998년 1월에는 「지진피해 3년·부흥마을 만들기의 제언」을, 1999년 3월에는 「제언~대지진으로 배우는 주택과 마을 만들기~」를 개최하는 반면, 2003년 1월에는, 시즈오카에서 「한신·아와지 마을 만들기 지원에서 동해지진을 생각하다~ 전문가 직능과 시민·행정의 연계를~」을 개최하기도 하였다.

이처럼, 마을 만들기의 이권조정에 관계하는 전문가가 한 장소에 두고, 긴급시에는 실제 권리관계의 조정을, 평상시에는, 정책제언·지지활동을 추진하는 점이 특징적이다.

13. 피해지 장애인센터(<표 3-47> 참조)

1995년 2월 2일, 40개의 피해자 장애인 그룹과 연계를 맺은 동시에, 오사카의 장애인 구원대책 본부, 동경의 피해 장애인 지원 실행 위원회와 공동하여, 피해지에서 생활하는 장애인의 생활지원이나, 소규모 작업소등의 지원을 시행하는 봉사 그룹으로 발족하였다.

발족 직후의 활동은 크게 세 가지로 나누어진다.

① 제1기 : 「정보센터가 될 수 있는 사무소의 설치」, 「응원자를 위한 숙박소의 확보」, 「봉사자 활동 매뉴얼 작성」

② 제2기 : 「피해자의 안부확인」, 「가정방문」, 「물자반송」 등

③ 제3기 : 「가정방문」, 「생활개조·가이드 보조·입욕 서비스 등의 생활 확보」, 「재해 그룹의 구원활동의 지원」

지진피해로부터 3년이 경과하고, 생활이 일상화하여, 활동지원의 재원이나, 봉사자의 수가 감소하는 가운데, 장애인은 간호 서비스의 부족

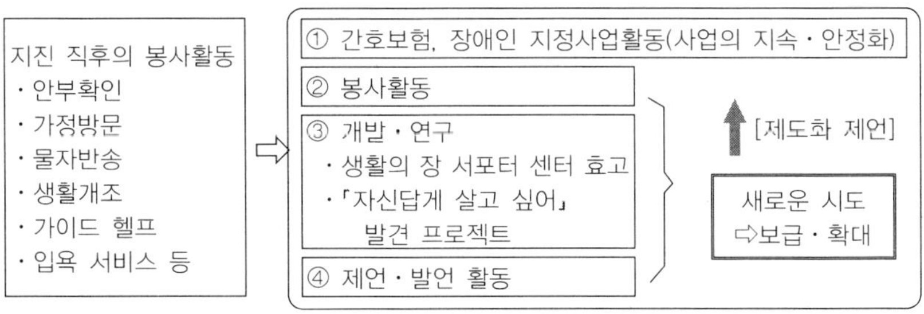

자료: 青田良介(2004).

[그림 3-34] NPO 법인화에 동반하는 새로운 시도의 제도화 촉진

▶ 표 3-47 ◀ 장애인 센터의 주요 활동 내용

항목	사업명	사업 내용
생활지원 (사업소: 적인)	개호보험 지정사업	· 주택간호 지원 · 방문개호
	장애인 헬프사업	· 장애인 홈헬프사업 · 지적장애인가이드 헬프사업 · 팔로우업 세미나 · 방문간호원 양성연수
볼런터리 활동		· 장애인 이송 서비스 · 교류의 장 만들기 · 생활지원 볼런티어 코디네이트 · 휴먼세미나, 볼런티어 강좌
개발 연구	생활의 장 서포트센터 효고(소규모 작업소 등 지역활동 촉진과 발전)	· '생활의 장 명감2003' 발행 · 실무지원 코디네이트, 경리강습회 개최 · 생활의 장 의견교류회
	'나답게 살아가고싶다' 발견 프로젝트	· 셀프매니지먼트 방법 연구 · 사업소 설립 네트워크 · 생활지원사업
제언 발언	정보통신	· '닥끄닝 기리히라끄 히또비또' 통신의 발행 · 홈페이지
	상담 정보제공 제언활동	· 상담접수 · '애인을 생각하는 효고현 연락회의' 사무국
	장애인단체나 시민단체와 네트워크	· '효고 피플퍼스트' 활동지원 · '꿈 비람 10억엔기금' '피해지 NGO협동센터' '시민기금 KOBE' '효고시민활동협의회' '효고 볼런타리 프라자' 등과 연대

자료: 青田良介(2004).

이나 지역에서 고립, 학교졸업 후의 진로에 대한 불안 등, 지진피해 전과 같은 문제를 안게 되었다. 장애인 센터는 활동을 계속, 발전시키기 위해 간호보건지정사업 등을 실시하는 사업소(사업소명: 拓人)로서도 시작하였다. 현재의 주된 사업은 다음과 같다.

· 생활지원(사무소「척인」: 간호보험지정사업, 장애인 레벨사업)
· 봉사활동(장애인 이송 서비스 등)
· 개발 · 연구(생활의 장 서포터 센터 효고(소규모 작업소 등 지역 활동의 촉진과 발전),「자신답게 살고 싶어」 발견 프로젝트
· 제언 · 발언(정보통신, 상담 · 정보제공 · 제언활동, 장애인 단체나 시민단체와의 네트워크)

이처럼, 장애인 지원에 특화하여, 사업소 인정을 받아 전문적인 사업을 실행하는 곳에 의해, 장기적 · 지속적인 활동을 전개함과 동시에,「자발적인 활동」,「개발 · 연구」에서는, 신규 사업을 시작하고, 보급 · 확대를 통하여, 사업소 활동으로서 제도화되도록 제언하는 점이 특징적이다.

14. 타카토리 커뮤니티센터(<표 3-48> 참조)

외국 국적의 주민이 전체의 10%를 차지하는 타카토리 지구에 있어서, 지진피해 직후부터 어느 교회의 타카토리 지원기지를 거점으로 봉사활동이 시작되었다. 전괴가옥에서 가재(家財)를 꺼내거나 하는「고릴라대」, 의사 · 간호사가 의료상담에 응하는「마을의 보건실」, 봉사를 위해 식사를 만드는「어머니 토끼」, 행정서류의 번역, 일본어 교실 등을 담당하는「베트남인 구원 연락회」, 8개 언어로 커뮤니티 관련정보를 널리 알리는「FM 와글와글」 등이 탄생하였다.

지진피해부터 시간이 경과함에 따라, 비일상 구원활동의 거점으로서 역할은, 일상적인 다문화공생의 마을 만들기를 목표로 하여 활동을 전

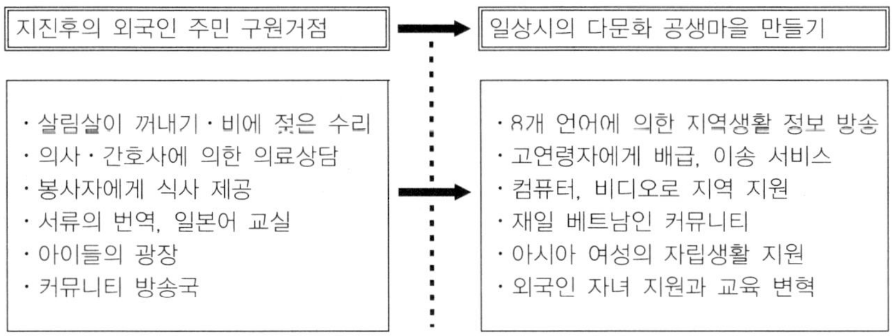

자료: 靑田良介(2004).

[그림 3-35] 「타카토리 구원기지」에서 「타카토리 커뮤니티 센터」로의 활동 변천

▶ 표 3-48 ◀ 다카토리 센터의 활동

단체명	활동 내용
커뮤니티 방송국 FM 와이와이	지진재해 직후부터 지역에 사는 외국 주민에게 필요한 지진재해 정보, 생활정보 등을 9개 언어로 발신
리프그린	홈헬프, 이송 간호도우미 서비스나 아동교육 지원 등, 고령자, 장애인, 아동교육 중 부모와 아이들을 대상으로 한 자립지원활동을 전개
툴(tool) 커뮤니케이션	폐기된 컴퓨터를 회수, 재생하여 NGO/NPO나 외국인에 제공, 컴퓨터 교실, 수리기능훈련 실시
NGO 베트남 in KOBE	베트남인이 운영. 재일 베트남인이 지역사회와 살아갈 수 있도록 정보 제공, 청소년 육성, 고령자 지원 등을 실시
다언어센터 FACIL	외국인 주민을 위한 정보의 번역, 통역자 파견 등을 통해 외국인 주민과 행정기관, 의료관계, 기업 등과 원만히 교류할 수 있도록 함. 커뮤니티 비즈니스로서 실시
아시아여성 자립프로젝트	아시아여성 자립을 목표로 일 만들기, 제품판매, 아시아를 알자 등 교육 실시
월드 키즈 커뮤니티	아이덴티티 육성, 외국인 커뮤니티 자립을 목적으로 외국인 어린이들에 대한 가정교사파견, 라디오 방송제작, 축구팀 지원, 이벤트 등의 활동을 전개

자료: 靑田良介(2004).

개하는 단체의 거점으로 변하여, 현재에 이르고 있다. 거점 내에는, 이하의 7개의 단체가 있으며, 다언어로 정보공유, 교육, IT 관계, 고연령, 장애인의 자립지원, 외국인 커뮤니티 활동 등을 전개하고 있다.

- 커뮤니티 방송국 FM 와글와글(8가지 언어로 컴퓨터의 재생, 제공)
- Leaf Green(고연령자 등의 자립지원)
- Seal · 커뮤니케이션(폐기 컴퓨터의 재생, 제공)
- NGO 베트남 in 고베(베트남인 커뮤니티 지원)
- 다언어 센터 FACIL(번역, 통역)
- 아시아 여성 자립 프로젝트(아시아 여성에 의한 제품판매)
- 월드 키드 커뮤니티(외국인 자녀 지원)

다양한 각도에서 외국인 커뮤니티를 지원하는 단체가 모여서, 종합적으로 다문화공생을 추진하는 점이 특징적이다.

15. 일본 재해구원 봉사 네트워크

(NVNAD, <표 3-49, 표 3-50> 참조)

피해지인 니시노미야시에서는, 지진피해 직후부터, 많은 봉사자가 시청에 쇄도했지만, 행정은 다양한 문제에 대처하지 못하고, 전체가 원활하게 진행되도록 마무리하는 것이 곤란하였다. 봉사자가 자주적으로 시청 내에 접수창구를 설치하고, 다수의 인원으로, 구원물자의 처리나 피난소로의 식료품 배급 등을 개시하였다. 행정과의 협력관계가 재개되고, 2월 1일에는, 니시노미야시와의 연계에 의한 자원봉사 조직으로서 시민자원봉사회, 일본 보이스카우트 오사카 연맹, 니시노미야(西宮) YMCA 등이 모여, '니시노미야 볼런티어 네트워크(NVN)'를 설립했다. 이와 같은 피해자 구조활동을 '니시노미야 방식'이라고 불린다.

1996년 1월부터는 현재의 명칭을 변경하여, 국내외에서 재해구원활동에 종사하는 한편, 내외의 재해구원 자원봉사 네트워크와 협력을 위해 공동성명을 교환했다. 또 2000년 1월에는 국내의 재해구원단체로부터 이루어진 전국재해구원 네트워크(J네트)를 설립했다. 또 지역방재(防災) 활동으로 '방재라고 말하지 않는 방재'를 키워드로 한 '우리 마을 재발견 워크숍', '삼림 체험 투어' 등을 실시하는 한편, '자치단체 대상 강좌', '자원봉사 커뮤니티 강좌', '자주방재조직 리더육성 강좌' 등의 강좌, 연구 활동을 실시하고 있다. NVNAD의 활동에는, 행정기관으로부터의 위탁 사업이 많지만 행정기관과 연대를 유지하면서, 피해자의 구원이나 피해 지역의 복구활동을 진행하려고 하는 특색이 있다.

〈나시노미야시와 연대한 구원활동〉

NVN 본부
- 배급부 (시의 연대부국)
  - –일용품반 (←세무부)
  - –식료품반 (←생활경제국)
- 정보부
  - –물자조정과 (←시민국)
  - –물품과 (←시민국, 생경(生經)국)
  - –인사과 (←인사부)
  - –관리과
  - –운수과 (←세무부)
- 총무부

⇨ 〈긴급시의 활동〉
- ·국내외에서의 재해구원 활동
  - –나호토카호 중유 유출 사고
  - –터키, 마르마라 지진

⇨ 〈평상시의 활동〉
- ·국내외에서의 네트워크만들기
- ·지역방재활동
  - –우리 마을 재발견 워크숍
  - –삼림 체험 투어
- ·강좌, 연구활동
  - –자치단체 대상 강좌
  - –자원봉사 커뮤니티 강좌
  - –자주방재조직 리더육성 강좌

자료: 靑田良介(2004).

[그림 3-36] 행정과의 연계를 염두에 둔 NVNAD의 활동

▶ 표 3-49 ◀ 니시노미야 재해구원 볼런티어 네트워크의 주요 활동

① 일용품 배급	피난소나 재택피해자에 일용품, 의류품 배급	⑦ 물자조정	우체국택배, 일용품 배급조정
② 취사	볼런티어를 위한 급식조리 사업	⑧ 피난소 조사	피난소 생활환경 주간조사
③ 위생	볼런티어룸의 환경위생관리	⑨ 총무	서류의 정리, 보관, 전화응대

④ 운수	배급 배송차량의 수배와 바이크 관리	⑩ CPU	컴퓨터 데이터 관리
⑤ 정보	정보 데이터의 수집, 집계, 전달	⑪ 섭외	볼런티어 단체, 니시노미야시와 연락
⑥ 인사	볼런티어 접수, 인원조정, 파견		

자료: 靑田良介(2004).

▶ 표 3-50◀ NVNAD의 활동

활동 내용		구체적인 사례
재해구원활동		· 미야기현북부 지진구원활동(03.7.29~8.1) · 터키지진피해지복구 상황조사(02.9.5~9.12) · 돗토리현 서부지진구원활동(02.10.15~10.16) · 우스잔분화 재해구원활동 (02.4.29~5.8)
지역방재 활동	우리 마을 재발견 워크숍	· '걸으면서 우리들의 마을을 생각하자' 워크숍 (02.8.27, 니시노미야시) · 방재 챌린지 랠리(02.3.20, 니시노미야시)
	삼림체험투어	· '삼림체험투어'(03.6.8, 시노야마시)
	NVNAD 세미나	· '터키로부터 일본을 생각하자'(03.5.31) · '세계 각지에서 활동하는 구조견'(02.9.24)
강좌, 연구활동	자치체 위한 강좌	· '한신 7개시 인사담당간부연수', 한신 7개시 인사협의회 위탁사업(03.2.6)
	볼런티어 코디네이터 강좌	· '재해구원 볼런티어연수', 효고현 위탁사업(03.2.22) · '나가사키현 재해볼런티어 코디네이터 연수', 나가사키현 현민볼런티어 진흥기금 위탁사업(03.2. 10~11)
	자주방재조직 리더 양성강좌	· '자주방재조직 리더 연수', 카가와현 위탁사업(03.1.18) · '자주방재조직 리더 육성 및 방재 볼런티어 코디네이터 연수', 와카야마현 위탁사업(03.9.1/ 8/22)

자료: 靑田良介(2004).

제5절 주요 국가의 재난관리단계별 봉사활동

▶ 표 3-51◀ 주요 국가의 재난관리단계별 봉사활동

국가	예방	대비	대응	복구
인도	내진 구조물 모형 전람회, 마을순회 전시회, 영양교육 개발	NGO 네트워크, 외국정부 및 국제 NGO와 제휴, 교육훈련, 재해 홈페이지	구호물자 배포, 재해지 피해조사, 정보수집, 이재민 위문	행방불명자 확인, 장기재건계획 정부와 교섭, 재난자의 고용 확보, 주택의 재건, 건축 훈련, 공예품 직인의 취업기회 제공, 염전 재건 자본 제공, 우물 복구, 토지 수평화, 유아보호, 유아・아동・임산부 건강보호, 전염병 방지, 양자 입적, 카운슬러 양성, 생활재건기금, 재해약자의 영양 확보
대만	민의조사의 실시, 정부에의 정책제언, 재해지 재건 영상 기록, 지진 1주년 자선 행사	전맹 설립, 방재 체계정비, 사회복지조직 재건, 조정위원회의 설치	구원물자, 위문금, 의료활동, 재해지 지원센터의 설치	가설주택, 컨테이너 하우스, 지방정부가설청사의 건설, 재건계획 작성, 사회보험비의 보조, 초・중학교 재건, 주택재건, 지역사회 재건, 재해지 회보 발행, 재해지 청소년 지도계획, 교원인건비 조성 계획, 학생수업복구계획, 식비 보조, 과물생산판매계획, 차재배 합숙 연수
미국	강연, 연수회	NVOAD 재해발생을 상정한 실전적인 도상훈련	긴급연락선, 고령자보호서비스, 재해시 핫라인, 건물의 안전 확인, 서비스정지, 기부, 자금 원조, 식료, 주택 지원, 법률어드바이스, 건강진단, 우편, 위생, 학교 폐쇄, 피난소, 물 배급	미충족욕구(Unmet Needs) 위원회 운영 (이재민 취약계층의 욕구 파악 및 자원 연계를 통한 문제 해결활동)
일본	생활의장 서포트센터, 우리 마을 재발견 워크숍, 삼림체험투어,	볼런티어 코디네이터 강좌, 자주방재조직 리더 양성강좌 NV NAD 세미나 국내외 네	피해실태 긴급 조사, 재해구원 활동	상담의 공간, 일자리, 회합의 장, 주택의 환경개선, 의료보호 확보, 만남 방문 실시, 주간보호서비스, 수공업 제품 개발, 수공업 기술 개발,수공업 제품의 전국 판매, 가설 야학 공부회, 뉴스 레터 발행, 시가지 녹지재생 프로젝트, 집합주거사업 추진 응원단, 고베

	정보통신, 출판, 자원봉사 커뮤니티 강좌, 자치제 위한 강좌, 커뮤니티의 구축, 고베 마을 만들기 연구소, 정책제언 조사연구, 공개포럼, 부속 연구회 부흥 마을 만들기 제언, 심포지엄 개최	트워크 구축, 각종협의회 등의 사업국 지원사업		부흥 기숙사, 공영부흥주택 입거사업전 교류사업, 부흥모금 구축, 컴퓨터 교실·수리기능훈련 실시, 시민활동에 대한 실태조사, 시민 사업 서포트, 정보제공, 상담, NPO지원파견 어드바이저사업, 인쇄 사업 공간 제공, 홍보 지원, 산뜻한 길 재생지원 사업, 도로 공해 분쟁 조정단, 가사지원서비스, 도우미서비스, 배식서비스, 고독사 방지사업, 삶의 보람 대응형 주간보호서비스, 옹벽파괴 근처 지구의 공동재건, 지방이동지구의 경계지 확정, 좁은 가로 정비, 너비 확장, 무너진 시장의 공동재건, 가정방문, 물자반송, 생활개조, 개호보호지정사업, 장애인 헬프 사업, 8개 언어에 의한 지역생활 정보 방송, 고연령자에게 배급이송 서비스, 컴퓨터 비디오로 지역 지원, 재일 베트남인 커뮤니티, 아시아 여성의 자립생활 지원, 외국인 자녀 지원과 교육 변혁, 일용품 배급, 취사, 위생, 운수, 물자조정, 피난소 조사, 컴퓨터 데이터 관리

제4장

우리나라의 재난관리 자원봉사자 활동 실태

제 1 절 주요 단체의 자원봉사자 활동 사례

재난관리와 관련해서 많은 단체들이 참여를 하고 있지만, 본 연구에서는 재난및안전관리기본법에서 봉사단체로서는 유일하게 재난관리책임기관으로 지정된 대한적십자사, 소방기본법에 근거해서 활동하고 있는 의용소방대, 복구봉사활동의 중심적인 역할을 수행하고 있는 자원봉사센터, 그리고 생활안전을 포함해서 재난예방 분야에서 주도적으로 활동하고 있는 안전생활실천시민연합에 한정해서 자원봉사자 활동 사례를 고찰해 보고자 한다.

1. 대한적십자사

1) 예방단계 활동 사례

① '물놀이 사고 이제 그만' 캠페인: 우리나라 사람들의 사망사고 원

인 중 익사사고의 경우가 화재나 중독으로 인한 사고보다 그 빈도수가 훨씬 높다. 매년 여름철(6월~8월)이면 평균 300여 명이 익사하고 있으며 익사 사고별 원인을 살펴보면 수영 미숙 및 안전부주의, 수영실력 과시, 보트전복, 음주수영, 낚시 등의 순으로 발생하고 있다. 이러한 사고의 대부분은 안전수칙을 준수하지 않고 수영하다가 발생하는 경우다. 여름철 물놀이 안전에 대한 의식 고취를 위해 캠페인을 전개하고 있다.

② 재해사진 공모전: 재난예방을 주제로 한 인터넷 사진공모전을 개최하였다. 공모주제는 최근 3개월 이내에 찍은 재난발생이 우려되는 취약시설 사진, 재난발생 현장 사진 등이다.

③ 재난구호 사이버강좌 운영: 일상에 교육을 집중적으로 받을 수 없는 직장인과 일반인, 봉사원 등을 대상으로 재난시 구호활동을 하는 봉사원 양성과 봉사원들을 이끌 수 있는 중간관리자 양성으로 강좌가 개설되어 운영 중이다.

④ 재난관련 세미나 개최: 재난과 관련한 시민들의 의식을 향상시키고 현장의 문제들을 개선해 나가고자 관련 전문가들과 함께 세미나를 개최하고 있다.

⑤ 이웃의 생명구호를 위한 "인명구조 활동 체험기" 공모: 생활 속 인명구조 체험사례의 공모를 통해 안전교육의 중요성을 함양하고 안전교육이 생활안전문화로 정착할 수 있는 기반을 조성하고 우리 사회의 안전교육의 효과를 측정하여 안전교육의 활성화를 도모하려는 목적으로 개최되었다.

2) 대비단계 활동 사례

① 응급처치법 보급: 부상자나 환자가 발생하였을 때 즉각적이고 임시적인 적절한 처치와 보호를 행함으로써 환자의 고통을 경감시키

고, 사고발생을 예방하며, 귀중한 생명을 구할 수 있도록 하기 위한 전문적인 치료를 받는 데 도움이 되는 지식과 기능을 습득하도록 하고 있다.

② 심폐소생술 보급: 심폐소생술은 일상생활에서 심장 쇼크가 발생하였을 때 즉각적이고 올바른 처치를 행할 수 있도록 하는 지식과 기능을 습득하도록 하고 있다.

③ 수상안전법 보급: 수상안전법은 수상안전 사고를 미연에 방지하고 사고발생시 인명을 구조할 수 있는 지식과 기술을 습득하도록 하고 있다.

④ 심리적 지지 교육: 재난 및 위기상황에 처한 사람들의 정서적 고통을 경감시켜서 스스로 회복할 수 있도록 돕는 프로그램이다. 구호요원과 자원봉사원을 교육하여 위기상황에서 비정상적인 스트레스에 적절히 대처할 수 있도록 자조활동을 증진시킨다.

⑤ 재난구호물자 비축: 적십자 구호요원이 긴급구호 단계에서 이재민에게 직접 전달하는 것을 원칙으로 하면서, 중복구호를 지양하기 위하여 행정기관과 협의하여 지원하고 있다. 재난구호시 이재민 피해상황에 따라 응급구호품세트(세대기준 80,000원 상당), 재가구호품세트(전량기준 230,000원 상당)의 구호물품을 지급한다. 평소 약 30,000세대 분량을 구호창고에 비축하고 있어 유사시의 재난에 대비하고 있다.

⑥ 구호장비 점검 및 숙련: 긴급구호활동을 전개하기 위해 아마무선 통신장비, 긴급대응차량, 이동구호봉사센터 차량, 급식차, 세탁차, 목욕차, 냉동차, 투광기, 고무모터보트, 인명구조장비 등을 마련하고 있으며, 재해를 대비하여 장비를 점검하고 운영 기술을 숙련하고 있다.

⑦ 재해전산망 운영: 재난시 즉시 구호활동을 전개하기 위해 재해전

산망을 구축하여 전국 각 지사의 구호물자관리를 실시간으로 계측할 수 있도록 하였다.

⑧ 시민안전봉사대: 일반시민들을 대상으로 시민안전봉사대 등록을 받고, 재난기본교육을 실시하고 있다. 이 기본교육을 이수한 봉사자들을 대형재난이 발생하면 현장에 파견하여 복구봉사활동을 수행토록 한다.

⑧ 한국재난안전네트워크 운영: 재난극복을 위한 민관산학협의체를 공동운영하며 재난관리를 위한 단체간의 협력과 연계를 도모하고 있다. 네트워크를 통해 재난환경 변화에 능동적이고 효율적인 대처를 위해 평시 관련 단체들간의 협력과 합동훈련으로 대형 재난에 대비하고 있다.

3) 대응단계 활동 사례

① 긴급재난구호대책본부 운영: 대규모 재난이 발생할 우려가 있거나 피해가 발생하면 긴급재난구호대책본부가 설치되어 재난구호봉사단이 소집되고 현장에 급파되어 긴급구호활동이 전개된다.

② 상황실 운영: 대형 재난이 발생할 우려가 있거나 피해가 발생하면 상황실이 운영되어 재난상황을 조사하여 현장상황에 따른 긴급조치가 시달된다.

③ 재해전산망 운영: 재난상황에 따른 구호품 지급 내역을 전산으로 관리하며 전국적인 구호물자 수급관계를 조정한다.

④ 비상통신(무선국 운영): 아마추어무선국을 통해 통신이 두절된 재해상황을 전파하여 긴급구호활동이 이루어질 수 있도록 한다.

⑤ 피해조사: 긴급대응 차량을 운영하여 현장에 진입, 피해상황을 조사하여 비상통신을 이용하여 상황실로 보고한다.

⑥ 구호품 지원: 이재민의 의식주를 해결하기 위해 긴급 구호품을 지

원한다.

⑦ 급식봉사: 급식차량을 사용하여 이재민 및 구호요원들에게 식사를 제공한나.

⑧ 대국민 홍보: 재난현장 상황을 올바로 알려 이재민들에 대한 적절한 지원이 이루어질 수 있도록 언론을 통해 알린다.

4) 복구단계 활동 사례

① 적십자봉사센터 운영: 이동구호봉사센터 차량을 운영하며 현장에 임시봉사센터를 개설하고 이재민들에 대한 다양한 서비스가 제공될 수 있도록 한다.

② 세탁 및 급식 봉사: 세탁차량과 급식차량을 운영하며 이재민들에게 식사를 제공하고 의류, 담요 등 세탁서비스를 제공한다.

③ 무료진료: 적십자병원의료진을 파견하여 이재민들에 대한 건강을 보호하는 활동을 전개한다.

④ 가내도구 정리: 이재민들이 속히 귀가할 수 있도록 가내도구 정리를 지원한다.

⑤ 농축산물 피해 복구: 농축산물 피해를 복구하기 위한 활동을 전개한다.

⑥ 쓰레기 처리: 재난현장 쓰레기에 대한 처리활동을 지원한다.

⑦ 의연금품 모집 및 배분: 이재민들에게 지원할 금품을 모집하여 공평하고 적절하게 배분한다.

2. 의용소방대

이점동(2005)의 의용소방대에 관한 연구자료를 기초로 활동 사례를 다음과 같이 살펴보았다.

1) 예방단계 활동 사례

① 교통질서 활동: 평상시 지역대가 가장 활발한 활동을 보여주는 안전예방활동으로 교통질서 활동을 전개하고 있다.

② 화재홍보활동: 국민들의 화재에 대한 경각심을 일깨워 주기 위한 홍보활동을 전개하고 있다.

2) 대비단계 활동 사례

① 교육훈련: 교육훈련의 횟수와 내용은 의용소방대원 전문화방안이 될 수 있다. 현재 간부교관요원 교육과 일반대원교육으로 나누어진다. 간부요원은 중앙소방학교에서, 일반대원은 소방관서에서 자체교육을 실시하는데, 소방교육은 소방공무원 또는 초빙강사에 의하여 실시하고 있다. <표 4-1>에서 보는 바와 같이 연 3만7천여회에 걸쳐 교육훈련이 진행되었다.

② 화재경계근무: 시 지역의 여성대와 군 지역의 여성대가 활발한 활동을 보여준다.

③ 한국재난안전네트워크 활동: 네트워크를 통해 관련 단체들간의 협력과 합동훈련으로 대형 재난에 대비하고 있다.

표 4-1 의용소방대원 교육훈련 횟수 (단위: 횟수)

구분		계	교관요원(간부)				일반대원					
			소계	순회	소집	기타	소계	교육기관	집합교육	특별교육	월중교육	기타
계	계	37,112	4,026	546	2,514	966	33,086	129	2,123	1,350	28,581	903
	본대	19,671	1,787	242	1,119	426	17,884	85	1,003	617	15,724	455
	여성대	9,376	1,272	186	778	308	8,104	19	696	413	6,757	219
	지역대	8,065	967	118	617	232	7,098	25	424	320	6,100	229

3) 대응단계 활동 사례

① 화재진압 활동

② 인명구조 및 구급 활동

4) 복구단계 활동 사례

① 복구봉사활동

의용소방대의 출동현황 및 참여율을 총괄적으로 살펴보면 <표 4-2>와 같다.

▶ 표 4-2◀ 출동현황 및 참여율 (단위: 회, 명)

지역별	대 별		계	화재진압	인명구조 및 구급	화재경계근무	교육훈련	화재홍보등	기타			
									소계	지원	순찰	기타
총계	계	횟수	95,225	10,938	6,572	10,811	37,112	7,029	22,763	18,558	1,530	2,675
		연인원	1,518,469	116,884	27,047	125,949	989,532	125,499	133,558	86,704	11,624	35,230
	본대	횟수	58,507	7,398	4,383	7,506	19,671	3,019	16,530	14,117	888	1,525
		연인원	952,026	86,419	13,558	84,930	610,643	63,492	92,984	64,490	7,560	20,934
	여성대	횟수	16,542	1,888	587	805	9,376	1,916	1,970	1,017	245	708
		연인원	305,119	15,863	3,850	16,580	217,081	34,638	17,107	6,729	1,994	8,384
	지역대	횟수	20,176	1,652	1,602	2,500	8,065	2,094	4,263	3,424	397	442
		연인원	261,324	14,602	9,639	24,439	161,808	27,369	23,467	15,485	2,070	5,912

3. 안전생활실천시민연합

안전생활실천시민연합의 단계별 봉사활동 내용은 2006년도 사업실적 보고서 내부자료를 발췌하여 정리하였다.

1) 예방단계 활동 사례

① 교육청 안전담당 초등장학사 워크숍: 삼성교통안전문화연구소와 함께 전국 198개 지역 교육청별 안전시범초등학교장을 대상으로 삼성화재 대전연수원에서 1박 2일간 교통안전, 응급처치 등에 대한 교통안전 워크숍을 실시하였다.

② 현대차와 함께하는 어린이 교통안전 캠페인: 현대자동차와 함께 어린이 교통안전을 위한 활동으로 초등학교를 찾아가 교통안전 박람회를 개최했다. 서울 및 지역 안실련에서 전국적으로 7회 교통안전 박람회를 개최해 약 4,000여 명의 어린이들이 참여하였다.

③ SK건설과 함께하는 어린이 안전문화 체험 교실: 2006년 4월부터 12월까지 1달에 초등학교 1개 반 어린이를 선정하여 서울시민안전체험관을 방문, 다양한 안전체험 교육을 받도록 하는 프로그램을 실시했다. 총 9회 동안 300여 명의 어린이들이 체험교실에 참여하였다.

④ 학부모 · 어린이 대상 교통안전 설문조사: 어린이 교통안전에 대한 시민들의 의식수준을 파악하고 교통사고의 심각성을 알리며, 특히 5월 어린이 달을 맞아 어린이 교통안전에 대한 관심을 증폭시키고자 학부모와 어린이 약 2,300여 명을 대상으로 설문조사를 실시해 발표하였다.

⑤ 현대차와 함께하는 어린이 교통안전 시범초등학교 자매결연식: 24

개 전국 현대자동차 지역본부와 해당 지역 초등학교가 자매결연을 맺고 교통안전을 위한 교보재를 학교에 기증하며 교통안전을 교육하는 프로그램을 실시하였다.

⑥ 가스안전 캠페인: 추석 명절을 맞아 소외계층 이웃을 대상으로 낙후된 가스시설물을 점검해 주는 가스안전 캠페인을 서울 및 7개 시에서 2차에 걸쳐 실시하였다. 캠페인에는 가스안전 홍보 전단지와 점검체크리스트를 배포하며, 5,500여 가구를 대상으로 가스안전점검을 실시하였다.

⑧ 산업현장 근로자 안전을 위한 캠페인: 산업현장에서의 안전사고를 예방하기 위한 캠페인을 실시했다. 특히 음주로 인한 건설현장의 안전사고를 예방하기 위해 안전홍보 전단지를 배포하고 간단한 안전교육도 실시했다. 캠페인은 전국적으로 약 100회에 걸쳐 실시하였다.

⑨ 승강기 안전문화 캠페인: 승강기의 안전한 이용을 알리기 위한 승강기 안전문화 캠페인을 실시하였다. 이와 함께 본 연합 어머니안전지도자들이 어린이들에게 승강기 안전교육을 실시할 수 있도록 강사 양성 워크숍을 개최해 100여 명의 어머니안전지도자들이 명예강사로 위촉을 받았으며 2007년에 어린이들을 대상으로 승강기 안전교육도 실시하고 있다.

⑩ 전국 초등학교 안전담당 장학사 워크숍: 전국 16개 시도 교육청과 180개 지역교육청의 안전담당 장학사들에게 안전사고를 주제로 워크숍을 개최해 초등학교 어린이들에게 안전에 대한 교육을 강화하도록 하였다.

⑪ 지자체 교통사고 예방사업 평가: 교통사고 예방에 얼마나 기여했는지 정성적 · 정량적 평가를 실시하여 교통사고 감소대책의 효과적인 추진방안을 마련하고 사업추진에 따른 문제점 및 개선방안

마련과 우수기관에 대한 포상 및 인센티브 사업비를 지원하여 선의의 경쟁을 유도하여 교통사고 감소 효과성을 제고하였다.

⑫ 도시교통안전진단 사업: 사고현황 분석과 안전진단 및 평가를 통해 선정된 6개 도시(논산, 군산, 진주, 나주, 안산, 인천시 서구)의 교통관련 지표 및 교통사고 발생 현황 등을 살펴보고 사고지점의 안전진단을 통해 각 도시별 안전대책을 수립하는 것을 목적으로 실시하였다.

⑬ 산업안전보건 모니터링: 근로자들의 산업안전보건에 관한 의식을 파악하고 분석하여 각종 안전사고의 감소효과를 도모하기 위하여 제조, 건설 서비스업의 근로자들을 대상으로 산업안전보건에 대한 의식 수준 및 정부정책 인지도, 정부의 산업안전보건정책에 대한 평가, 바람직한 산업안전보건정책의 방향에 대한 설문조사를 실시하였다.

2) 대비단계 활동 사례

① 초등학교·유치원 순회 어린이 안전교육: 본 연합 및 전국 16개 지역 안실련의 어머니안전지도자 회원들이 교육용 교보재를 가지고 초등학교, 유치원 등을 방문하여 90여 만명의 어린이들을 대상으로 어린이 안전교육을 실시하였다.

② 어린이 교통안전교육: 본 연합이 전국적으로 운영하고 있는 8개 어린이 교통공원에서 초등학교, 유치원 어린이 20여 만명을 대상으로 안전교육을 실시하였다. 교통공원 운영 지역은 서울(노원, 강서), 경기(수원, 안양, 용인), 대전, 경남(창원), 강원(원주) 등이었다.

③ 노인 안전교육: 선진사회 진입과 함께 노인안전에 대한 사회적인 책임이 강화되고 있는 가운데, 노인 및 어머니안전지도자들을 대

상으로 노인안전지도자를 양성하고 양로원, 노인대학 등을 방문하여 1,500여 명(서울)의 노인들을 대상으로 안전교육을 실시하였다. 신진국의 자료를 바탕으로 노인교통안전 교육용 교재를 제작하고 전국적으로 배포하였다.

④ 학부모 교통안전 명예교사 양성교육: 초등학생 자녀를 둔 학부모를 대상으로 어린이 교통안전을 위해 활동할 명예교사 양성교육을 실시했다. 서울 및 16개 시도에서 약 15,000명을 대상으로 양성교육을 실시하였다.

⑤ 부모와 함께하는 여름방학 안전캠프: 여름방학 중 주말을 이용해 용인에 있는 삼성애니카교통나라와 케리비안베이에서 어린이들의 교통사고와 물놀이사고 예방을 위한 안전 캠프를 실시하였다. 캠프에는 900여 명의 어린이가 참가해 교통안전, 물놀이안전 교육을 받았다.

⑥ 라이온스 클럽과 함께하는 어린이 교통안전: 본 연합과 라이온스 클럽 354-D지구가 지역의 초등학교와 자매결연을 맺고 학교에 교통안전 기증품을 전달하여 어린이 교통안전 교실을 조성하는 사업을 실시하였다. 2006년 동안 90여 개의 초등학교와 자매결연을 맺었으며, 이들 학교 학부모를 대상으로 교통안전 명예교사 교육도 실시하였다.

⑦ 어린이 자전거 안전운전 교실: 어린이들이 자전거를 안전하게 탈 수 있도록 어린이 자전거 안전운전 교육을 실시하였다. 2006년 한 해 동안 10회에 걸쳐 600여 명의 어린이를 대상으로 자전거 안전교육을 실시하였다.

⑧ 한국재난안전네트워크 활동: 네트워크를 통해 관련 단체들간의 협력과 합동훈련으로 대형 재난에 대비하고 있다.

3) 대응단계 활동 사례

① 구호활동: 이재민들에게 필요한 물품을 기증하고 생활안정을 돕는 지원활동을 전개하였다.

4) 복구단계 활동 사례

① 안전사고 유자녀 지원 사업: 교통 및 화재사고 등 각종 사고로 부모를 잃고 실의에 빠진 어린이들에게 2007년 동안 후원하기 위한 모금마련을 위해 유자녀 돕기 일일찻집을 개최하였다.
② 복구봉사활동: 가재도구 정리, 농축산물 피해 복구 등을 전개하였다.

4. 자원봉사센터

1) 예방단계 활동 사례

① 정보화봉사단 운영: 강릉자원봉사센터 소속의 청소년 봉사단인 '정보화봉사단'을 운영하고 있다. 태풍 '루사' 때 강릉시의 상황을 시청인터넷 게시판을 통해 정보의 공유와 홍보활동을 전개하였다.

2) 대비단계 활동 사례

② 재난협의체 운영: 강릉자원봉사센터, 파주자원봉사센터 등은 지역단체들과 협력체계를 갖고 간담회를 개최하여 역할분담에 대한 합의를 도출하였다.[1)]

---

1) 파주시자원봉사센터 재난재해 단체별 역할분담표(파주시종합자원봉사센터, 2003)

3) 대응단계 활동 사례

① 홍보 및 정보수집 활동: 강릉자원봉사센터 소속의 청소년 봉사단인 '정보화봉사단'이 시청 게시판을 통해 홍보 및 정보수집활동을

임시센터 및 지역	역할 내용	단체명
새마을임시센터	자원봉사자 접수, 배치, 안내, 수요처 발굴, 방역, 피해조사	새마을협의회 새마을부녀회 아마추어무선연맹 1명
적십자임시센터	급식, 자원봉사자 접수, 배치, 안내, 수요처 발굴	적십자통일로봉사회 적십자자유로봉사회 적십자조리봉사회 적십자비둘기봉사회 적십자법원봉사회 아마추어무선연맹 1명
밝은사회 임시센터	자원봉사자 접수, 배치, 안내, 수요처 발굴	밝은사회파주연합회 밝은사회여성클럽 아마추어무선연맹 1명
라이온스 임시센터	자원봉사자 접수, 배치, 안내, 수요처 발굴 (통일라이온스 의료봉사)	파주라이온스 통일라이온스 아마추어무선연맹 1명
로터리 임시센터	자원봉사자 접수, 배치, 안내, 수요처 발굴	파주로터리클럽 파주중앙로터리클럽 파주통일로로터리클럽 아마추어무선연맹 1명
피해 전 지역	인명구조, 교통정리	해병전우회파주시지회 모범운전자회 적성SEA&LOVE
피해 전 지역	농지 피해 조사	농업경영인파주연합회
대 피 소	물품지급, 쓰레기 분리수거	바르게살기파주시연합회 파주사랑시민회 아마추어무선연맹 1명
대 피 소	정리 및 안내	주부클럽파주시지부 재향군인회향군봉사대 봉일천초교 참교육학부모회 아마추어무선연맹 1명
주변 지역	주변지역 순찰	자율방범대파주연합회
종합자원봉사센터	전화받기, 접수, 배치, 긴급상황에 항시 대기	파주청년회의소
	사례발굴, 홍보	파주사람들의 아버지모임
	긴급상황에 항시 대기, 전문봉사	난방시공협회
	통신, 긴급상황에 항시 대기	아마무선파주사무소
	긴급상황에 항시 대기, 전문봉사	전기공사협회

전개하고 있다.

② 수해의연품 배송: 강릉자원봉사센터에서는 태풍 '루사'로 인한 수해 초기에 대학기숙사에 있던 대학생자원봉사자와 인터넷 동아리 '강릉사랑', 센터 주위에 거주하는 청소년봉사단이 주도적으로 참여하여 활동하였다.

③ 이재민 안내: 강릉자원봉사센터에서는 태풍 '루사'로 인한 수해 초기에 대학기숙사에 있던 대학생자원봉사자와 인터넷 동아리 '강릉사랑', 센터 주위에 거주하는 청소년봉사단이 주도적으로 참여하여 활동하였다.

④ 침수 지역 주민 소개 작업: 강릉자원봉사센터에서는 태풍 '루사'로 인한 수해 초기에 대학기숙사에 있던 대학생자원봉사자와 인터넷 동아리 '강릉사랑', 센터 주위에 거주하는 청소년봉사단이 주도적으로 참여하여 활동하였다.

⑤ 자원봉사자 접수, 배치, 안내: 태풍 루사 때 초기에는 강릉자원봉사센터 직원과 대학생 자원봉사자가 활동하였으나, 대부분 타 지역에서 신청한 봉사자인 관계로 항상 안내봉사자가 동행을 해야만 하는 부담과 점차 늘어나는 봉사자로 심각한 인력부족 현상을 겪었다. 또한 장기체류 봉사자들이 늘면서 숙박과 식사의 문제로 어려움을 겪었다.

⑥ 방역

⑦ 급식, 인명구조, 교통정리

⑧ 물품지급

⑨ 수해복구 긴급 지원팀 운영: 김천자원봉사센터에서는 태풍 루사때 수해복구 자원봉사 관리 및 효율적인 지원을 위해 2002년 9월 1일부터 수해현장 지원(수해 지역 현황 파악, 자원봉사 수요처 조사, 자원봉사자 관리 등)과 센터관리(자원봉사자 접수・교육・관리,

자료수집, 보도자료 작성, 관공서 협력 지원), 대외협력요청(기업체 및 단체 지원요청, 후원금 및 물품요청 등) 등 이상 세 개 분야별로 역할을 세분화한 수해복구 긴급지원팀을 구성하여 수해에 신속하게 대응, 최선의 노력을 다하였다.

⑩ 수해 지역 현장담당 및 모니터 요원 투입을 통한 현장상황 전달: 김천자원봉사센터에서는 자원봉사자나 단체들이 모두 수해현장에 투입되어 정작 수해 지역의 전반적인 상황을 조사할 인력이 부족함을 인식하여 현장 담당 직원과 함께 자원봉사자들로 구성된 수해 지역 모니터 요원을 모집하였다.

⑪ 피해조사: 김천자원봉사센터에서는 자원봉사 수요처 조사, 수해복구 진정 정도, 자원봉사자 활동현황, 필요구호물품을 중심으로 한 발빠른 현장조사는 수해 지역에 신속한 지원을 가능케 했다.

4) 복구단계 활동 사례

① 봉사자 배치: 강릉자원봉사센터에서는 수해대책 시민연대와 연계하여 강릉시민의 봉사활동 참여를 유도하였고, 매일 유선으로 당일 봉사자 모집 및 배치현황을 파악하고 매주 2~3회 담당자 간담회를 통해 봉사자 모집과 배치에 최대한 중복을 피하고자 하였다.

② 벼 베기 및 감자수확 실시: 복구가 늦어짐에 따라 10월에 재해민들이 가을 수확에 전혀 신경을 못 쓰는 상황이 일어나기 시작했으며 일부는 수확을 포기하기도 하였다. 이에 강릉자원봉사센터에서는 농작물 수확을 위한 봉사활동을 전개하였다.

③ 수해민들의 임시거처인 컨테이너에 방풍망과 비닐 씌워주기: 동절기 방풍비닐 설치봉사활동을 연대기구와 진행하여 본 강릉자원봉사센터에서는 봉사자를 모집하여 지원하였으며, 연대기구는 방풍망 설치를 위하여 모금활동을 전개하여 12월 말까지 수해민들이

임시로 거주하고 있는 컨테이너에 방풍망과 비닐 씌워주기 봉사활동을 전개하였다.

④ 정보화봉사단 활동: 재해정보 전파활동을 전개하였다.

⑤ 쓰레기 분리수거

⑥ 사례발굴 홍보

⑦ 농지피해조사

⑧ 수해복구 자원봉사 현황자료 정리 및 관련기관 참고자료 제공: 김천자원봉사센터에서는 일일 자원봉사활동 현황자료, 미담사례, 수요처, 수해복구 현황에 대한 자료 등을 정리, 집계하여 관련기관(관공서, 민간단체, 언론사 등)에 참고자료로 제공하였다.

⑨ 수해 지역 주민욕구조사 실시: 김천자원봉사센터에서는 수해복구 작업이 시작된 지 10여 일이 경과된 후에 인근 대학교의 협조로 수해 지역의 주민들을 대상으로 한 욕구조사를 실시하였다. 조사항목은 피해 정도, 피해 위치 약도, 후원물품 요청사항, 자원봉사자 요청 사항 등이었으며 본 자료는 긴급지원이 어느 정도 실시된 수해 지역을 대상으로 이들에게 복구진행 정도에 따라 필요한 것이 무엇인지 조사하여 효율적 지원을 실시하고자 이루어졌으며 향후 유사 재해시 지원을 위한 기초자료로 활용하고자 이루어졌다.

⑩ 수해복구 지원을 위한 다양한 프로그램 개발: 수해복구 지원을 위해서는 현장 조사와 자원봉사자의 접수, 배치 못지않게 다양한 캠페인과 프로그램 개발이 무엇보다 요청된다. 김천자원봉사센터에서는「자원봉사릴레이 운동」,「수해복구지역 중장비보내기 운동」 등을 실시하여 실질적인 복구가 이루어지도록 지원하였다. 또한 실업극복국민운동본부에 재해로 인한 실직가정을 위한「집중수해지역 실직가정의 생활 안정금 지원을 통한 가정 살리기」사업을 제안하여 지원이 이루어졌다.

5. 재난관리단계별 주요 단체 활동 내역

▶ 표 4-3◀ 재난관리단계별 주요 단체 활동 내역

단체명	예 방	대 비	대 응	복 구
대한 적십 자사	물놀이 사고 캠페인 재해사진 공모전 재난구호 사이버 강좌 운영 재난관련 세미나 개최	응급처치법 보급 심폐소생술 보급 수상안전법 보급 심리적 지지 교육 재해구호물자 비축 구호장비 점검 재해전산망 운영 한국재난 안전네트워크 활동	긴급재난구호 대책본부 운영 상황실 운영 재해전산망 운영 비상통신 운영 피해조사 구호품 지원 급식봉사 대국민 홍보	적십자봉사센터 운영 세탁 및 급식 봉사 무료진료 가내도구 정리 농축산물 피해 복구 쓰레기 처리 의연금품 모집· 배분
대한 민국 의용 소방대	교통질서 활동	교육훈련 화재홍보활동 화재경계근무 한국재난안전 네트워크 활동	화재진압 인명구조 및 구급	복구봉사활동
안전 생활 실천 시민 연합	교육청 안전담당 초등장 학사 워크숍 어린이 교통안전 캠페인 어린이 안전문화 교실 학부모·어린이 대상 교 통안전 설문 조사 어린이 교통안전 시범초 등학교자매결연식 가스안전 캠페인 산업현장 근로자 안전을 위한 캠페인 승강기 안전문화 캠페인 전국 초등학교 안전담당 장학사 워크숍 지자체 교통사고 예방사 업 평가 도시교통안전진단 사업 산업안전보건 모니터링	어린이교통안전 교육노인안전교육 학부모 교통안전 명 예교사 양성교육 부모와 함께하는 여 름방학 안전캠프 라이온스 클럽과 함 께하는 어린이 교통 안전어린이 자전거 안전운전교실 한국 재난 안전네트워크 활동	구호활동	사고 유자녀지원 사업 복구봉사활동

단체명		예 방	대 비	대 응	복 구
자원봉사센터	강릉	정보화 봉사단 운영	재난협의체 구성	시청 게시판을 통한 홍보 및 정보수집 활동, 수해의연품 배송, 이재민 안내, 침수 지역 주민 소개 작업, 정보화 봉사단 활동	봉사자 배치, 벼베기 및 감자수확 실시, 수해민들의 임시거처인 컨테이너에 방풍망과 비닐 씌워주기,정보화봉사단 활동(재해정보 전파)
	파주		재난협의체 구성	자원봉사자 접수・배치・안내, 수요처 발굴, 방역, 피해조사, 급식, 인명구조, 교통정리, 물품지급	쓰레기 분리수거, 사례 발굴 홍보, 농지 피해조사
	김천			수해복구 긴급지원팀 구성, 수해 지역 현장담당 및 모니터 요원 투입을 통한 현장상황 전달	수해복구 자원봉사 현황자료 정리, 관련기관 자료 제공, 수해지역 주민욕구 조사 실시, 수해복구 지원을 위한 다양한 프로그램 개발

제2절 재난현장 봉사자 활동 실태

1. 관리체계

재난을 당한 군청, 읍면사무소 직원들은 현장 피해조사 및 현황보고, 이재민 고충처리, 자원봉사자 접수・배분, 구호품 접수・배분 등으로 인한 업무 폭증으로 지쳐 있었으며 특히 긴급구호단계에서는 업무마비상태를 경험하고 있었다. 이번에 피해가 가장 심하였던 진부면의 경우 17명이 근무하고 있었는데 재난발생시 면사무소조차 재난을 당해 사무실이 무릎까지 침수되었으며 앞마당에 토사가 밀려들어 승용차 창문까지 매몰될 정도였었다. 이런 상황을 극복하고 재난업무를 처리하는 데 이재민, 자원봉사자, 의연품 기증자 등의 전화 처리만으로도 업무가 마비될 정도로 심각하였다. 며칠 뒤 군청에서 20일간 매일 10여 명이 지원되어 그나마 현장 조사업무는 대신 맡아 주었지만 재난현황의 원활한 업무 진행에는 여전히 턱없이 부족한 상황이었다.

행정인력을 대체할 수 있는 중요한 인적 자원은 자원봉사자인데 군청 상황실에는 자원봉사자 접수관계로 정부위탁운영체인 자원봉사센터 직원만 있을 뿐이고 면사무소에서도 지역에 활동하는 주요 봉사단체들과의 공동대책회의를 개최하는 등의 공동운영의 장을 마련하지 못하고 있었다.

접수배분센터는 인제군의 경우 인제체육관을 통한 중심 물류기지를, 평창군의 경우 종합운동장 등 네 개 물류기지를 중심으로 운영되고 있었다. 인제체육관의 경우, 한 쪽 입구에 접수처가 설치되고 다른 한쪽 출구에 배분처가 별도로 배치되어 구호품 접수 및 배분에 있어 혼란없이 체계적으로 관리되고 있었다.

군청으로 접수된 구호품은 물류기지에서 수령하여 수해 지역 면사무소로 배부되고, 면사무소에서는 마을 이장들이 중심이 되어 물건을 수령하여 배부되고 있었다.

그러나 전반적으로는 구호품 접수, 배분, 문의 상담 등에 공무원 인력 중심으로 운영되고 있어 과부족인 상황에서의 진행에 따르는 업무 과부하로 인해 원활한 수행은 곤란한 것으로 보아야 할 상황이었다.

복지담당 직원이 대부분 여성인력이라 구호품 접수, 배부에 어려움이 컸고, 노임 단가도 낮고 수해 지역이라 인부를 구하기도 어려웠으며, 자원봉사자들에 대한 구호물자관리에 대한 사전 교육도 없는 상태여서 물품 보관 및 관리 등이 원활하지 못하기도 했다. 또한 구호업무를 잘 모르는 직원들이 구호품을 어떤 기준으로 배분할지 몰라 지체되기도 하였는데 구호품에는 지급 기준이 부착되어 누구든지 신속하게 배부할 수 있도록 조치될 필요가 있었다.

한편 창고에 물건이 쌓이는 일이 없이 이재민들에게 신속하게 전달하기 위해 현장으로 즉시 보내는 것은 좋았으나 집이 없는 상황에서 이재민들이 받아 보관할 장소가 없어 일선에서는 개인별로 배부하는 데 곤혹스러워 하기도 하였다. 따라서 재난 초기 수용된 이재민들의 경우 생활에 필요한 필수 품목을 제외하고는 공동창고에 보관하여 추후 주거대책이 마련된 다음 전달할 수 있도록 개선할 필요가 있었다.

그리고 지역별로 공동 보관창고가 부족하였는데 특히 교통이 두절된 지역의 경우 그 인근에 보관할 창고가 없어 어려움이 발생하기도 하였다.

재난구호품은 재난발생한 날부터 현장에 도착하기 시작해서 2차 조사기간인 발생한 지 한 달 보름이 넘은 때까지도 계속 답지되고 있었다. 그런데 선의를 가지고 제공하는 구호품을 안 받을 수도 없는 상황에서 행정기관으로서는 오히려 욕을 먹으며 분배하는 격이 되어 큰 부담이 되고 있었다. 초기에는 별문제가 없었지만 지나치게 많은 구호품이 계속 들어오니까 이를 본 이웃에서 "주택은 침수되지 않았지만 나도 농지 피해를 입은 이재민인데 왜 안 주냐"는 원성을 사기도 하는 등의 상황이 초래되기도 하였다.

또한 집이 없는 사람은 갖다 놓을 곳이 없어 제대로 받지 못하고 집이 있는 사람은 오히려 많이 가져가는 현상도 발생하기도 했다.

자원봉사자 접수 및 관리는 행정기관 중심으로 이루어지고 있었다. 자원봉사센터에서 군청 상황실에 1명을 파견하여 지원은 하였지만 실제로 공무원 중심으로 운영하였다고 보아야 할 것이다.[2] 자원봉사센터의 인적 구성상[3] 재난현장을 찾은 수만명의 봉사자들을 관리할 수 있는 여건은 되지 못하며, 군청에는 그나마 1명이라도 파견할 수 있었지만 읍면동의 경우는 전혀 배치할 수 없는 상황이었다.

자원봉사자들은 재난발생 초기부터 현장에서 봉사활동에 참가하였는데 2주간까지는 집중적으로 몰려들어 왔고 1달간은 왕성하게 활동하였다. 그리고 8월 말까지는 간간히 봉사자들이 찾아오고 있었다.[4]

현장에서는 재난 초기 집중적으로 봉사자들이 몰려 들어올 때 현장에 인력을 적절히 배치하는 데 큰 곤란을 겪었다. 진부면사무소의 경우 하

---

2) 평창군청의 경우 행정자치과에 자원봉사자 접수처를 설치하여 자원봉사자 접수 및 배치를 담당하고 있었음. 자원봉사자 담당이 7명으로 구성되었는데 6명이 군청 직원이고 1명이 자원봉사센터에서 파견된 직원이었음. 면사무소에도 자원봉사자들이 많이 몰려 왔는데 진부면사무소의 경우 많을 때는 하루에 7천명을 접수받아 배치하는 실정이었음. 면사무소에 자원봉사자 접수처가 마련되어 운영하고 있어 면사무소 공무원들의 업무 과중을 초래하고 있었음.

3) 자원봉사센터의 평균 종사인력의 수는 약 3.05명이며 정규직원은 평균 2.52명에 불과함. 특히 직영을 하고 있는 센터의 경우 공무원이 타 업무를 겸하고 있는 센터에서는 인력구조가 더욱 취약할 것으로 판단됨. 또한 자원봉사센터의 운영형태는 지자체 직영, 민관혼합형, 위탁운영형, 독립법인형으로 혼재해 있는데 민간에 위탁된 센터는 40.9%로 전체적으로 민간자율의 활동중심체로 보기 어려움. 그리고 센터의 주요 활동은 평상시의 지역 사회봉사활동으로 재난재해활동프로그램은 0.5개에 불과함(이성록, 2005). 따라서 자원봉사센터만이 재난현장에서 자원봉사자를 전담 관리하기에는 역량이 부족함.

4) 태풍 루사 당시 9월 2일부터 30일 동안 투입된 자원봉사자의 84.4%에 해당하는 106,627명이 재난이 발생하고 난 후 15일 동안 집중되었다는 사실을 알 수 있다. 이는 대개 지역의 정보가 재난이 발생한 초기에 집중 보도되고 있고, 그 시기에 재난 지역 상황을 접한 자원봉사단체나 개인에 의한 자원봉사활동이 시작된다는 것을 알 수 있게 해준다. 이러한 경향은 2003년 태풍 매미의 경우도 마찬가지로 나타나고 있는데, 매미가 발생한 9월 12일부터 9월 24일까지 자원봉사활동에 참여한 인원은 12,072명으로 전체 참가인원의 80%에 달하며, 10월 1일부터 11월 21일까지 참여한 인원은 613명에 불과했다. 이처럼 자원봉사자가 재난 초기에 대거 투입되고 일정 기간 이후에는 급격하게 참여율이 떨어짐으로써 재난발생 후 한 달 정도의 기간이 경과하면 자원봉사자의 손길은 찾아보기 힘든 현상이 나타났다. 따라서 재난이 발생한 직후에는 자원봉사자가 너무 많이 몰려와 배치에 어려움을 겪게 되고, 언론에서 재난 지역에 대한 보도가 나오지 않은 시기야말로 본격적인 장기 구호활동이 시작됨에도 불구하고 이 시기에는 일손이 없어 복구활동에 어려움을 겪기도 한다(이재은 외, 2006).

루에 많을 때는 7천명이 몰리기도 해 현장을 안내해 주면서 체계적으로 봉사자들을 관리하는 것이 불가능한 상황이었다고 볼 수 있었다. 특히 이번 강원도 수해의 경우는 산사태로 인한 매몰 가구가 많아 초기에는 사람 손으로 하는 것은 많지 않고 포크레인 등 장비가 지원되어야 할 상황에서 사람 손으로 할 수 있는 일감이 부족해 더욱 배치가 곤란하였다.

이재민수용소는 어수선한 가운데 큰 혼란없이 운영되고 있었다. 진부고등학교 체육관에 설치된 수용소의 경우, 대한적십자사봉사센터와 월정사 봉사단체가 중심이 되어 구호급식 등 지원을 하고 있었으며 이재민주민 대표들을 중심으로 구호품 배분관리 등을 자치적으로 하고 있었다. 이재민들은 대체로 봉사자들의 지원에 감사해 하며 만족한다고 하였다.

평창군청의 재난안전대책본부 상황실에는 수해기간 동안 보건의료원에서 2명이 파견되어 상근하고 있어 전체적인 재난관리에서 의료 분야를 맡고 있었다. 인제군청 보건의료원을 방문하였을 때도 병원 의료봉사단들에 대해 배치에 대한 총괄 조정 역할을 수행하고 있다고 했다. 그러나 군 단위의 보건의료원은 총괄 기능을 하고 있었지만, 재난 초기에 면단위의 보건소인 진부지소를 방문하였을 때는 자체 진료활동만 수행하고 있었다.

2. 교육체계

자원봉사자들이 언론보도에 따라 재난 초기에 집중이 되고, 자신의 시간에 맞추어 봉사활동을 하다 보니 활동의 중복과 장기구호 인력의 부족 현상이 나타나고 있었다. 이를 해소하기 위해서는 재난현장 상황에 맞추어 봉사자들이 봉사활동 시간을 조정하도록 하기 위해 재난상황의 특성에 대한 이해를 사전에 할 수 있도록 교육과 홍보가 필요하였다.

또한 현장에서는 교육상황은 어려웠다. 자원봉사자들은 하루 봉사를 하는 사람들이 대부분이고, 종종 1박 2일간 봉사하는 사람들도 조금 있었다. 그런데 서울에서 새벽 5시에 출발해서 오면 9시 내지 10시에 읍·면에 도착하고, 재난현장에 가는데 40분 정도 소요되어 11시나 되어야 봉사활동을 시작하게 되는 상황이었다. 이러다 보니 봉사자들이 현장에서 알아야 할 주의사항조차 들을 시간도 내기 어려운 형편이었다.

3. 지원체계

국가안전관리정보시스템은 현장에서 자료를 입력하는 데 1세대당 15분 정도의 시간이 소요될 정도로 너무 복잡해서 재난현장에서 사용하기가 어렵다. 또한 정보시스템에 올리면 바로 구호 대상자가 되어야 하는데 충분히 조사가 되지도 않은 초기단계에 입력하라고 해서 큰 부담이 되고 있다.

복권기금은 피해액을 산정할 시간적 여유가 없어 복권기금을 신청하는 데 어려움이 컸으나 재난 발생한 3일째인 17일에 신청해서 18일에 수령될 정도로 빠르게 기금이 내려와 응급구호활동에 매우 요긴하게 사용할 수 있었다.

제5장

재난관리 자원봉사자의 임파워먼트

제 1 절 관리체계

군청 재난안전대책본부에 편성된 대부분의 직원들이 재난업무처리를 잘 알지 못해 업무처리에 어려움을 나타났었다. 특히 읍·면의 경우 읍명동 기능 전환에 따른 인력 축소로 재난관리에 더욱 취약해져 있어 책임성을 갖고 조직적으로 활동할 수 있는 자원봉사자의 참여가 필요하였다.

그리고 재난발생의 규모에 따른 업무진단을 통해 업무 폭등에 따른 대체인력 소요량을 추정하고 이에 따른 자원봉사 인력확보 방안을 강구해야 할 것으로 판단되었다.[1)]

현장 구호활동의 원활한 수행을 위해 자원봉사단체 활용에 대한 체계[2)]를 갖추어야 하나 군청 및 면사무소에서는 재난관리에 따른 업무 폭

1) 재난이란 "많은 사람들이 자신들이 익숙하지 않은 환경에서 일상적으로 하지 않는 일을 신속하게 해야 하는 상황이다."(Tierney, 1985a:77)

등으로 자원봉사자들간의 협력회의의 장을 마련하거나 자원봉사자들간의 역할분담과 조정을 수행하기는 사실상 어려운 일이다. 따라서 재난발생 이전에 간담회를 개최하여 협력체계를 갖추어 놓아야 하며, 재난상황 발생시에는 재난단계별로 단체들 특성에 맞는 역할이 부여되어 봉사단체들을 중심으로 자치적으로 운영할 수 있어야 할 것이다.3)

---

2) 태풍 루사 당시 강원도에서 활동한 봉사자들의 참가 형태를 보면 1,860개 단체에서 95,642명이 참여했고, 개인은 11,274명, 학생은 19,359명으로 단체 참가자가 많았다. 강원도가 실시한 설문조사에 의하면, 응답자인 284명의 절반 가까이인 45.4%는 단체로 참여한 것으로 나타났고, 직장 동료와 함께 참여한 비율이 27.1%를 차지했다. 직장 동료와 함께 참여한 부분을 단체로 참여한 것으로 간주하면, 단체 참여 비율은 전체의 72%를 넘으므로 대부분의 자원봉사 활동이 단체 중심으로 이루어지고 있다고 볼 수 있다(이재은 외, 2006). 따라서 이재민 구호를 위해 단체들간의 연계와 조정이 매우 중요하다는 것을 알 수 있다.

3) 민관산학협의체인 한국재난안전네트워크에서는 재난대응계획을 다음과 같이 마련하였다.

【한국재난안전네트워크 재난대응계획】

기 관 명	상황실운영	피해조사	구호품관리	이재민관리	봉사자관리	의료구호	심리적지지	인명구조	대피소관리	구호급식	상담	교통통제	응급복구	환경정리	홍보	통신
대한간호협회						○	○									
대한민국의용소방대연합회	○	△	△	△		○		○	△	△		○	○	○	△	
대한의사협회						○										
대한적십자사	○	○	○	○	○	○	○	○	○	○	○	△	○	○	○	○
새마을운동중앙회	○	○	△	△	○		△	△	○	○	△	○	○	○	○	△
안전생활실천시민연합		○		○					○	△						
한국구조연합회	○	△						○					○			
한국자원봉사센터협회	○	△			○								O	△	○	
한국자원봉사협의회		△			○				△				△		○	
해병대전우회중앙회	○							○				○	○			
소방방재청	재난대응 제반활동 후원															
사회복지공동모금회	재난발생시 긴급지원금 지원															
연세대방재안전관리 연구센터	재난대응시스템 구축 지원															
한국산업안전공단		○						○								
한국시설안전공단		○														

이러한 경향은 인적 재난시에도 마찬가지였다. 2003년도에 대구 지하철 참사가 발생하였을 때, 지하공간이라는 특수한 점 때문에 자원봉사의 활동이 화재 복구에 직접적으로 참여하지 못하고 화재수습관계자나 유가족들의 편의 제공에 집중이 되었다. 사고 초기에는 음식물 지원과 같은 급식봉사 활동이 주를 이루었다.[4] 자원봉사 전체 활동기간 동안 음식 지원 및 급식 봉사가 참사 후 며칠 동안 집중되다가 급격히 줄어들었고, 많은 자원봉사 단체들이 주로 급식이나 음식 지원 봉사를 준비하였으나 초기에 이러한 단체가 많이 몰렸기에 활동이 중복되었다.[5] 이

【대응기능별 활동 내용】

- 상황실 운영 : 단체 소속원(책임자급) 상황실 근무, 재난현장 상황 종합 분석, 구호 활동 총괄 집계, 보고서 작성, 구호활동 업무 조정, 구호비용 조치, 현장 소요 물자 조달, 정부, 기업체 등 유관기관 협조
- 피해조사: 이재민 피해현황 조사, 구호품 및 봉사원 수요조사 등 재난현장 상황 파악
- 구호품 관리: 구호품(의연품 포함) 입고 및 반출, 수송 및 이재민에게 전달
- 이재민 관리: 이재민 등록 및 대피소 안내, 노약자, 아동 및 외국인 등 보호
- 자원봉사자 관리: 자원봉사자 등록, 기본 교육, 현장 배치 및 관리
- 의료구호: 의약품 지원, 응급처치 등
- 심리적지지: 이재민 및 봉사원들에 대한 정신적 안정 지원
- 인명구조: 고립된 지역 또는 붕괴현장 등의 이재민 구조, 응급처치, 병원 이송 등
- 대피소 관리: 이재민 대피소(대피소 정리, 음료시설, 세면장, 샤워장 등)의 시설 관리
- 구호급식: 이재민 및 구호요원 급식 제공(주・부식 조달, 조리, 배식 및 정리)
- 상담: 이재민 고충상담 및 지원 정보 제공, 가족 찾기 지원
- 응급복구: 가재도구 정리, 가전제품 수리, 농가축 복구 지원 등
- 환경정리: 쓰레기 분리 수거, 방역 등 전염병 예방 활동, 오염위험 지역 통제 활동
- 홍보: 미담사례 발굴 및 봉사활동 내용 홍보
- 통신: 재난현장 상황에 대한 파악 후 전파, 현장활동 조직간 의사소통 지원 등 통신활동

4) 기타활동으로는 보급품 지원, 유가족을 위한 청소, 격려, 간병, 금융지원 상담, 주차안내, 성금접수 등이 있었다.

5) 2003년 2월 18일 대구지하철 화재 이후 70여 일간 72개 단체가 자원봉사에 참여하였다. 사고당일 대한적십자사 대구지사 자원봉사자와 대구광역시 여성회관 자원봉사자, 그리고 대구광역시 종합자원봉사센터와 중구자원봉사센터 등이 응급구조에 나선 소방대원과 경찰들을 위한 급식과 간식 및 음료를 제공하였으며 사고 다음날에 시민회관 소강당에 사고대책본부와 분향소가 마련되면서 지역의 수많은 자원봉사단체와 종교단체, 그리고 기업자원봉사자들이 자원봉사활동에 참여하였다. 뿐만 아니라, 진료, 투약, 전문상담, 통신서비스, 산소공급 등의 전문적인 자원봉사활동도 이루어졌다(여명길 외. 2003: 891).

러한 현상으로 여러 단체들이 철수하는 경향이 나타났고 지속적인 자원봉사의 활동이 꾸준히 이어지지 못하였다. 자원봉사단체의 적절한 투입 등의 관리와 지원이 적절히 이루어졌더라면 한 기간에 집중적으로 몰리는 현상이 나타나지 않았을 것이다(이재은·양기근, 2004: 357-358).

또한 수해현장 거주의 자원봉사자들은 본인 자신이 수해를 입는 경우가 많아 봉사활동에는 한계가 있어 외부 자원봉사자들의 지원과 협력을 체계적으로 운영할 수 있는 시스템을 개발하고 보급할 필요가 있었다. 또한 재난현장 구호시스템을 개발할 때에는 비전문가들도 쉽게 활용할 수 있도록 가능한 처리 절차를 단순화하도록 해야 한다.

초기의 고립된 지역을 중심으로 가장 긴급한 상황을 언론이 집중 방영함에 따라 한동안은 생수와 라면이 넘쳐날 정도로 초기 비상식량에 편중된 불균형적인 공급이 지속되는 현상을 볼 수 있었다. 따라서 구호품에 대한 시기별 필요 품목에 대한 안내방송을 통해 이재민들의 욕구에 맞는 구호품이 공급될 수 있도록 하여야 하며,[6] 특히 기업체나 종교단체 등이 대규모로 구호품을 전달하고자 하는 경우는 수해 지역 행정기관이나 현지 활동하고 있는 대한적십자사나 자원봉사센터 등 봉사단체를 통해서 현장에서 필요한 품목을 확인하고 공급할 수 있도록 해야 한다. 또한 평소 기업체와 봉사단체간에 상호 협력에 대한 협약을 체결하여 재난을 대비해 나가는 노력도 필요하다.[7]

---

6) 재난발생 후 지역별, 피해상황별, 지원 시기에 따라 필요 구호품목이 다른데 초기에는 비상식품으로 생수와 라면(혹은 우유와 빵) 등이 필요하고, 응급구호품(의류, 담요, 일용품)이 지원되어야 하며 귀가가 가능하게 된 이재민에게는 쌀, 부식, 가스렌지, 취사용구 등이 필요하다. 기본적인 응급구호품이 지급된 후에도 갈아 입을 속옷, 티셔츠 등 의류가 보충되어야 하며 신발, 양말, 분유, 기저귀, 생리대 등 개별구호품이 지급되어야 한다. 특히 고립된 지역의 경우는 정전으로 인해 양초가 필요한데 평소 창고에 장기 비축하기에는 어려움이 있으므로 랜턴형 형광등을 보관하면 좋을 것이다. 혹은 정전으로 인한 두려움으로 마을회관이나 큰 집에 모여 있는 경우가 많으므로 이동용 발전기를 제공하는 것도 필요하다고 생각한다.

7) 종래의 자주방재 활동은 주민이 행하는 것으로 생각되어 왔지만 한신·아와지 대지진

고립 지역에 도보로 밖에는 전달할 수 없는 상황에서 군부대, 공무원, 봉사자 등을 긴급 소집해서 일제히 전달하는 긴급구호체계도 필요하다

의 교훈으로 지역의 기업과의 협력관계가 부상되었다. 예를 들면, 기업의 자위소방대가 근린 화재시에 출동하여 초기 소화활동에 임한다면 주변의 주민들에게는 큰 도움이 된다. 24시간 가동하고 있는 공장이라면 더욱 큰 기여를 할 것이다. 또 기업에 있어서 주변의 화재를 진화시키는 것은 연소를 방지하는 것으로 되고, 그것이 자기 회사의 안전으로 연결된다.

재난시에는 인류는 다 같은 형제이고 가족이라는 정신으로 근처의 사람을 구한다는 사고를 바탕으로 주민과 기업과의 협력관계를 고려해야만 한다. 금후의 자주 방재는 기업과의 협력관계와 기업간의 협력관계를 어떻게 만드는가가 중요하다(三船康道, 1998).

기업체와 자원봉사단체가 통합 긴급구호시스템을 구축한 국내 사례로 대한적십자사와 삼성그룹과의 협약을 들 수 있다. 삼성과 대한적십자사간 활동 분야별 공조체계의 내용은 다음과 같다.

〈표 1〉 삼성과 대한적십자사간 통합긴급구호시스템

활동 분야	기 관	조 직 구 성
인명구조	삼 성	· 3119구조단(중앙 22명, 지역 242명), 구조견센터 (14두)
	적십자	· 적십자 인명구조원(3,500여 명), 무선통신요원(1,300여 명) · 긴급 대응반 차량, 인명구조 장비 운영
복구활동	삼 성	· 각사 사회봉사단(5개 지역사업장 CP) – 지역별 CP(Command post)설치 (경기–전기(수원), 중부–전자(천안), 경북–전자(구미) 경남–전기(부산), 호남–전자(광주)) · 복구 조직 – 에버랜드(유통): 급식지원 – 테크윈(헬기): 인력, 물자수송 지원 – 전자(식수차): 급식 및 세탁 보수지원 – 중공업, 물산건설: 중장비 지원 – 전자, 화재 등 자사 제품 정비
	적십자	· 지역별 14개 지사(14개 지사 CP) – 긴급 대응반 및 구호봉사단 비상연락망 가동 – 8만여 명 봉사요원과 15만여 명 RCY 단원 · 복구 조직 – 급식차량(19대), 세탁차량(4대), 목욕차량(4대) 운영 · 적십자사 자매결연 기관 연계 등
의료봉사	삼 성	· 의료원 – 서울, 강북, 제일, 마산병원 의료봉사단 – 지역별 삼성 자매병원과 연계
	적십자	· 적십자 병원(6개) 및 혈액원 의료진(16개)
구호물품	통 합	· 구호물품(남 1만세트, 여 1만세트) 및 적십자 비축분(5만세트) 총 7만세트 비축

고 인제군 재난관리 담당 공무원은 제언하기도 하였다.

이재민수용소 운영에 있어서도 개선이 필요하였다. 일반적으로 선진국에서는 민원이 많이 발생하게 되는 재난현장에 재난관리에 책임이 있는 공무원들이 직접 관리하기 보다는 주민자치를 통해 그리고 자원봉사자들을 통해 지원함으로써 민원 발생을 최소화하고 있다. 이런 측면에서 진부고등학교에 마련된 수용소에서 주민자치나 자원봉사자를 통해 수용소 지원을 하고 있는 것은 바람직하였으나 이재민 등록이나 구호품 관리 등이 체계적으로 운영되는 데에는 미흡하였다. 앞으로 이재민 수용소 운영 매뉴얼을 개발, 제작하여 자원봉사자들이 체계적으로 재난현장에서 활용할 수 있도록 하여야 한다.

한편 재난현장에서 진료활동을 한 의료봉사단들이 환자를 치료한 후 개별 진료기록서를 이재민들에게 제공하지 않고 있었다. 의료활동의 책임성 확보나 치료받은 이재민들이 지역 병원에서 지속적인 관리를 받을 수 있도록 이재민 본인들에게 기록서를 제공하는 것이 필요하다.

진부면 체육공원 콘테이너에 입주해 있는 이재민 대표는 지원에 대해 설명을 듣거나 상담을 하기를 원하지만 적절한 안내를 해주는 공무원이 없다고 호소하기도 하였다. 또한 정부 발표는 평창군에 8천 8백억원을 지원하다는데 왜 우리에게는 돌아오는 것이 얼마 안되냐고 묻기도 하였다. 언론을 통해 지원 규모가 발표되면 이재민들은 그 돈이 자신들에게 모두 오는 것으로 착각하여 기대치는 높아지는데 실상은 얼마 안되므로 실망이 크다는 것이다. 이재민들에게 정부 지원 내역을 충분히 설명하여 오해를 불식시키고 신뢰를 형성하기 위해 상담봉사원을 양성하여 배치할 필요가 있었다.[8]

---

8) 태풍 '매미' 이재민 대상으로 재난구호자원봉사활동에 참여한 자원봉사자의 활동 중 가장 많은 도움이 되었던 활동에 대해 설문조사한 결과, 전체 응답자 567명 중 387(68.2%)명이 '직접적인 피해복구 활동'이었다고 응답하였으며 다음으로는 88(15.5%)명이 '이재민들을 위로하고 격려한 점'이라고 응답하였다. 이는 직접적인 피해

재난피해자 지원 자원활동 관리는 전체 재난관리 과정에서 예상되는 재난과 관련된 문제에 따라 적절한 행동을 수행할 수 있도록 이루어져야 한다. 소식석이고 포괄석인 자원활동 관리는 지역사회가 재난에 잘 대처할 수 있도록 한다. 잠재적인 자원봉사자들에게 재난관리체계를 교육하고 경험이 많은 자원봉사자가 될 수 있도록 훈련한다. 효과적이고 잘 기획된 자원활동 관리는 각각의 재난대응 과정에서 자원봉사자들의 에너지가 활성화 될 수 있는 기회를 창출한다.

자생적인 재난 자원봉사자들의 역량은 중요한 재난대응 자원으로 전환될 수 있다. 그러나 잘 조직되고 체계화되지 않으면 오히려 재난대응 요원들에게 짐이 될 뿐 아니라 자원이 낭비되는 결과를 초래한다. 재난지역의 요구를 평가하고 연계될 자원활동의 내용을 예측하고 자원활동에 참여할 사람들을 예측한다. 그러나 자원활동을 희망하는 잠재적 자원활동 희망자 가운데 적절한 기능의 인력을 예측하는 것은 쉽지 않다. 따라서 이전의 유사한 재난경험과 자원봉사활동의 연구 자료를 통해서 근거를 마련한다.

우리나라 재해구호 체계의 가장 큰 문제점은 구호관련 민간 조직들의 활동간에 조정과 연계가 매우 미흡하다는 점이다. 대한적십자사나 전국재해구호협회, 그리고 자원봉사센터와 같은 전국 조직들은 나름대로의 활동체계와 구조에 따라 구호활동을 실시하고 있으나, 이 두 조직도 상호 밀접하게 연계되어 활동하고 있다고 보기는 어렵다. 게다가 전국재해구호협회는 지역조직 없이 전국단위의 중앙조직만으로 구성되어 있기 때문에 실제 구호활동은 지방자치단체 등 공공조직을 통하여 이루어

복구 활동만큼이나 이재민들에 대한 자원봉사자들의 위로와 격려가 많은 도움이 되고 있음을 알 수 있다. 그러나 현실적으로 대부분의 자원봉사활동이 노력봉사 중심으로 이루어지고 있으며 이재민과의 접촉이 그리 많이 이루어지지 않기 때문에 이재민에 대한 위로와 격려 등의 심리적 지원은 활발하게 이루어지지 않았다. 따라서 이러한 심리적 지원에 대한 필요성이 더욱 커진다고 볼 수 있다(전국재해구호협회, 2004).

지기 때문에 활동의 신속성과 효과성이 떨어지는 문제를 안고 있다.

이러한 조직들 외의 일반적인 자원봉사단체나 기관, 각급 학교의 학생들로 구성된 자원봉사단, 교회나 사찰의 자원봉사자, 그리고 개인적으로 활동하는 자원봉사자들의 활동의 조정이나 연계상태는 더욱 좋지 않다. 물론, 2002년의 태풍 '루사'와 2003년의 태풍 '매미'의 피해로 인한 재해구호과정, 그리고 2003년 대구지하철 화재참사 사건 당시, 해당 지역의 지방자치단체를 중심으로 자원봉사활동 조정이 이루어졌지만, 주민들의 요구와 자원봉사자들의 특성, 그리고 전문가의 판단 등을 기초로 한 효과적인 서비스 연계나 조정은 매우 미흡하였던 것으로 판단된다. 전국재해구호협회(2003)에서 자원봉사센터의 실무자들과 구호담당 공무원들을 대상으로 실시한 조사에 따르면, 자원봉사활동이 일원화되지 않으므로 인해 문제가 많다는 것을 지적하고 있다.

이렇게 구호활동상의 조정과 연계가 잘 이루어지지 않으므로 인해 여러 가지 문제가 발생하는데, 이 중 가장 심각한 문제는 재해 지역이나 대상, 시기에 따라서 구호물품이나 자원봉사 등 도움이 중복되거나 부족한 문제가 발생하는 것이다. 서비스의 중복은 자원배분에 있어 효율성이 떨어지는 것을 의미하기도 하지만, 특정 지역에서의 중복은 다른 지역에서의 서비스 부족과 맞물리는 경우가 많기 때문에 구호활동에서의 공정성(fairness)의 문제가 될 수도 있다. 실제로 재해 피해자들을 면접하면 이러한 문제가 지역 주민들 사이에서 상당히 심각하게 발생하고, 이로 인해 지역 주민들간의 화합이나 연대가 파괴되는 일도 적지 않은 것으로 나타났다.

서비스의 중복은 행정기관에 대한 불신으로 이어진다. 상당 부분의 재해 구호물품이 지방자치단체를 통해 전달되는 우리나라의 재난관리체계 하에서 물품 지급의 중복이나 부족은 이 일을 담당하고 있는 지방자치단체나 공공기관에 대한 주민들의 불신을 야기한다. 특히, 구호품을 배분하는 일을 맡고 있는 일선 행정조직의 공무원들이나 마을 이장들에 대한 불만이 결국은 지방행정조직에 대한 총체적인 불만으로 확대되어 지자체에 민원을 급격히 증가시키는 원인이 된다. 이는 재난관리 과정에서 발생하는 문제가 불필요한 행정비용을 야기할 수도 있다는 것을 의미한다.

재해구호물품의 배분을 지자체나 공공행정조직이 담당하는 것도 문제를 일으킨다. 우선, 공무원들은 행정의 책임성과 공정성을 유지하기 위해 구호물품의 배분에 있어 지극히 관료주의적인 결정을 내리는 경우가 있다. 예를 들어, 피해주민(가구)의 수보다 적은 수의 물품이 접수되면 공정성의 문제가 야기될 것을 우려하여 아예 배분을 하지 않는다든지, 나머지 물품이 도착할 때까지 기다렸다가 배분하는 경우가 많다. 이것은 구호활동에 있어 공정성을 유지하는 의사결정은 될 수 있어도, 신속성과 효과성 측면에서는 상당한 문제를 야기한다. 실제로 재난을 경험한 피해자들의 가장 큰 불만 중 하나는 구호활동이 신속하게 이루어지지 않는다는 점이다.

구호활동에 있어서의 조정과 연계의 부족은 자원봉사자들의 활동기간과 관련되어 있다. 대부분의 자원봉사자들은 재난발생 직후 피해 지역으로 와서 구호활동을 전개하기 때문에 이들 중 상당수는 2~3일 이내에 구호활동을 마치고 돌아간다. 그러다 보니, 구호활동에 있어 응급구호에 비해 사후 복구활동이나 일상생활로의 복귀를 위한, 혹은 일상생활로의 복귀 이후의 문제들을 돕는 구호활동은 상대적으로 부족하다.

구호활동들간의 조정은 다양한 성격의 조직과 기관, 그리고 단체들의 활동을 유기적으로 조직화함으로써 활동의 효과성을 높이기 위한 것이다. 이러한 관점에서 볼 때, 기업의 재해구호활동은 중요한 문제를 나타낸다. 우리나라에서 주요 기업들이 재해구호에 있어 중요한 역할을 하고 있는 것은 사실이지만, 때로는 이들은 자사의 이미지나 홍보효과에 지나치게 관심을 갖는 것도 사실이다. 이러한 기업의 행태는 일면 자연스러운 것일 수도 있으나, 이러한 태도가 재해구호활동의 장애가 되는 일이 있어서는 안된다. 결국, 기업의 활동도 전체 구호활동의 체계 내에서 반드시 조정되고 연계될 필요가 있다.

한편, 재난발생시 전문지식과 경험을 갖춘 자원봉사자의 역할이 매우 중요한데, 이러한 자원봉사자들을 확보하고 재난시 효과적으로 동원하는 것이 잘 이루어지지 않는 것도 문제이다. 재난이 발생하면, 각종 전문인력과 장비가 동원되는데, 이렇게 동원된 인력과 장비의 효과적 배분과 활용관리가 이루어지지 않는다. 재난피해를 최소화하고, 신속하게 대응하기 위해서는 다양한 종류의 인력과 기계·장비 등을 요구하고 다른 행정구역의 협력이 필요하다. 재해의 종류에 따라 특수 장비의 필요시에 어떻게 준비하느냐도 중요한 문제이지만 어떻게 효과적으로 관리하느냐의 문제도 중요하다. 다양한 자원봉사자의 능력과 기술을 단시간 내에 효율적으로 활용하는 방법도 고려해야 한다. 자원봉사자들은 각 개인의 보유기술이나 능력이 천차만별이다. 예를 들어 구조나 복구작업의 일부를 맡길 때 얼마나 능숙하게 해낼 수 있는지 예상하기 힘들다. 이를 위해 각자의 능력과 의사에 따라 사전에 역할을 배분하고 교육시키는 것이 필요하다.

재난자원봉사활동 관리를 위한 분석의 범주는 세 부분으로 나뉜다. 첫째, 자원봉사자 측면, 둘째, 자원봉사자 관리의 이슈, 기존의 자원봉사 관리 시스템 유무 및 계획이다.

첫째, 자원봉사자 분석은 자원활동을 희망하는 사람의 특성, 자원활동의 동기, 가능한 역할과 기능 등을 점검하고 확인한다.

둘째, 재난 자원봉사 관리는 응급한 상황이나 혼란 상황에서 이루어진다. 따라서 자원활동 관리가 특히 중요하다. 관리의 측면에서 고려할 사항은 재난 지역의 요구, 재난사태의 전반적인 전망, 재난대응의 역동성에 따른 자원봉사활동의 업그레이드, 봉사자의 건강과 안전 문제(Ettenger, 2004), 접근가능성 등이 검토되고 적절한 과정으로 진행될 수 있도록 한다.

마지막으로 재난 자원봉사 관리계획이 있는지를 확인하고 전체 재난관리 계획과 조화를 이루도록 한다.

또한 재난 자원봉사활동 기획은 서로 다른 수준에서 계획한다. 하나는 직접 재난대응 조직과 협력하는 시스템에 등록되어 있는 자원봉사 집단이다. 예를 들어 대한 적십자사에 소속된 자원봉사자들을 중심으로 하는 재난자원활동의 계획이 여기에 포함된다. 그러나 이러한 집단은 제한적이고 특히 우리나라의 경우 재난 자원봉사활동을 하는 집단이 준비되어 있지 않은 실정이다.

두 번째의 집단은 지역에서 관리하는 작은 집단의 자생적 자원봉사집단이 있을 수 있다. 행정 단위별로 구성된 자원봉사단이 여기에 속할 수 있다. 이들은 해당 지역에 생활습관이나 취약성을 잘 알고 있으며 피해주민과 잘 조화를 이룰 수 있는 장점이 있다. 미국의 경우 재난피해가 컸던 플로리다와 캘리포니아 주가 이러한 자원봉사단을 위한 기획 및 관리가 잘 되어 있는 것으로 알려져 있다(Volunteer Florida, 2004).

마지막으로 중앙 행정부 차원의 자원봉사자 모집 및 훈련을 통한 활동계획이 있을 수 있다. 의료, 특별구조전문가 등 재난대응에 직접 도움이 될 특별한 기능이나 기술 및 지식을 가지고 있는 특화된 임시 자원봉사자들을 위한 활동계획을 수립한다.

효율적인 기능을 수행할 수 있는 관리시스템을 구축하기 위해서는 우선 자원활동의 목적과 목표를 구체화한다. 자원활동의 목적은 시스템분석을 기반으로 한 활동의 영역과 시스템의 주된 기능을 포괄한다. 목적과 목표를 명료하게 기술함으로써 각 단계마다 자원활동이 물 흐르듯이 수행될 수 있다. 전체 재난관리 전략과 재난 자원봉사활동의 궁극적 목적이 서로 충돌을 일으키지 않는 범위를 정하는 기준이 되기도 한다.

재난피해지원 자원봉사관리의 목적은 재난의 충격으로 인한 자산과 인명 피해를 줄이는 것이다. 구체적인 목표를 열거하면 다음 6가지를 고려할 수 있다(Fernandez, 2005). ① 재난 대응인력의 요구에 부응한다. ② 재난대응과 복구 과정에서 지역사회의 비용을 최소화한다. ③ 지역사회 재난 대응인력을 방해하지 않는다. ④ 자원봉사자와 지역사회의 안전을 도모한다. ⑤ 자원봉사자의 경험을 극대화한다. ⑥ 시스템이 발전할 수 있는 메커니즘을 제공한다.

재난피해자 지원의 목적과 목표의 달성을 위한 자원봉사자 관리는 재난 이전부터 준비되고 훈련되어야 한다. 지역의 전문가 및 학자들의 공동의 노력을 통한 사전 예측과 시스템 분석이 선행되고 준비되어야 지역과 재난의 특성에 적절한 목적을 수립할 수 있기 때문이다.

재난이 발생하면 자원봉사 관리 조직은 자원봉사단이 지역사회에 도착할 것이라는 것을 예측하고 그에 대한 준비를 하는데, 가장 중요한 이슈는 요구되는 업무를 수행할 수 있는 적절한 인력을 수용한다는 원칙을 정하는 것이다. 자원봉사자를 수용하는 관리 단계는 자원봉사자들의 도착(훈련된 자원봉사자와 그렇지 않은 자원봉사자들이 섞여 있음)하면 즉시 간단하고도 구체적인 재난의 특성과 필요한 활동을 안내한다. 그런 다음 자원봉사자등록을 실시하는데 자원봉사자 등록시에는 필히 개인 정보를 수록한다. 여기에는 연락처, 개인적 기능과 능력, 요구와의 적합성 등을 기재한다. 등록이 끝난 자원봉사자들은 재난피해 지원 자원활동에 적합한 인력인지 아닌지 검증할 필요가 있다. 재난 지역의 인력으로 필요한 기능을 가진 사람이 아닌 경우 자원봉사 의지에 대한 감사를 표시하고 돌려보내는 것이 바람직하다. 적절한 인력으로 판단되는 사람은 필요한 업무를 찾아본다. 필요한 업무와 즉시 연계될 수 없는 자원봉사자는 차후 다시 참여할 수 있는 기회를 제공한다는 약속과 함께 일단은 수용을 보류한다. 자원봉사 업무와 연계된 자원봉사자들은 즉시 업무에 투입하는 한편 과제에 대한 설명이 주어지고 의사소통 라인을 분명하게 명시한다. 재난 지역 자원입무에 투입된 자원봉사자들의 입무는 재난대응 과정의 진전에 따라 지속적으로 역할이 수정보완되어야 한다. 자원봉사자의 활동은 일정한 지휘체계에 따라 활동이 진행되어야 하며 모든 활동은 일정한 형식에 맞추어 보고되어야 한다.

제 2 절 교육체계

1. 교육현황 분석

면사무소 담당 직원 1~2명이 피해 지역에 일일이 확인하며 구호품을 배부할 수는 없으므로 당연히 이장 중심으로 물건을 수령하고 배분하였다. 그러나 이장에 대한 구호품관리에 대한 사전 교육도 없었으므로 체계적인 관리가 되기는 어려워 이재민들은 이장에 대해 불만을 가질 수도 있었지만 그래도 이장이 행정지원을 하지 않는다면 행정마비가 되는 상황이었다.[9] 재난 일선에서 가장 중추적인 일을 맡고 있는 이장에 대한 체계적인 재난구호교육이 필요하며, 자원봉사단체들은 전문구호요원

9) 진부면의 경우 잘못된 소문으로 인해 이장들이 집단 사표를 제출하기도 하는 사건도 발생하기도 하였다. 수해를 당한 이재민이 수해를 입지 않은 아들 집 아파트에 임시로 주거하게 되었는데 이를 모르는 아파트 옆집 할머니가 왜 이웃집은 구호품을 주는데 자기는 안 주냐고 했다가 소문이 와전되어 이장에 대한 불신이 표출되기도 하였던 사건임. 나중에 소문의 진상이 밝혀져 원만하게 수습이 되긴 했으나 이장들이 공무원을 대신해서 구호품을 나누어 주면서 갖는 부담감이 얼마나 큰지를 나타내 주는 사례라 할 수 있음.

을 양성하여 과중한 행정 부담을 같이 분담하여 수행할 수 있도록 해야 한다. 미국의 경우를 보면 미국 적십자사에서 피해조사 교육을 이수한 전문봉사원들이 3인 1조로 구성되어 이재민 500세대당 20명의 전문봉사원이 현장에 배치되어 활동하고 있다.

많은 봉사자들이 재난구호에 관한 사전 교육을 받은 바 없이 찾아오고 있어 재난현장에 이해가 없어 봉사활동 관련 기본 준비도 되어 있지 않다거나 이재민 중 국민기초생활보장 수급자와 같이 취약계층만을 소개해 달라고 요구한다거나 하는 일 등이 발생하고 있어 재난구호활동에 대한 기본 소양과 재난현장 상황을 이해할 수 있는 기본 교육이 필요함을 알 수 있었다. 이를 위해 일반적으로 단체들이 봉사활동을 오면서 버스를 임차해서 오므로 재난구호봉사활동을 이해할 수 있는 교육용 테이프를 제작해서 버스를 타고 오면서 최소한의 교육을 받을 수 있도록 하는 것이 필요하다.

물밀듯이 봉사자들이 찾아오는 상황에서 공무원들만으로 봉사자들을 관리하는 데에는 한계가 있으므로 평시 재난현장에서 봉사자들을 관리할 수 있는 전문봉사원을 양성하는 교육시스템과 이들 활동을 보장하는 제도가 마련되어야 한다.

자원봉사자 교육은 자원봉사활동에 참여하는 주체들이 자원봉사활동을 하는데 필요한 지식, 역량, 가치관 등의 자질을 배우고 갖추기 위한 의도적이고 체계적인 과정이다. 자원봉사활동은 선의의 동기와 이타적 태도만으로 이루어지는 것이 아니다. 자원봉사활동은 거시적 측면에서 보면, 사회 내의 공익적 서비스를 공급하는 체계의 일부로서 활동하는 것이며, 공익적 서비스를 제공하는 기관이나 단체의 공식성에 포함되는 것이기 때문에, 개인의 취향이나 태도에 의존해서만 이루어져서는 안된다. 또한 자원봉사활동은 그 활동의 영향이 타인, 지역사회, 그리고 넓게는 국가사회에까지 미치는 것이기 때문에 사전에 충분한 교육과 훈련,

그리고 준비가 필요하다.

이제까지 우리나라에서 발생한 대규모 재난시의 자원봉사활동의 문제점들을 보면, 자원봉사자들이나 자원봉사자들을 활용하는 기관이나 단체, 그리고 정부기관들조차 기본적인 준비태세와 소양교육을 갖추지 못한 상태에서 발생하는 것들이 많다.

최근 우리나라의 대학들이 자원봉사활동에 적극적인 관심을 갖게 되면서 거의 대부분의 대학들이 학생들의 자원봉사활동을 교과목으로 채택하고 있다. 그리고, 국가적 재해나 재난이 발생하였을 때, 학생들을 비롯하여 교직원들이 재해피해 지역에 와서 자원봉사를 함으로써 구호활동에 참여하는 일이 많아졌다. 그러나, 대부분의 학생들은 재해구호와 관련된 전문지식이나 기술이 없는 '노력봉사' 정도의 도움만 줄 수 있을 뿐이다. 재해구호와 관련된 최소한의 교육이나 훈련을 받지 않은 학생들의 참여는, 어떤 경우에는 피해복구와 재해구호에 도움이 되지 않을 뿐 아니라 오히려 방해가 되는 경우도 있다. 따라서, 학생들과 같은 미숙련, 비전문 자원봉사자들을 위한 역할 분담과 조정이 이루어져야 한다.

우리나라에는 재해구호와 관련된 전문 자원활동 조직이 많지 않다보니, 이러한 상황을 가정하여 별도의 교육프로그램을 갖고 있는 조직도 거의 없는 형편이다. 대한적십자사나 전국재해구호협회와 한국자원봉사센터협의회 정도가 자원봉사자들을 대상으로 이러한 교육을 실시하고 있는 정도이다. 그러다 보니, 구호활동에 참여하는 자원봉사자들은 재난의 특성이나 재해 피해자들의 특성에 대한 기초적인 정보와 지식을 갖지 못한 채 상식적인 수준에서의 자원봉사활동을 하게 되고, 이것이 재해구호에 있어 장애요인이 되기도 하며, 피해주민들과의 갈등을 일으키는 중요한 이유가 되기도 한다.

민간 자원봉사조직들이 재해구호와 관련한 명확한 행동지침을 갖고 있지 않은 것도 큰 문제이다. 재해의 종류와 정도, 피해의 규모와 양상에 따라 대처할 수 있는 행동요령과 지침, 매뉴얼을 갖추고 있지 않아 시스템에 의한 사업 진행이 되지 않고, 담당자나 그때그때의 상황에 따라 의사결정이 이루어지는 경향이 있다.

이러한 문제들은 포괄적으로 자원봉사자에 대한 교육과 훈련의 미비 또는 부재로 인한 것이라고 할 수 있다. 특히 재난 지역에서 실시하는 자원봉사활동은 충분한 교육과 준비를 거친 후에 이루어져야 한다.

자원봉사교육은 '자원봉사활동'이라는 실천적 과정과 유기적으로 연관되어 있다. 이러한 실천적 과정을 통하여 자원봉사활동에 참여하는 주체들은 자신의 활동을 돌아보고, 개선을 위한 노력을 하게 되며, 훈련된 민주시민으로서의 자질을 키워나갈 수 있는 기회를 가질 수 있다. 그리고 일정기간 실천적 경험을 갖춘 주체들은 지도자로서 다른 주체들을 이끌고 지원하는 역할을 맡을 수도 있다. 이러한 지도력 훈련의 기회 또한 민주시민으로서의 참된 자질을 갖추기 위한 훈련의 기회가 될 수 있다.

자원봉사교육은 참여하는 사람들로 하여금 민주시민으로서의 당연한 권리이자 의무인 자원봉사의 참된 의미를 스스로 찾는 기회를 제공한다. 이는 자원봉사자들이 스스로 참여하게 될 자원봉사기관의 정신과 사명(mission)을 공유하는 것을 의미한다. 자원봉사활동을 포함하여 시민사회 영역의 공익적 활동에서 가장 중요한 덕목은 바로 사명을 공유하는 것이다. 사명이란 그 활동을 통해서 궁극적으로 달성하고자 하는 일, 즉 활동의 궁극적 목표가 되는 것이다. 자원봉사활동은 단지 소모적이고 수단적인 활동이 아니라, 궁극적인 목표와 비전을 공유하는 것을 포함하는 매우 의미 있는 활동이라는 것을 교육하는 것이 자원봉사교육의 핵심인 것이다. 이는 자연스럽게 구체적인 자원봉사 프로그램의 목적을 공유하는 것을 포함하게 된다.

자원봉사교육에 참여하는 사람은 다양하고 의미있는 자원봉사 영역에 대한 이해를 얻게 된다. 일반적으로 자원봉사활동의 영역과 범위는 매우 좁고, 자신이 참여할 수 있는 기회와 장이 그리 많지 않다고 생각하는 경향이 있다. 그러나, 자원봉사교육을 통해서 매우 다양하고 폭 넓은 기회가 자원봉사자들에게 열려 있으며, 이를 적극적으로 활용하는 것이 자원봉사활동의 첫걸음이라는 것을 알리는 것이 중요하다.

자원봉사활동은 의지와 능력만으로 되는 것이 아니다. 자원봉사활동에는 반드시 지켜야 하는 자세와 가치가 있다. 이를 교육하는 것도 매우 중요한 내용이다. 이러한 교육을 통해서 자원봉사활동에 참여하고자 하는 동기와 목적을 제공하거나 이미 갖고 있는 동기와 목적을 강화하게 된다.

자원봉사활동은 대개 여러 사람과의 관계를 통해서 이루어진다. 물론, 혼자서 하는 자원봉사활동도 있으나 대부분의 경우에는 인간관계를 통해 자원봉사활동이 전개되며, 자원봉사활동을 하는 과정에서 새로운 인간관계가 형성되기도 한다. 자원봉사교육을 통해서 이러한 인간관계에 대한 이해를 증진하는 것이 매우 중요하다. 여기에는 팀원들간의 협력관계, 리더십, 대인관계 기술 등이 포함된다.

자원봉사교육의 핵심은 자원봉사 업무수행에 필요한 기술과 전문성을 익히는 것이다. 자원봉사자가 활동해야 할 영역에서 필요로 하는 지식과 기술이 무엇인지를 파악하고, 자원봉사자로 하여금 현장에서 필요로 하는 지식과 기술을 갖추도록 교육하는 것이다. 이 경우, 이러한 지식과 기술은 매우 전문적인 수준의 것으로부터 초보적이고 기초적인 수준에 이르기까지 다양하다. 그렇기 때문에 자원봉사자들이 갖고 있는 경험과 지식, 그리고 전문성이 매우 중요한 요소가 된다. 자원봉사자들은 자신이 갖고 있는 지식과 경험, 그리고 전문성을 바탕으로 현장에서 어떤 활동이 자신에게 요구되고 있는지를 파악할 수 있게 되며, 이러한

▶ 표 5-1◀ 자원봉사교육의 특성

항목	특 성
가치	비전과 사명, 목적 공유
인간관계	자원봉사활동에 임하는 자세 자원봉사활동에 참여하고자 하는 동기 제공 및 강화 자원봉사자들간의 팀웍, 리더십, 대인관계 기술 증진
능력	자원봉사 업무 수행에 필요한 기술과 전문성 자원봉사 영역과 활동에 대한 이해 자원봉사활동에 대한 평가능력
체계	자기 주도력과 리더십 자원봉사체계에 대한 이해

능력을 갖추는 것이 자원봉사활동의 기본적인 능력이다.

자원봉사활동은 대부분 어떤 조직이나 단체를 기반으로 이루어진다. 따라서 자원봉사활동이 전개되는 전반적인 시스템을 이해하고, 이를 보완해 갈 수 있는 역량을 키우는 것도 중요하다. 자원봉사자들은 기본적으로 리더십을 익히게 된다. 자원봉사활동이라는 것이 결국은 자신의 주도성에 의해서 자발적으로 일어나는 활동이기 때문에, 자기주도력이나 리더십은 자원봉사활동의 전제조건이자 결과물이라고 할 수 있다. 자원봉사교육은 자원봉사자들이 갖는 이러한 능력과 태도를 강화하는 좋은 기회가 될 수 있다.

자원봉사교육은 계획적이고 조직적인 프로그램을 통해서 실시된다. 자원봉사교육 프로그램은 자원봉사를 위해 필요한 지식과 정보(knowledge and information), 가치와 태도(values and attitudes), 그리고 기술과 역량(skills and capacity) 등 세 가지의 요소로 구성된다.

이 세 가지 요소는 자원봉사교육 프로그램의 내용을 구성하는 가장 근본적인 것으로서, 모든 교육프로그램의 내용은 이 세 가지 차원으로 구분된다고 할 수 있다. 더불어 자원봉사교육은 자원봉사활동이라는 실

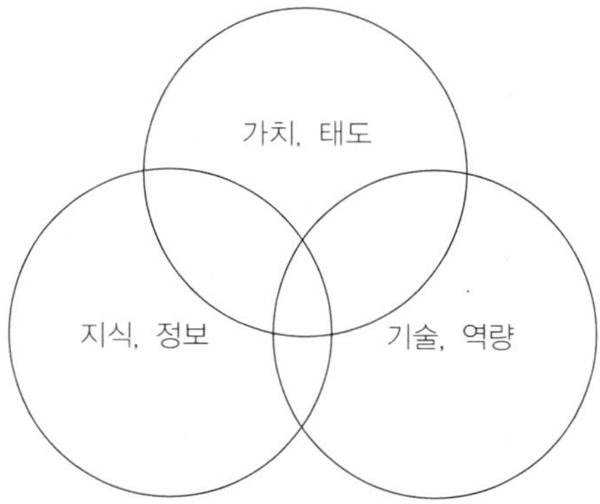

[그림 5-1] 자원봉사 교육 프로그램의 요소

천적 과정과 연계되어 있으므로 배운 것을 직접 실천하는 '참여 · 실천'에 관한 사항들도 중요한 내용으로 다루어져야 한다.

모든 자원봉사교육의 내용은 지식 · 정보, 가치관 · 태도, 기술 · 역량 등 세 가지 내용요소가 적절히 배합됨으로써 구성된다. 세 가지 요소 중 어느 한 요소만으로 구성된 교육은 거의 찾아보기 힘들다. 그렇다고 해서 세 가지 요소가 무조건 균형적으로 배합되어야만 좋은 교육 내용이라고 할 수는 없다. 이는 곧 세 가지 요소의 배합의 절대적 기준은 없다는 말이다. 교육의 목적과 교육대상자, 기타 교육 여건에 따라 가장 적절한 배합을 찾아야 하는 것이다. 그리고 세 가지 요소가 녹아 들어가는데, 어느 한 가지 요소를 강조하게 된다.

자원봉사 교육 프로그램은 주제별 또는 대상별로 구성될 수 있다. 주제별로는 자원봉사 활동의 가치와 비전, 인간관계, 능력, 그리고 자원봉사 체계에 대한 별도의 교육 프로그램을 기획하여 실시할 수 있다. 즉, 이 경우는 자원봉사자 개인의 특성이나 활동 영역에 크게 구애받지 않고 보편적으로 적용되는 내용을 교육하는 것이다. 한편, 자원봉사자 개인의 특성에 따라 실시되는 교육 프로그램은 주제별 교육프로그램과는

▶ 표 5-2◀ 자원봉사 교육 대상 구분

구 분	대 상
인구학적 특성	학생·청소년, 주부, 직장인, 노인 등
자원봉사 경험	일반시민, 신규 자원봉사자, 자원봉사 리더, 자원봉사 관리자·코디네이터, 자원봉사 교육 강사
자원봉사 영역	사회복지, 교육, 문화, 예술, 환경, 재해구호 등

다르게 구성될 수 있다. 자원봉사자 개인의 특성은 자원봉사자 개인의 인구학적 특성에 의해서 구분될 수도 있고, 자원봉사활동 경력이나 경험에 의해 구분될 수도 있으며, 자원봉사활동의 영역에 따라 구분될 수도 있다.

자원봉사교육 프로그램은 대체로 다음과 같은 내용으로 구성된다(서미화, 2007).

① 기초교육

자원봉사에 대한 이해를 돕는 소양교육으로서, 자원봉사의 의미와 가치, 자원봉사의 특성, 지역사회와 자원봉사의 필요성, 자원봉사자의 역할과 자세, 자원봉사 활동과정 및 활동 분야 및 자원봉사 활동 사례 등에 대해 교육한다.

이 교육과정에서는 자원봉사활동을 통해 만들 수 있는 변화, 다양한 현장에서 일어나고 있는 자원봉사활동에 대해 폭넓은 이해를 바탕으로 자원봉사에 대한 가치를 정립할 수 있도록 한다. 또한 자원봉사의 필요성에서는 자원봉사활동의 명분과 자신이 하는 봉사활동의 가치를 확인할 수 있도록 지역사회에서 자원봉사가 왜 필요한지 설명하는 것이 필요하다. 자원봉사활동 경험자의 사례발표 시간을 통해 구체적인 활동과정과 내용에 대해 이해하여 동기부여될 수 있도록 하는 것이 중요하다.

최근에는 인문교육강좌 형태의 교육과정이 많이 개설되고 있다. 다양한 분야에서 보는 자원봉사에 대한 내용으로 구성되어 자원봉사 가치에 대한 이해를 돕는 교육이라고 할 수 있다.

② 인문교양강좌교육

자원봉사 경험자를 대상으로 자원봉사에 대한 보다 폭넓은 이해를 돕고, 자원봉사활동에 대한 가치 재인식을 통해 지속적인 활동을 할 수 있는 동기를 부여하는 교육이다. 이 교육과정은 자원봉사활동에 대한 관심이 없더라도 인문사회에 대한 교양강좌로 접해서 자원봉사에 대한 인식을 높이는 효과를 볼 수도 있다.

이 교육과정에서는 사회문화 분야와 자원봉사, 자원봉사의 새로운 트렌드: 새로운 이론과 흐름, 추세에 대한 내용, 자원봉사에 대한 정보 제공(현재 자원봉사자 수, 지역사회에서 이루어지는 다양한 자원봉사활동, 자원봉사 모범사례 등), 의사소통, 갈등관리 등 그리고 다른 자원봉사활동처 견학 및 교류 등을 포함한다. 인문교양강좌를 새로운 자원봉사 풀을 개발하는 데 도움이 된다.

③ 업무교육

자원봉사자에게 업무와 관련된 기술과 특정 업무 수행에 필요한 행동들을 교육하는 것이다. 이 교육과정은 특정한 업무를 어떻게 수행할 것인가와 관련된 구체적인 원리와 기술, 자원봉사활동 과정 중 해서는 안 되는 일들, 위급한 경우나 예기치 않은 일이 발생했을 때의 대처 요령, 그리고 활동 분야별 사례발표 등이 포함된다.

업무교육은 특별한 기술이나 자격을 요하는 경우, 자원봉사활동에 앞서 업무교육과정을 이수하도록 하며, 활동 중 기능을 강화할 필요가 있을 때는 그 결정에 따라 수시로 실시할 수 있다. 업무교육은 소집단 교육이 바람직하며 이미 오랫동안 활동하고 있는 기존 자원봉사자를 강사로 활용하는 것도 좋다. 경우에 따라 외부 전문가를 초빙할 수도 있다. 또 학습조직의 형태로 자원봉사활동과 병행하여 스스로 꾸준히 학습하는 조직으로 진행할 수도 있다.

④ 리더교육

동아리 및 봉사팀, 전문봉사단 등의 리더그룹을 대상으로 한다. 경우에 따라서는 활동 경력이 오래된 봉사자들을 대상으로 지도력 양성교육을 하는 경우도 있다

이 교육과정은 리더십 훈련, 효과적인 의사소통 훈련, 갈등관리 훈련(본인이 리더로 있는 자원봉사팀 내 자원봉사자 간 갈등, 활동처와의 갈등, 자원봉사센터와의 갈등 등), 자원봉사자 모집 및 기금마련, 자원봉사자로서의 사명감과 비전세우기 워크샵 등을 포함한다.

자원봉자자 리더교육은 자원봉사팀의 지도력 육성을 통해 팀웍 또는 팀개발의 필요를 느낄 때 실시하게 된다. 이 교육과정은 소그룹 교육이 효과적이며, 참여하는 교육으로 구성한다. 자체 교육이 어려울 때에는 외부 교육에 참가할 수 있는 교육을 제공하는 것도 방법이다.

자원봉사자 활동기간별 교육 내용

처음 활동하는 자원봉사자

자원봉사활동의 가치이해 및 동기부여, 자원봉사 활동 영역과 참여 방법 등

6개월 이상 활동한 자원봉사자

업무 수행에 필요한 기술, 팀원간의 의사소통 방법, 지속적인 동기부여 및 확인, 관리자와 함께 활동평가 및 문제해결 등

1년 이상 활동한 봉사자

각자의 사례토의와 문제해결 워크샵 중심, 자조집단(self-help group) 운영 가능

자원봉사교육 프로그램은 욕구측정(needs assessment), 기획(planning), 실행(implementation), 평가(evaluation)의 단계를 거쳐 구성된다. 각 단계별 과제와 활동은 다음과 같이 정리할 수 있다.

① 욕구측정

자원봉사자 개인, 기관, 그리고 지역사회의 욕구를 파악하는 것으로 교육 프로그램 개발에서 가장 우선적으로 실시되는 과정이다. 욕구란 각각의 관심 분야, 능력 및 태도와 밀접한 관계가 있다. 세 집단의 욕구는 그대로 반영되기보다는 기관의 목적, 실행 가능성, 자원봉사자의 관심 분야의 상호 연관성을 고려하여야 한다. 우선, 기관의 목적에 부합하지 않는 요구는 배제되어야 한다. 첫째, 과다한 시간과 비용, 공간, 값비싼 장비 등은 현실적으로 실행 가능성이 낮아 채택되기 어렵다. 둘째, 자원봉사자의 개인적 배경 관심, 흥미를 고려하여 다양한 수준과 내용의 교육 및 훈련을 계획하여야 한다(Knowles, 1982: 127). 성인 학습자는 자신들이 원하는 내용을 배우고자 하는 자발적인 학습자이므로, 자원봉사자의 욕구측정은 매우 중요하다.

② 기획

이 단계는 왜, 누구를 위해, 무엇을, 어떻게 전달할 것인가를 결정하는 과정이다. 교육 계획에 실제로 교육이 진행되는 과정에서 발생하는 예측 불가능하고 상호작용적인 모든 요소들을 다 포함하기는 어렵지만, 목표를 달성하기 위해서 어떠한 내용을 어떻게 조직하는가를 결정하는 것이다. 교육프로그램 계획수립에 있어서 다음과 같은 기본적인 요소들이 고려되어야 한다.

③ 실행

교육프로그램 개발 이후 실제로 실행하기 전에 교육장소 선정, 강사 섭외, 교재 및 교구 준비를 완료해야 한다. 이후에는 교육에 참가할 사람들을 모집하기 위해 홍보를 실시한다. 홍보와 모집을 위해서는 교육 내용과 목표에 맞는 참가자 집단을 식별하는 것이 우선이다. 이를 위해서는 목표로 한 참가대상들에게 효과적으로 전달될 수 있는 홍보 방법 및 수단을 선택하는 것이 필수적이다. 예를 들어, 교육대상이 지역사회

▶ 표 5-3 ◀ 자원봉사교육 프로그램 기획의 요소들

목 표	· 참가자가 교육에 참여한 결과로서 알게 되거나, 할 수 있거나, 느껴지는 무엇을 기술한 것 · 누가, 어떻게, 무엇을 달성하게 되는가에 대한 명확한 규정 필요
참가대상	교육 참가 대상 명확화(지역사회 기관 및 단체의 직원, 이사, 자원봉사자 등)
주요내용	· 구체적으로 전달하고자 하는 내용 · 예상되는 참가자들의 관심과 기술, 지역사회에 대한 관점들, 현재 가지고 있다고 판단되는 지식의 수준 등에 대한 이해가 필요 · 참가자들에 대한 면접 또는 설문지를 이용한 사전조사 실시 · 교육 후 참가자들이 작성한 교육평가서 등을 토대로 교육계획에 반영
예 산	· 교육을 진행하는 데 필요한 수입과 지출내용을 구체적으로 반영한 예산 수립
전달방법	· 교육형태(강의, 워크샵, 집단활동 등) · 교재 및 교구 · 교육 내용에 대한 충분한 지식과 전달 기술을 가진 강사 선택 · 워크샵과 같은 참여학습을 이용해 참가자들을 적극적으로 개입 · 시청각적인 자료 활용
평 가	· 교육과정 진행 모니터링 · 교육의 궁극적인 목표들이 달성되었는지 점검 · 명확한 교육목표를 설정하고, 교육 실시 후에 그 결과를 측정가능한 도구로 점검 · 평가서 작성과 평가토론회(간담회) 등
기 타	· 실시시기와 기간: 주요 참가대상의 업무와 소재지 등을 고려하여 결정 · 교육장소: 참가자들이 찾아오기 용이한 지리적 위치에 있는 장소 선택 · 참가인원: 교육목표와 내용, 형태에 적합한 규모를 미리 결정

기관 및 단체의 직원들이라면 우편발송이나 팩스, 전자우편 등을 이용하여 교육훈련이 실시된다는 것과 장소, 내용, 필요성 등을 전달하는 것이 좋다.

이와 달리 지역 주민 혹은 자원봉사자들을 대상으로 한 교육이라면 지역신문이나 현수막, TV, 포스터 등의 홍보매체를 선택하는 것이 좋고, 보다 적극적으로는 자원봉사자들의 모임, 반상회와 같은 주민모임에 직접 참여하여 홍보하는 것이 효과적일 것이다. 단, 참가자를 모집할 때에는 교육 내용과 형태, 교육효과 등을 고려하여 적정한 참가인원을 미

▶ 표 5-4 ◀ 자원봉사교육 프로그램 평가 요소들

평가 방법	· 평가설문지와 자유토론 등으로 참가자들의 반응과 의견을 수집 · 교육에 참여한 직원들이 모여 교육의 계획에서부터 준비사항, 진행과정 등에 대해 꼼꼼히 점검하고, 이를 참가자들의 반응과 비교 · 교육에 투입된 예산액과 달성된 목표를 비교해 비용효과성 점검
평가 내용	· 교육목표에 대한 달성도 파악 · 교육 내용에 대한 이해도 평가 · 교육 방법 및 진행기술에 대한 평가 참가인원, 강사, 교육방식(강의식, 토의식, 발표식 등), 교육장소 및 자리배치, 시간 및 순서배치, 교육교재 및 기자재, 편의시설(장소의 지리적 위치, 화장실, 식수, 간식 등)에 대한 적절성 · 교육환경에 대한 평가 · 참가자 자기 평가 교육참여도에 대한 평가, 참가자간의 상호네트워킹, 피교육자의 반성과 앞으로의 계획, 필요로 하는 교육의 영역 등에 대한 의견 수렴
평가 시기	· 평가는 반드시 교육이 모두 끝난 뒤에만 실시할 필요는 없음 · 교육 중 수시평가를 통해서 교육생들의 반응과 교육효과 측정 · 장기간 실시하는 교육이나 숙박교육 등의 경우는 수시 평가를 통해 다음 교육과정 중에 그 평가 내용을 반영하는 것이 필요

리 정하는 것이 바람직하며, 모든 형태의 모집 안내문에는 반드시 신청기간과 신청 방법, 담당자가 눈에 띄게 명시되어야 한다.

④ 평가

계획된 교육과정을 모두 마치면, 그 결과를 평가해야 한다. 평가의 목적은 교육의 목표가 얼마나 달성되었는가를 점검하고, 이를 토대로 향후 이루어질 교육의 질적 향상을 도모하는 데 있다. 다음은 교육평가에 흔히 사용되는 방법과 평가시 포함되어야 할 내용들이다.

자원봉사활동을 전문적·체계적으로 관리하는 자원봉사 전문인력을 일반적으로 자원봉사 관리자라 할 수 있다. 대표적인 자원봉사관리자는 자원봉사 전문기관인 자원봉사센터 종사자 및 민간 자원봉사단체 종사자, 사회복지기관 및 비영리민간단체의 자원봉사 담당 직원 등이라 할 수 있다.

자원봉사관리자의 역할은 자원봉사자 모집 및 배치, 교육, 인정·보상, 프로그램 개발 및 시행, 평가, 위험관리 등 자원봉사자와 봉사 전반에 걸친 관리활동이다. 우리나라에 자원봉사관리자가 총 몇 명인가에 대해 정확한 통계적 수치는 없으나, 2006년 기준 자원봉사센터에 근무하는 상근인력 총 780명 중 민간인력인 577명은 통계적으로 파악가능한 자원봉사관리자라 할 수 있다. 이는 센터당 평균 3명에 해당한다.

보건복지부 지원 사회복지자원봉사인증센터 소속의 자원봉사자 관리 코디네이터 및 매니저 현황을 살펴보면, 사회복지봉사활동인증센터 3,070여 개에 소속된 인증 요원이 전국 총 8,000여 명 활동 중이며, 2005년도에서 2006년도까지 자원봉사 전문 관리자로 육성·운영된 인원이 86명이다.

자원봉사관리자 교육은 관련 중앙부처의 지원에 의한 각급 자원봉사센터 주체의 교육과, 민간 교육전문기관에 의한 자체적인 자격과정 교육으로 구분할 수 있다. 주요 중앙부처 지원에 의한 관리자 교육의 경우, 자원봉사센터의 관리자 교육은 2005년 기준 총 97개 자원봉사센터에서 관리자교육을 시행하였으며, 16개 시·도 자원봉사센터에서 주관 또는 외부 전문교육기관의 위탁교육에 의해 실시되었다. 2005년도에서 2006년도까지 사회복지 자원봉사 인증센터에서 실시한 자원봉사전문관리자 육성교육은 연간 1~2회 실시에 회당 40~50명이 교육을 이수하였다.

자원봉사관리자를 위한 대표적인 전문 교육과정으로는 한국자원봉사연합회(부산 소재) '한국자원봉사아카데미'의 「자원봉사전문관리사 자격과정」과 볼런티어21의 「자원봉사관리사 아카데미 자격과정」, 「자원봉사 관리자교육-단기과정」이 있다. 이들 기관의 자원봉사관리자 교육 과정을 살펴보면, 한국자원봉사연합회는 2007년 16차에 걸친 자원봉사 관리사 자격 과정을 진행하였으며, 본 과정은 총 76시간(강의 16강, 실습

5회, 사례발표 및 토론, 과제연구, 워크샵 5회, 평가시험 1회)으로 구성되어 있고, 고졸 이상의 학력자로 자원봉사 500시간 이상 경력자 및 자원봉사 센터 간사, 지도자, 교사, 사회복지사 등을 대상으로 하고 있다. 이 교육은 매회 평균 40여 명이 교육을 받아 총 750여 명의 자원봉사관리자가 전문교육을 받고 있다.

볼런티어21은 자원봉사관리사 자격과정으로 「자원봉사관리사 아카데미」 교육과정을 개설하여 2007년 기준 총 14회 운영하였으며, 총 60시간의 교육과 시험으로 구성되어 있고, 자원봉사센터, 시민단체, 사회복지단체, 중고교, 대학, 기업 등 다양한 기관의 자원봉사관리자들을 대상으로 하고 있다. 매회 평균 30명에서 50여 명의 자원봉사관리자들이 과정을 이수하여, 현재 500여 명의 자원봉사관리자가 전문교육을 이수하였다.

교육의 주된 내용은, 자원봉사의 개념과 가치, 자원봉사관리(모집, 배치, 면접, 교육훈련, 인정·보상, 갈등관리, 팀 빌딩, 프로그램 기획, 프로그램 평가 등) 각론, 자원봉사리더십 등으로 구성된다.

자원봉사활동 관리의 전반적인 문제점으로는, 첫째, 자원봉사활동 관리 방식에 대한 실태 파악이 되어 있지 않다는 점이다. 어떠한 단계, 어떠한 방식, 어떠한 기준에 의해 자원봉사자와 활동을 관리하는지에 대한 비교 조사연구를 통해 현재의 관리체계의 문제점과 효과적이며 형평성 있는 관리방안 제시하는 것이 필요하다.

또한, 자원봉사 프로그램 개발, 자원봉사 인정·보상, 자원봉사활동 시간인증, 자원봉사 보험 등 세부적인 단위에서의 자원봉사관리 지침의 표준화 작업이 전혀 이루어지지 않고 있다는 것이 또 하나의 문제이다. 자원봉사센터 및 자원봉사단체간 형평성의 문제 고려, 자원봉사 시간인증, 보험적용, 자원봉사 인정·보상 등 양적인 기준 적용의 표준화 필요성이 제기된다고 하겠다.

자원봉사자 오리엔테이션, 전문교육, 지도자교육 등 교육훈련의 단계가 미비하고 등록 자원봉사자 수에 비해 자원봉사 교육이수자 수가 저조한 것도 문제이다. 등록 자원봉사자 대비 지속적으로 활동하는 자원봉사자 및 활동을 중단한 자원봉사자에 대한 현황 파악 및 이에 대한 관리가 필요하다.

무엇보다 중요한 문제는 자원봉사 전문인력 양성을 위한 교육과정이 미비하다는 점이다. 현재 우리나라에는 자원봉사 교육 실시 주체의 수가 절대적으로 적으며, 교육과정의 단계에 대한 차별화가 이루어지지 않고 있다. 이러한 문제로 인해 자원봉사자 관리와 조정, 배치의 전 단계에서 문제가 발생하고 있으며, 현장에서 자원봉사활동의 실질적 효과도 의심받게 된다.

재난 자원봉사교육(disaster volunteering education and training)은 재난발생시 지역사회에서 재난관리자들과 함께 효과적으로 재난을 예방하고 대응하며, 피해 복구를 협력적으로 하기 위하여 자원봉사자들의 역량을 키우는 과정이다. 전국재해구호협회(2006)의 경우, 우리나라에서 2002년도 이후 반복되는 대규모 재난을 겪으면서 재난현장의 문제점들을 해결하기 위한 활동의 일환으로 재난 자원봉사교육이 본격적으로 시도되었다. 재난 자원봉사교육은 재난 지역의 정보를 수집하여 재난 정보를 제공하며, 재난 자원봉사활동의 관리를 위해 지역 자원봉사 리더를 양성하는 것을 주요 내용으로 한다.

재난이 발생하게 되면, 지역의 정보를 가장 잘 알 수 있는 곳은 재해현장이다. 재해 지역의 피해상황과 자원봉사를 필요로 하는 수요조사가 이루어져야 한다. 지역의 피해상황과 활동에 투입된 자원봉사활동을 파악하고 지역의 상황을 종합하여 중앙에 보고하는 체계가 반드시 필요하다. 그러기 위해서는 우선 재난현장의 정보를 수집할 수 있는 지역주민이 필요하며, 지역주민은 정보수집과 제공을 위한 다양한 교육과 훈련

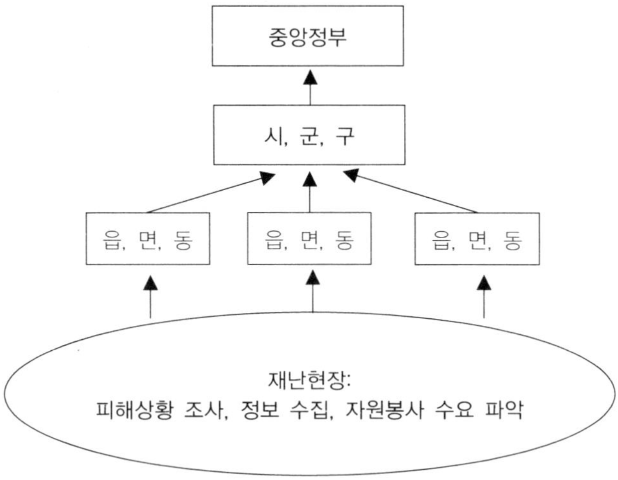

[그림 5-2] 재난 자원봉사자의 역할

을 거쳐야만 한다.

재난관리 및 재해구호활동에 참여하려고 하는 단체들은 증가하고 있으나 이들 단체에 소속되어 있는 자원봉사자들을 교육하고 훈련시킬 수 있는 단체 및 전문가는 매우 부족한 실정이다. 시민과 학생들은 재해구호활동 및 재난시 안전교육이 필요하며, 이러한 교육을 할 수 있는 단체 및 전문가를 양성하는 것이 필요하다. 전국재해구호협회는 이러한 교육의 필요성에 따라 2003년도부터 재해구호자원봉사활동 매뉴얼을 작성하여 배포하고 있으며, 재해구호자원봉사활동 교육을 위한 영상자료를 제작하는 등 노력을 기울이고 있다.

현재 우리나라에서는 재난자원봉사교육이 몇몇 기관이나 단체의 개별적 교육과정으로 실시되고 있을 뿐, 통합적인 교육체계를 갖추고 있지는 않다. 전국재해구호협회는 2003년도부터 지방자치단체의 자원봉사센터 등과 협력하여 재난자원봉사자교육과 리더교육을 실시하고 있다. 한편, 대한적십자사는 전국의 활동가들을 대상으로 상시적으로 자원봉

▶ 표 5-5◀ 전국재해구호협회 재난자원봉사교육 실적(2003~2005)

구분			교육인원
2003년		인천	98명
		시흥	105명
		대구 경북	60명
		울산 경남	44명
		서울	147명
		경기	135명
		충북	17명
2004년	강원지역	1차	100명
		2차	100명
		3차	100명
	경남지역	1차	50명
		2차	50명
		3차	50명
2005년	경북지역	모니터 요원 교육	60명
		재해구호관리자 교육	64명
	경남지역	남부지역 자원봉사 리더 교육	50명
		북부지역 자원봉사 리더 교육	50명
	전북지역	리더교육	50명
		행정공무원 재해구호 교육	100명
	응급구조단 응급구조훈련		30명

자료: 이은애, "2005년 재해구호 자원봉사활동의 발전방향: 전국재해구호협회 활동을 중심으로", 2005년 재난극복 자원봉사 총연합 워크샵 자료집.

사교육을 실시하고 있다.[10) 대한적십자사는 재난시 구호능력을 제고하기 위하여 자체적인 재난구호종합훈련과 함께 평상시 유관기관이 실시

10) 최근 5년간 구호훈련 512회 20,126명, 재난교육 528회 11,184명, 비상통신훈련 353회 7,673명, 안전교육 14,180회 638,141명을 실시하였고(대한적십자사, 2004), 일반 국민을 대상으로 재난구호 사이버강좌와 시민재해구호봉사대 교육을 실시하고 있음.

하는 구호훈련에 적극 참여하고, 적십자의 각종 기능과 봉사조직, 그리고 유관기관이 포함된 재난구호활동계획을 수립하여 재난발생에 대비하고 있다. 이 외에도 자원봉사단체의 협의제들이나 개별적인 사원봉사단체, 혹은 지역별 비영리 조직들 사이에서 산발적으로 교육과정이 개설되거나 운영되는 사례가 있기는 하다.

이러한 재난자원봉사교육은 기관이나 단체가 개별적으로 실시하는 것이어서 교육과정이 단편적이고 불연속적이다. 또한, 표준화된 교육과정에 대한 정책적 합의도 이루어지지 않은 상태에서 교육 담당자의 개인적 경험이나 의견이 전수되는 경우도 많다고 볼 수 있다. 이러한 교육과정의 단편성은 재난시 효과적으로 활동하여야 할 자원봉사자들의 역량을 키우는 데 도움이 될 수 없다. 오히려, 이러한 개별적 교육과정으로 인해 재난 자원봉사활동의 일관성이나 통합성이 떨어지는 문제가 발생할 수도 있다. 따라서, 재난자원봉사교육의 체계가 통합적으로 구축되는 것이 시급하게 요청된다.

2. 효과적인 재난자원봉사교육 체계 수립을 위한 제언

1) 재난관리 네트워크 구축

재난자원봉사자교육과 양성은 민간 부문의 재난관리 네트워크의 구축과 함께 이루어져야 한다. 우리나라 민간 부문의 재난관리 및 재해구호의 가장 큰 문제는 활동조직 및 인력간의 협의와 조정이 잘 되지 않는다는 점이었다. 이는 활동조직이나 개인의 문제라기 보다는 이러한 활동들을 조정하고 협의하는 조정기구의 역할이 제대로 확립되지 않았기 때문이라고 할 수 있다. 현재, 우리나라에는 다음과 같은 재난관련 조직 및 네트워크들이 존재한다.

- 민방위대: 20~45세의 남성, 의무적 구성
- 의용소방대: 소방업무보조, 비상근 소방대
- 대한적십자사: 응급구조, 구호물품, 복구활동
- 전국재해구호협회: 의연금 모집, 관리, 배분
- 시민안전봉사대: 2001년 결성(93,469명), 안전문화운동 전개
- 자원봉사센터: 지방자치단체별 1개소, 자원봉사자 모집 · 배치
- 한국자원봉사협의회: 단체별 연계 · 조정, 민간상황실 운영
- 경제계 네트워크: 전경련이 사무국 역할, 물자 제공, 복구활동 등
- 지역자율방재단: '05년 결성 추진, 지역주민의 자주적 활동, 소방방재청 방재관리본부에서 관장
- 재난안전네트워크: 민 · 관 · 산(産) · 학(學) 협의체, 22개 기관, 소방방재청 예방안전본부
- 기타: 새마을운동중앙회, 한국구조연합회, YMCA, 삼성3119구조단, 안전생활실천시민연합 등

위의 조직들은 개별적으로 혹은 협력적으로 재난에 대비하여 활동하는 비영리 조직들이다. 그러나 이러한 조직들간의 연계나 협력이 적절히 이루어지고 있는지에 대해서는 확신이 없다. 위의 조직들 중에는 재난 관련 업무를 조직 본연의 활동으로 삼고 있는 조직도 있고, 그렇지 않은 조직도 있다. 또한 위의 조직들 중에는 재난 관련 조직들의 연결조직으로서의 성격을 갖는 조직도 있다. 중요한 점은 이러한 조직들을 유기적으로 연계하여 재난관리에 있어 효과성을 발휘하는 것이다.

재난관리의 신속성, 효과성 및 책임성을 극대화하기 위해서는 기존의 조직들의 활동을 조정하고 협력을 이끌어낼 수 있는 협의체를 설립하는 것이 반드시 필요하다. 이는 과거 반복적으로 발생한 재난시의 관리 및 구호과정에서 발생한 많은 문제들을 해결하고, 향후 언제 발생할지 모

르는 재난에 대비하여 구호활동을 사회적으로 체계화한다는 의미가 있다. 따라서 민간 부문의 재난관리 활동은 이 협의체를 중심으로 활동체계를 구성하는 것이 바람직하다(그림 5-3).

재난관리 민간조직 네트워크의 가장 큰 기능은 자원봉사조직과 개인 자원봉사자들의 활동을 조정하고 연계하는 것이다. 대한적십자사와 같이 전국적인 긴급구호 자원봉사조직을 갖추고 있는 경우에는 자체의 조정기능에 따라 활동이 계획되고, 실행될 수 있으나 개별 자원봉사단체나 비전문적 자원봉사조직(학교, 교회, 기업 등), 그리고 개인 자원봉사자들의 활동은 협의체의 조정과정을 거쳐 지역의 요구에 따라 배치되는 것이 바람직하다. 특히 재난 지역의 자원봉사센터와의 유기적인 협조가 필요하며, 지자체의 사회복지과나 자원봉사과와의 협력을 공식화하는 것이 필수적이다. 특히, 학생들과 같이 자원봉사와 관련된 별도의 교육이나 훈련을 받지 않은 자원봉사자들을 위해 이들이 참여할 수 있는 역할을 별도로 지정함으로써 재해구호활동의 효과가 증진되도록 해야 할 것이다.

재난발생시 대학교에서 학생과 교직원들이 피해 지역으로 자원봉사 활동을 하기 위해 오거나 기업의 자원봉사팀이 온다. 이런 경우에는 미리 재해구호 협의체와 연락을 취하고 재난안전대책본부와 지자체로부터 수집된 정보에 의해 필요한 지역에 자원봉사팀을 적절히 배치함으로써 활동의 과도한 중복이나 부족이 발생하지 않도록 조정하는 것이 필요하다. 이는 피해 지역과 주민들을 위해서도 필요한 일이지만, 자원봉사활동을 하기 위해 피해 지역으로 온 자원봉사단체와 개인 자원봉사자들에게도 반드시 필요한 작업이다. 자원봉사활동은 다른 사람을 위해서 나를 희생하는 것이기도 하지만, 더불어 사는 지역사회를 만들기 위한 학습과정(service learning)이기도 하기 때문에 최소한의 규정과 지침, 그리고 조정과 통제는 반드시 필요한 것이다.

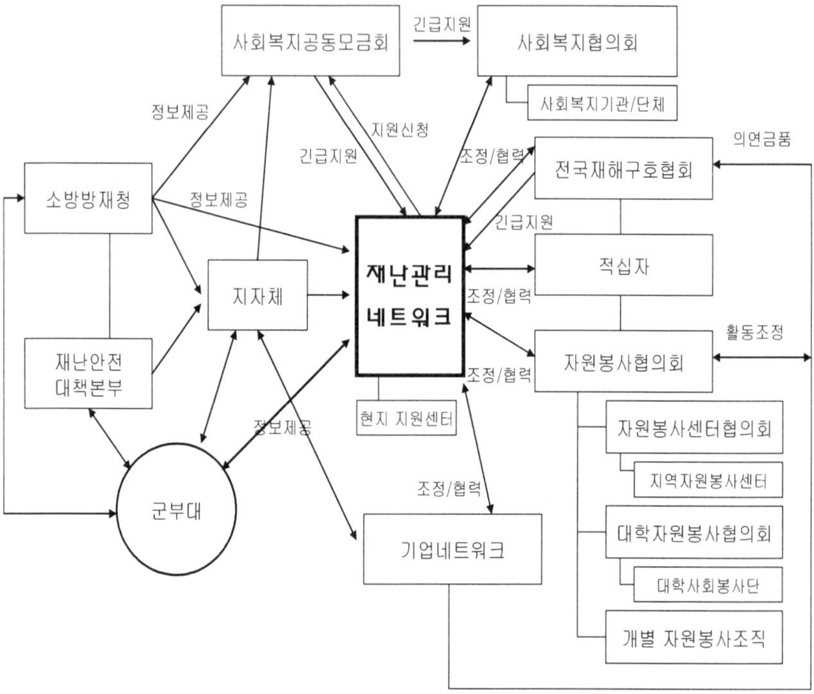

[그림 5-3] 재난관리 네트워크

재난피해 지역의 주민들은 자신들이 당한 피해를 정확히 알려서 최대한의 도움을 받고자 한다. 그리고 이러한 욕구는 재난발생과 동시에 발생한다. 따라서 재난피해에 대응하고 회복하는 과정에서 이들의 욕구는 신속하고 정확하게 파악되어야 한다. 이를 위해 재난발생시 피해 지역의 민간조직들과 자원봉사자들이 대피소 및 개별 이재민 가구와의 연락을 통해 피해상황을 파악하고 이를 재난안전대책본부와 재해구호협의체에 전파함으로써 적절한 구호가 이루어질 수 있도록 하는 체계가 마련되어야 한다.

일본 고베시(神戶市)의 경우, 재난이 발생하면 민간 자원봉사자들과 사회복지협의회의 직원들이 피해 지역의 대피소 및 이재민 가구와의 연락을 통해 피해상황을 신속하게 접수한다. 이를 토대로 재해구호활동이 즉시 시작되는 체계를 갖춘 것은 우리나라에도 시사하는 바가 크다고 하겠다. 특히, 대규모 자연재해가 발생하게 되면 교통이나 통신이 두절되는 경우가 많기 때문에 이러한 민간의 노력은 재난의 피해를 초기에 얼마나 경감하는가 하는 것과 밀접한 관계가 있다. 이렇게 수집된 정보에 따라 필요한 자원을 개발하고 연계하는 일이 협의체의 중요한 역할이라고 할 수 있다.

재난발생시 피해 지역과 주민들의 욕구를 파악했다 하더라도, 이를 충족시킬 자원이 어디에 있는지 파악할 수 없다면 큰 문제이다. 따라서 재해구호 민간 네트워크는 지역 내외의 재해구호 관련 자원봉사 조직 및 자원봉사자들에 대한 정보를 데이터베이스화하고, 이를 네트워크 내에 공유하는 시스템을 구축해 두어야 한다.

일본 오사카(大阪)부에서 재해구호 자원봉사자들을 등록하도록 하고, 이 정보를 토대로 구호활동을 계획하는 것은 우리에게 매우 중요한 점을 시사한다. 우리나라도 다행히 전국재해구호협회와 한국자원봉사센터협의회가 재해구호 자원봉사자들의 정보를 관리하는 사업을 시작하였다. 그러나 이러한 정보는 지역 내의 네트워크를 통해 공유되는 것이 바람직하다.

이러한 자료구축은 기관이나 단체의 협의조직들을 활용하는 것이 좋다. 예를 들어 지역별 자원봉사센터에서 등록한 자원봉사자들의 목록과 자원봉사협의회 회원 조직들의 정보, 그리고 대학사회봉사협의회의 회원 학교들을 통해 등록한 자원봉사자, 그리고 기업과 사회복지기관의 자원봉사자들의 정보를 일정한 양식에 의해 정리하고 공유하는 시스템을 만드는 것이 가능하다고 본다. 물론, 개별 자원봉사자들에 대한 정보관리도 별도로 해야 할 것이다.

2) 재난자원봉사교육 체계

재난관리에 있어 민간 부문의 네트워크가 실질적으로 구축되면, 이러한 네트워크 내에서 재난자원봉사자에 대한 교육과 훈련도 통합적으로 실시될 수 있을 것이다. 기존의 재난자원봉사교육을 실시해 오는 기관이나 조직들의 활동은 그대로 인정되고, 이것을 통해 지역 내에서의 자원봉사자교육과 훈련이 지속되어야 한다. 그러나, 네트워크 내에서 합의를 이룬 표준화된 교육과정 혹은 필수 교육과정에 따라 통합적인 교육과 훈련이 이루어져야 할 필요가 있다.

공공 부문과의 협력은 필수적이다. 미국이나 일본의 예에서 보듯이, 재난관리 업무에 있어서 공공 부문과 민간 부문의 협력은 필수불가결한 조건이다. 국가는 제도적으로 재난관리에 만전을 기하고, 민간 부문에서는 시민의 자율성과 참여의식, 연대 등을 통해 재난에 효과적으로 대응할 태세를 갖추어야 하는 것이다. 이것이 바로 지역사회를 기반으로 하는 자율적 방재시스템을 갖추는 첫 걸음이 될 것이다.

(1) 재난자원봉사 교육과정(curriculum) 확립

재난자원봉사교육을 효과적으로 실시하기 위해서는 표준화된 교육과정의 확립이 필요하다. 현재 개별적으로 이루어지고 있는 몇몇 교육과정을 통합하고, 보편적으로 적용할 수 있는 표준 교육과정을 개발하여 자원봉사자교육에 활용하는 것이 바람직하다. 물론, 기관의 특성이나 조건에 따라 개별적으로 조정되어야 할 내용이 있을 수는 있으나, 기본적으로 적용되어야 할 교육과정에 대한 합의가 필요하다.

교육과정은 일반자원봉사자와 전문자원봉사자 교육을 구별할 수 있도록 짜여지는 것이 바람직하다. 재난자원봉사의 특성상, 일반 자원봉사자에게 요구되는 역량과 전문자원봉사자에게 요구되는 역량은 차이가

날 수밖에 없으므로 자원봉사자의 특성에 따라 교육과정이 차별화되는 것이 요구된다.

(2) 자원봉사자 데이터베이스 구축 및 공동 활용

재난발생시 동원되어야 할 자원봉사자의 범위를 식별하고, 이에 따라 데이터베이스를 구축하는 것이 시급하다. 특히, 전문자원봉사자의 경우에는 활동영역별로 구체적인 데이터를 확보하여 재난발생시 즉각 활용 가능하도록 대비해 두는 것이 필수적이다. 현재 우리나라의 재난 자원봉사활동은 대부분 기관이나 단체를 중심으로 이루어지기 때문에 이러한 데이터베이스를 확보하는 것이 아주 어려운 일은 아니라고 본다. 지자체 자원봉사센터와 대한적십자사의 자원봉사조직, 그리고 대학의 자원봉사센터와 기업 자원봉사조직 등을 적극 활용하면, 이러한 데이터베이스를 구축하는 것이 가능하리라고 본다. 데이터베이스 구축에 있어서 현실적인 대안은 각 기관이나 단체에서 확보하고 있는 자료들을 표준화된 양식에 따라 관리하도록 하고, 네트워크 단위에서 공유하는 방안을 검토할 수 있다.

전문자원봉사자의 경우에는 재난발생시 필요한 자원봉사 영역을 미리 파악하고, 이에 관련된 전문가 조직이나 협회 등에 자원봉사자 등록을 요청하는 방식을 활용할 수도 있다.

(3) 재난자원봉사교육 강사 육성

재난자원봉사교육이 현실적으로 활성화되기 위해서는 전문강사의 육성이 필수적이다. 현재 몇몇 기관들에서 재난자원봉사교육이 이루어지기는 하지만, 강사의 전문성은 천차만별이라고 할 수 있다. 재난자원봉사교육은 그 특성상 관련 분야의 전문지식과 경험을 충분히 갖고 있는 강사에 의해 이루어져야 한다. 따라서, 현재 자원봉사 교육경험을 갖고 있는 사람이나, 재난자원봉사활동 경험이 많은 사람들 중에서 이러한 교육을 담당할 수 있는 인력을 양성하는 작업이 필요하다. 전문 분야의 재난자원봉사교육은 해당 분야의 전문가들을 교육, 훈련시켜서 양성할 수 있을 것이다.

이렇게 양성된 재난자원봉사교육 강사에 대해서는 전문성을 인증하는 시스템을 도입하여야 한다. 재난자원봉사교육은 재난발생시에 이루어지는 행사가 아니라, 일상생활 속에서 상시적으로 이루어지는 생활교육의 차원으로 이해되어야 한다. 따라서, 전문성을 공적으로 인증받은 강사에 의해 교육되는 것이 당연하다.

(4) 대중 매체를 통한 교육

재난자원봉사교육의 가장 큰 의의는 지역사회를 중심으로 하는 자주적 재난관리시스템을 구축하는 데 있다. 따라서, 자원봉사자뿐 아니라 일반 시민들을 대상으로 하는 대중교육이 반드시 필요하다. 현재 TV나 라디오를 통해 비정기적으로 대피요령이나 응급처치와 관련된 홍보가 이루어지기는 하지만, 이 정도로는 자주적 재난관리시스템을 만들기 위한 대중교육의 효과가 미약할 수밖에 없다. 따라서, 대중매체를 통한 교육을 더욱 적극적으로 실시할 필요가 있다.

공영방송을 통한 프로그램 제작이나 홍보뿐 아니라, 인터넷을 통한 교육과 홍보, 그리고 각급 학교를 통한 생활교육시스템의 개발과 운영이 필요하다고 본다.

제 3 절 지원체계

국가안전관리정보시스템은 자료가 입력되면 이재민으로 확정되는 결과가 되어 지원에 따른 책임으로 큰 부담이 되므로 전시 때와 같은 상황인 재난 초기 혼란기에는 제대로 입력하기 곤란하여 무용지물이 되고 있었다.

사실 이재민과의 민원사항이 되는 부분은 선진국의 경우 봉사자들을 통해 수행케 함으로써 완충역할을 하고 있다. 국가안전관리정보시스템에 입력하는 이재민 피해 조사관련 데이터 중 책임성이 보다 적은 생계구호품 지원에 관한 사항은 관련 전문연수를 이수한 봉사자들에 의해 입력하는 방안을 검토할 필요가 있다. 피해조사 전문연수를 이수한 봉사원들이 조사한 내용으로 전산 입력해서 이재민들의 생계구호 분야는 신속하게 처리할 필요가 있다. 교량 하나 잘못 조사하여 설치하면 10억원 상당의 손실이 있다고 한다. 그러나 구호품 하나 더 가고 덜 가고는 중요한 문제가 아니다. 공공시설이나 주택복구비와 같은 큰 국가예산이 소요되는 분야는 정부가 관리하는 것이 맞지만 이재민들에게 신속히 전달되어야 할 생계구호품 지급과 관련한 조사는 피해조사 전문연수를 이수한 봉사자들을 중심으로 수행케 하여야 한다. 그리고 이 자료를 근거로 데이터를 입력할 수 있는 프로그램이 별도로 구축되어 이재민 구호활동을 수행하는 데 중요한 기초 자료로 활용될 수 있다.

자원봉사자들을 군청과 면사무소에서 접수하여 배치하고 있으나 실시간으로 접수된 봉사자관리 현황이 공유되는 데에는 어려움이 있어 지역별 편중이나 중복 배치가 되는 경우도 발생하고 있었다. 이러한 부분은 앞으로 재난현장 봉사자 관리프로그램을 개발하여 전산화함으로써 해소해 나가야 할 것이다.

재난현장을 찾는 봉사자들은 전날 오후 2시 이전까지 접수되는 경우는 상해보험을 가입해 주어 재난현장의 사고 위험으로부터 보호할 수 있는 조치가 이루어지고 있었다. 그러나 이러한 내용을 잘 알지 못하는 일반인들이 사전 연락없이 당일 날 그냥 찾아오는 경우 보험 처리할 시간이 없어 보호받지 못하고 있었으며, 개인 신상정보를 밝히기를 꺼려하는 경우 보험을 통해 보호되지 못하는 등 재난현장 봉사자들의 보호에 한계가 있었다. 일반 국민들에게 상해보험을 통한 봉사자 보호의 필요성과 의의를 알리는 대책이 필요하였다.

봉사활동 시간 확인서는 본인이 신청하는 경우 발급하여 기부금영수증으로 처리할 수 있도록 조치되고 있었다. 그러나 봉사활동 소득공제에 대한 안내가 충분히 인지되지는 않아 많은 봉사자들이 신청하지 않고 있었다. 이를 위한 홍보도 필요할 것이라 생각한다.

또한 재난현장을 찾아오는 봉사자들이 어디로 찾아가야 할지 안내할 수 있도록 면사무소에 행정지도를 충분히 비치하여 제공한다든가 톨게이트에 들어설 때 안내 지도를 배부해 준다든가 혹은 가는 길목에 안내판을 부착하여 처음 찾아오는 낯선 이방인들을 위한 편의를 도모하는 것도 필요하였다.

한편 평창군 진부면 봉사리에서는 15가구가 있었는데 처마 밑까지 매몰된 상황이었으나 주민 한 사람이 3일 만에 걸어 나와서 고립 상황임을 알려줘 뒤 늦게 구호를 받기도 하였다. 통신 두절로 인해 상황 파악이 안되는 고립 지역들에 대한 비상통신체계를 구축하여 신속한 구호봉사활동이 이루어지도록 하여야 할 것이다.

그리고 무엇보다도 재난안전 봉사활동을 활성화하기 위해서는 전문봉사원을 육성하고 재난안전활동프로그램을 개발·후원하는 등의 예방예산을 확보하여야 한다. 실제 국회 예산정책처의 분석자료를 보면

2000~2004년 방재예산은 총 31조 6,000억원으로 이 가운데 예방에는 약 8조 2,000억원, 복구에는 19조 2,000억원이 사용됐다. 같은 기간 일본의 경우 예방투자 분야에 전체 재난관련 예산의 87%를 집행하는 반면, 우리나라는 평균 41% 수준에 불과하다.[11]

또한 의연금의 관리체계의 개선을 통해 재난안전단체들의 자율적 활동이 확대되어야 한다. 2003년 8월 감사원 감사결과에서는 1998년도부터 2002년도까지 사단법인 전국재해구호협회가 모금한 수재의연금 중에서 324억여 원을 성금 기탁자의 뜻과 관계없이 국고 등에서 부담하여야 할 법정구호비 재원으로 사용하였기 때문에 국민들로부터 성금사용에 대한 의혹을 받고 있다고 지적하고 있다. 수재의연금은 성금을 기탁한 사람의 뜻에 따라 이재민을 위한 위로금 등으로 집행하고 법령에서 국가 또는 지방자치단체가 지원하도록 규정한 법정구호 항목의 소요비용은 국고 또는 지방비에서 전액 부담하도록 하여야 하는 것이다.[12] 그런데 현재 재해구호법에서도 재해구호성금을 정부 통제 하에 두어 자원봉사단체들의 구호역량 확대에 제약이 되고 있다. 개정된 「기부금품 모집 및 사용에 관한 법률」의 취지에 따라 봉사단체의 자율적인 모금과 집행을 보장하여야 한다. 의연금 배분위원회는 공평한 배분을 위한 의사결정기구로서 기능을 하는 것은 필요하나 집행기능까지 하는 것은 바람직하지 않다. 국민성금을 통해 민간단체의 활동 역량을 확대하여 다양한 이재민의 욕구에 부응하는 구호 서비스의 질을 향상시켜 나가야 한다.

재난관리에 필요한 자원봉사자의 개인적 역량 및 자원봉사자집단의 조직적 대처능력의 기반을 효율적으로 구축하기 위해서는 국가나 지역사회에 자원봉사제도를 안정적으로 정착시켜 문화화해야 한다. 태국이

11) 내일신문, 2007.6.22. “홍수예방 예산 대폭 늘려야”
12) http://www.bai.go.kr 감사결과 공개.

나 미얀마와 같은 동남아시아의 불교국가들처럼 종교와 연계된 자원봉사활동이 사회·문화적 관행으로 정착되어 있거나, 법적으로 공인되어 있는 사회에서는 특별한 법제화의 필요성이 없을 수도 있으나, 그렇지 못한 국가나 사회에서는 자원봉사제도를 안정적으로 정착화하기 위해서는 사회·문화적 제도화에 앞서 법제화의 필요성이 제기된다.

그러한 자원봉사제도의 법제화를 통하여 자원봉사활동을 사회적으로 확산·정착시킬 수 있으며, 관련 행정의 생산성과 효율성을 담보할 수 있으며, 나아가서 바람직한 국민의식을 고취시키고 국가나 지역사회의 건전한 문화를 형성하고 건실한 사회경제적 구조를 확립할 수 있다.

법제화의 방법은 국가 차원에서 법률로 제정하는 방법과 지방자치단체 차원에서 조례로 제정하는 방법이 있다. 전국적 통일성과 효율성을 생각한다면 법률로 제정하는 것이 바람직하겠지만, 한편 주민들의 자원봉사의 자발성, 주민생활에의 현실적 접근성 및 지역의 특성적인 경험을 살린 실제적이고 효과적인 봉사 등의 관점에서 본다면 조례로 제정하는 것이 보다 더 적절한 부분이 있을 수 있다.[13)]

<자원봉사활동기본법>(2005.8.4 제정)이 제정되기 이전에는 여러 종류의 복지관련법에서 필요한 복지요원에 대하여 다양하게 규정하고 있었으나 별도의 자원봉사자에 관한 법률규정은 없었다. 즉, <사회복지사업법>에서 복지위원, <모자복지법>에서 모자복지위원 및 모자복지상담원, <아동복지법>에서 아동복지지도원 및 아동위원, <장애인복지법>에서 장애인복지위원 및 장애인복지지도원, <노인복지법>에서 노인복지상담원 및 가정봉사원 등을 두도록 규정하고 있었다.

자원봉사활동의 진흥과 그를 통하여 행복한 공동체 건설에 기여함을

---

13) 지방자치법 제22조(조례) 지방자치단체는 법령의 범위 안에서 그 사무에 관하여 조례를 제정할 수 있다. 다만, 주민의 권리 제한 또는 의무 부과에 관한 사항이나 벌칙을 정할 때에는 법률의 위임이 있어야 한다.

목적으로 하는 <자원봉사활동기본법>에서는 자원봉사자의 정의에 관하여 별도로 규정하고 있으며, 자원봉사활동의 진흥을 위한 정책의 기본방향,[14] 국민의 자원봉사활동을 권장・지원하여야 할 국가 및 지방자치단체의 책무,[15] 자원봉사활동의 진흥을 위한 행정자치부장관,[16] 관계중앙행정기관의 장과 지방자치단체의 장[17] 및 학교・직장 등의 장[18]의 역할과 책임 등에 관하여 규정하고 있다.

그리고, 자원봉사활동에 관한 주요 정책을 심의하기 위하여 국무총리 소속 하에 관계부처 및 민간전문가로 구성된 자원봉사진흥위원회를 두

---

14) 제2조 (기본방향) 자원봉사활동의 진흥을 위한 정책은 다음 사항을 기본방향으로 하여야 한다.
   1. 자원봉사활동은 국민의 협동적인 참여능력을 높일 수 있는 방향으로 추진하여야 한다.
   2. 자원봉사활동은 무보수성・자발성・공익성・비영리성・비정파성・비종파성의 원칙 아래 수행될 수 있도록 하여야 한다.
   3. 모든 국민은 연령・성별・장애・지역・학력 등 사회적 배경에 관계없이 누구든지 자원봉사활동에 참여할 수 있도록 하여야 한다.
   4. 자원봉사활동의 진흥을 위한 정책은 민・관 협력의 기본정신을 바탕으로 하여 추진하여야 한다.

15) 제4조 (국가 및 지방자치단체의 책무) 국가와 지방자치단체는 자원봉사활동의 진흥에 관한 시책을 강구하여 국민의 자원봉사활동을 권장・지원하여야 한다.

16) 제9조 (자원봉사활동의 진흥에 관한 국가기본계획의 수립) ① 행정자치부장관은 관계중앙행정기관의 장과 협의하여 자원봉사활동의 진흥을 위한 국가기본계획(이하 "기본계획"이라 한다)을 5년마다 수립하여야 한다.
   ② 기본계획에는 다음 사항이 포함되어야 한다.
   1. 자원봉사활동의 진흥에 관한 기본방향
   2. 자원봉사활동의 진흥에 관한 추진일정
   3. 관계 중앙행정기관의 자원봉사 활동에 관한 추진시책
   4. 자원봉사활동의 진흥을 위하여 필요한 재원의 조달방법
   5. 그 밖에 자원봉사활동의 진흥을 위하여 특히 필요하다고 인정되는 사항

17) 제10조 (연도별 시행계획의 수립) 관계 중앙행정기관의 장과 지방자치단체의 장은 기본계획에 따라 연도별 시행계획을 수립・시행하여야 한다.

18) 제11조 (학교・직장 등의 자원봉사활동 장려)
   ① 학교는 학생의 자원봉사활동을 권장하고 지도・관리하기 위하여 노력한다. ② 직장은 직장인의 자원봉사활동을 촉진하기 위하여 노력한다.
   ③ 학교・직장 등의 장은 학생 및 직장인 등의 자원봉사활동에 대하여 그 공헌을 인정하여 줄 수 있다.

고 그 속에 심의사항을 미리 검토하고 관계 기관간의 협의사항을 정리하기 위하여 실무위원회를 둘 수 있도록 하고 있다.[19]

또한, 자원봉사활동기본법과 기본법시행령에서는 자원봉사활동의 활성화와 안정적 정착을 도모하기 위하여, 자원활동 중의 위험요소에 대하여 자원봉사자를 보호하는 규정을 두고 있다.[20]

---

19) 제8조 (자원봉사진흥위원회)

① 자원봉사활동에 관한 주요 정책을 심의하기 위하여 국무총리 소속 하에 관계부처 및 민간전문가로 구성된 자원봉사진흥위원회를 둔다. ② 자원봉사진흥위원회는 다음 사항을 심의한다.

1. 자원봉사활동의 진흥을 위한 정책방향의 설정 및 협력·조정
2. 자원봉사활동의 진흥을 위한 국가기본계획과 연도별 시행계획에 관한 사항
3. 자원봉사활동의 진흥을 위한 제도개선에 관한 사항
4. 그 밖에 자원봉사활동의 진흥에 관하여 필요한 사항

③ 제2항의 규정에 의한 심의사항을 미리 검토하고 관계 기관간의 협의사항을 정리하기 위하여 자원봉사진흥위원회에 실무위원회를 둘 수 있다.

④ 자원봉사진흥위원회 및 실무위원회의 구성·조직 및 운영에 관하여 필요한 사항은 대통령령으로 정한다.

20) 제14조 (자원봉사자의 보호) ① 국가와 지방자치단체는 자원봉사활동이 안전한 환경 속에서 이루어질 수 있도록 노력하여야 한다. ② 자원봉사자에 대한 보험의 가입 등 보호의 종류와 내용에 관하여 필요한 사항은 대통령령으로 정한다. 법 제15조 (자법원봉사활동의 관리) 자원봉사단체 및 자원봉사센터는 자원봉사자에 대한 교육훈련 및 안전대책 등이 체계적으로 관리될 수 있도록 노력하여야 한다.

법시행령 제10조 (자원봉사자에 대한 보험가입 등) ① 국가와 지방자치단체는 법 제14조제1항의 규정에 의하여 자원봉사단체 및 자원봉사센터로 하여금 위험이 수반되는 자원봉사활동에 대한 안전교육 등 사전에 필요한 조치를 취하도록 할 수 있다. ② 법 제14조제2항의 규정에 의한 자원봉사자에 대한 보호의 종류는 다음 각호와 같다.

1. 자원봉사활동 중인 자원봉사자의 신체적 보호
2. 자원봉사활동 중에 발생한 자원봉사자의 경제적 손실보호
3. 자원봉사활동 중에 발생한 타인의 신체 또는 재물손괴에 대한 보호

③ 국가 및 지방자치단체는 자원봉사센터 또는 「비영리민간단체 지원법」에 의하여 등록된 단체에 소속한 자원봉사자의 보호를 위하여 다음 각호의 요건을 모두 갖춘 보험 또는 공제에 가입할 수 있다.

1. 자원봉사활동 중에 발생한 자원봉사자의 사망, 후유장애 및 의료·입원·수술비 등에 대한 보상을 할 수 있을 것
2. 자원봉사활동 중에 발생한 타인의 신체 또는 재물손괴에 대한 보상을 할 수 있을 것

④ 지방자치단체는 제3항의 규정에 의한 보험의 가입절차 및 방법 등에 관하여는 조례로 정한다.

그러나, <자원봉사활동기본법>은 사실상 자원봉사활동을 진흥하고 행복한 공동체 건설에 기여하기 위하여 자원봉사활동에 관한 기본적인 사항에 대해서 규정하고 있고, <자원봉사활동기본법> 제15조[21]와 기본법시행령 제11조[22]에서 자원봉사자에 대한 교육훈련에 관하여 포괄적·추상적으로 규정하고 있으며, 기본법시행령 제14조[23]에서는 자원봉사센터 장의 자격요건 등에 관하여 규정하고는 있으나, 정작 자원봉사활동의 핵심적 중요 요소인 자원봉사활동의 주체로서의 자원봉사자의 자격요건, 지속적 자질관리 및 그들이 행한 봉사활동의 사후적 평가와 생산적 환류(feedback)에 관한 명백한 규정을 미비하고 있다. 이는 자원봉사활동의 주체로서의 자원봉사자가 갖는 중요성에 비추어 볼 때 핵심 내용을 간과한 본 법률의 지대한 결함이라고 할 수 있다.

현재 우리나라의 재난관리체계는 재난의 유형별로 재난시 대응과 구호를 수행하는 재난관리조직을 중심으로 구성되고 운영되고 있는 것이 현실이다. 인간에 대한 통합적 이해를 전제로 한 전문화·개별화된 접근을 추구[24]하는 오늘날의 인간학의 관점에서 볼 때, 이러한 재난관리

---

21) 제15조 (자원봉사활동의 관리) 자원봉사단체 및 자원봉사센터는 자원봉사자에 대한 교육훈련 및 안전대책 등이 체계적으로 관리될 수 있도록 노력하여야 한다

22) 제11조 (교육훈련) 자원봉사단체 및 자원봉사센터는 법 제15조의 규정에 의하여 자원봉사자의 안전한 봉사활동을 위한 교육훈련을 관련 교육시설에 위탁할 수 있다.

23) 제14조 (자원봉사센터 장의 자격요건 등) ① 법 제19조의 규정에 의한 자원봉사센터 장의 자격요건은 다음과 같다.
1. 대학교의 자원봉사 관련 학과에서 조교수 이상의 직에 3년 이상 재직한 자
2. 자원봉사단체·자원봉사센터 또는 사회복지기관·시설·학교·기업에서 자원봉사 관리업무에 5년 이상 종사한 자
3. 5급 이상 퇴직공무원으로서 자원봉사업무 또는 사회복지업무에 3년 이상 종사한 자
4. 국가 및 지방자치단체에 등록된 자원봉사 관련 시민사회단체에서 임원으로 10년 이상 활동한 자

② 자원봉사센터 장은 공개경쟁의 방법에 의하여 선임한다.
③ 지방자치단체는 자원봉사센터 장의 선임방법 및 절차 등에 관하여는 조례로 정한다.

24) 손영수, "위기의 생명을 위한 통합적 정의", 한국외국어대학교 대학원 박사학위논문,

체계를 수요자 중심(client-centered crisis management system)으로 발상을 전환하여 구축할 필요성이 있으며,[25] 재난관리시 자원봉사자의 역할 역시 이러한 현대 인간학의 철학을 담보하는 것이 되어야 할 것으로 생각된다.

재난자원봉사자의 전문화된 자격요건과 역할, 권한의 범위와 책임, 수행한 자원봉사활동의 평가와 환류 등에 대한 법적 제도화는 재난관리의 성패를 결정하는 삼대축[26]의 하나인 인적 자원의 확보에 큰 도움을 주는 것이 될 수 있다.

재난관리체계는 4단계, 즉 예방, 대비, 대응, 복구의 단계로 이루어 있다. 4단계 중 재난을 예방하는 단계를 제외하고, 재난이 발생하는 경우에 그 피해를 최소한으로 줄이기 위하여 취하는 재난관리의 단계인 대비, 대응, 그리고 복구의 단계를 일괄하여 '수습'[27]이라고 표현하기도 한다. 오늘날에는 재난관리의 각 단계에서도 전문분야별로 전문적 지식의 습득이 당연요건이 되는 것은 물론, 동시에 다른 인접 분야와의 연계·소통의 능력 또한 필요할 뿐 아니라, 전체와의 조화를 이룰 수 있는 성실한 자기책임감과 균형감각까지도 요구되고 있다. 재난관리 자원봉사자들에게도 각기 자신이 활동하는 영역에서 독특하고 전문적 접근 방식과 효과적이고 효율적인 업무수행의 역량을 요구하고 있는 동시에 하나

2001. 8.

25) 동지: 최남희, "재난 피해자의 사후 지원", 「한국위기관리논집」 제2권 제2호(2006, 겨울), 16면.

26) 재난관리의 성패를 결정하는 삼대축은 인적 자원, 물적 자원, 그리고 system의 세 가지로 볼 수 있다.

27) 재난및안전관리기본법 제9조 (중앙안전관리위원회) ③ 중앙위원회에 부의될 의안의 검토, 재난의 대비·대응·복구(이하 "수습"이라 한다)를 위한 관계부처간의 협의·조정사항중 대통령령이 정하는 경미한 사항의 협의·조정 등을 위하여 중앙위원회에 행정자치부장관을 위원장으로 하는 조정위원회(이하 "조정위원회"라 한다)를 둔다. 이 경우 조정위원회의 협의·조정을 거친 재난의 수습은 중앙위원회의 협의·조정을 거친 것으로 본다.

의 생명유기체와 같은 전체 재난관리체계에서의 중요 부분으로서 통합적인 조화와 연계 및 소통을 이루어 나갈 수 있는 사회적 및 행정적 능력을 갖출 것을 요구하고 있다.

국가는 축적된 전문지식과 효율적인 업무수행능력 및 전체와의 조화를 이룰 수 있는 투철한 사명의식, 성실한 자기책임감과 균형감각을 함께 지닌 재난관리 자원봉사자의 국가적 육성을 제도화하기 위하여 첫째, 재난관리 전문자원봉사자의 자격인증 및 동원제도, 둘째, 지속적 자질관리 및 연수교육제도, 셋째, 사후 평가 및 생산적 환류 제도, 넷째, 재난관리 자원봉사자의 안전보호, 치료 및 보상제도를 구축하여야 하며, 그와 같은 제도의 실효성을 확보하기 위해서는 그를 뒷받침하는 법률의 제정과 개정을 서두를 필요가 있다.

① 재난관리 전문자원봉사자의 자격인증 및 동원제도

오늘날의 재난관리는 재난의 피해자들을 전시적으로 방문하여 유가족들의 손을 부여 잡고 위로의 말을 전하고, 성금이나 구호금품을 전하고 오는 수준에서 훨씬 벗어나 재난의 특별한 유형에 따라서 체계적·전문적·지속적·통합적인 재난관리를 요구하고 있다. 앞에서 살펴본 바와 같이 오늘날과 같은 전문·정보화 사회에서는 재난관리의 각 단계에서도 전문분야별로 전문적 지식의 습득이 당연요건이 되는 것은 물론, 동시에 다른 인접 분야와의 연계·소통의 능력 또한 필요할 뿐 아니라, 전체와의 조화를 이룰 수 있는 성실한 자기책임감과 균형감각까지도 요구되고 있다. 따라서 무엇보다도 재난관리 자원봉사자 자신이 담당하고자 하는 임무에 관하여 전문적인 지식을 가지고 있을 것이 요구된다. 전문화되는 재난관리체계의 속성상 많은 종류의 단순임무까지도 전문화·특성화할 필요성이 생겨나고 있다.

전문재난자원봉사센터 내에 분야별 혹은 영역별 전문자원봉사팀을 구성하기 위해서는 전문적 지식을 가진 개인은 물론 기업이나 민간단체의 관련 분야 종사자, 관련 전문 학문 분야의 학자 혹은 연구자 등이 자발적으로 전문재난자원봉사자로 참여해야 하겠지만, 그 중에서도 오늘날의 첨단 과학시대에 있어서는 전문학계의 참여가 절실히 요구된다고 하겠다.

재난관리 전문자원봉사자 혹은 전문자원봉사팀의 해당 전문 분야의 업무수행 능력과 관련하여 자격인증제도를 시행하여 전문자원봉사 업무의 내용과 질의 수준을 담보하여야 할 것이다. 이를 위해서는 국가적으로 재난관리와 관련되는 전문영역별로 일정한 자격조건을 설정하여 이를 국가가 통합적으로 관리하고 인증해 주는 제도를 법제화할 필요성이 있다. 예를 들면, 응급처치 분야의 업무를 담당하는 재난관리 전문자원봉사자가 되기 위해서는 2급 응급구조사의 자격과 소방방재청 등의 국가재난관리 관련 부서에서 주관하는 일정 시간 이상의 재난관리교육과 훈련과정을 수료할 것을 기본적인 자격요건으로 설정한다. 또한 교량과 도로의 안전과 관련된 재난위험분석팀의 업무를 담당하는 재난관리 전문자원봉사자가 되기 위해서는 토목공학이나 시설물안전에 관련된 전문 국가자격증이나 전문경력을 가진 자로서 소방방재청 등의 국가재난관리 관련 부서에서 주관하는 일정 시간 이상의 재난관리 교육과 훈련과정을 수료할 것을 기본적인 자격요건으로 설정하는 것이다.

그러한 자격요건을 갖춘 재난관리 전문자원봉사자들은 경우에 따라서는 단독적으로 활동할 수도 있지만, 대체적으로는 국가적 혹은 지방자치단체 수준의 재난관리자원봉사센터에 속하는 형태를 취하면서, 재난관리 전문자원봉사팀으로서 전문적 업무를 수행하게 될 것이다.

이러한 재난관리 전문자원봉사자들의 집합체인 재난관리 전문자원봉사팀 혹은 재난관리전문자원봉사센터에 대하여 전문적 재난관리 업무수행의 능력면에서 인증해 주는 제도 역시 필요하다. 미국의 재난관리 기관인증제도(Emergency Management Accreditation Program, EM

AP)를 재난관리 전문자원봉사자들의 집합체인 재난관리 전문자원봉사팀 혹은 재난관리전문자원봉사센터에 대해서 적용하는 방안도 생각해 볼 수 있다.[28)]

여기서, 문제는 그러한 재난관리 전문자원봉사자를 어떻게 확보하고 필요시 적절하게 동원할 수 있도록 제도화·체계화하느냐 하는 점이다.

헌법 제37조제2항은 국민의 자유와 권리를 제한할 수 있는 경우로서 "국가안전보장, 질서유지 또는 공공복리를 위하여 필요한 경우에 한하여"라고 하고 있다. 이전에는 국가안전보장이라고 하면, 전통적 안보 분야의 위기만을 생각하였으나, 위기관리 학문의 발전에 힘입어 국가안전보장에 관한 의식도 많이 변천하고 또한 발전하였다.[29)] 이런 변화와 발전의 반영으로 정부에서는 국가위기관리를 전통적 안보 분야, 재난 분야 및 국가핵심기반 분야로 크게 세 영역으로 나누어 관리하고 있다. 따라서 국가안전을 위협하는 국가재난시에는 헌법 제37조제2항을 근거로 하여 필요한 전문인력뿐만 아니라, 모든 국민에게 요구되는 적절한 자원봉사를 위한 동원을 명할 수 있을 것으로 생각되며, 이와 같은 사항을 구체적으로 자원봉사활동 기본법이나 민방위기본법[30)] 등에 명시하여

---

28) EMAP는 지방자치단체와 주정부 내의 재난관리기관의 재난대비능력을 평가하고 인증하는 제도이다. 이 제도는 전국재난관리자협회(National Emergency Management Association, NEMA)에서 관리하는데, 이 제도를 통해 전국의 수많은 주·지방 재난관리기관들에게 표준화된 체계와 응용지침을 제시함으로써 재난관리 능력을 향상시키는 역할을 하고 있다. 특히, 재난관리의 4단계에 근거한 표준화는 기존의 대비와 대응에 치중한 지침들을 완전한 재난관리체계로 승격시키고, 인증제도 시행과정에서 발견된 여러 가지 문제점들을 지속적으로 보완·개선해 나가고 있다 : 이재은 외, 「재난관리론」, 151-152면, 대영문화사, 2006.

29) 오늘날과 같은 위험사회에서는 생존을 위하여 선진화된 위기관리 인프라를 구축하고, 효율적인 위기관리를 할 수 있는 국가위기관리체계를 갖추는 것이 무엇보다 중요하다. 특히 현대사회가 고도로 발전함에 따라 국가와 국민의 안위에 대한 위협요인이 증가하였고, 그에 따라 국가위기관리의 영역은 군사적 위기를 중심으로 하는 '전통적 안보'의 개념에서 비군사 분야까지 망라하는 '포괄적 안보'의 개념으로 확대되고 있다: 서남열, "국가위기관리의 이해", 5면, 자치인력개발원, 2005.

30) 민방위기본법 제2조 (정의) 이 법에서 사용하는 용어의 뜻은 다음과 같다.

제도화할 필요성이 있다. 이 경우 헌법이 규정하는 국방의 의무에서와 같은 강제성과 일률성을 요구할 수는 없으나, 사회정의 실현을 위한 국민의 권리로서의 자원봉사로서 받아들여지고 있는 미국의 형사배심제도와 같이 운영한다면 상당한 실효를 거둘 수 있으리라고 생각된다.[31] 그리고 자원봉사를 위한 동원을 입법화할 때에는 전문적 자원봉사활동에 대한 재정적 지원과 보상에 관한 사항까지도 명문으로 규정하는 것이 필요할 것이다.

② 지속적 자질관리 및 연수교육제도

앞에서 살펴본 바와 같은 절차를 통해 인증되고 육성된 분야별 혹은 영역별 전문자원봉사자들이라 하더라도 1회의 인증과정만으로는 장기간에 걸쳐서 전문적인 재난관리 자원봉사의 업무를 원활히 수행할 수 있으리라고 보장하기는 어렵다. 다른 모든 학문과 기술 분야의 발전과 마찬가지로 재난관리 분야 및 그 관련 분야의 발전도 하루가 다르게 이루어지고 있으므로, 일정 기간의 인증 유효기간을 두어 그 이후에는 재심사를 거쳐 전문적 재난관리 업무 수행의 능력을 재인증하는 제도를 운영하여 지속적인 자질관리를 해야 한다. 인증 유효기간 중에도 새로운 지식의 교육, 새로운 기술의 훈련 및 새로운 제도의 도입 등을 위하여 다양한 연수교육 방법을 시행하여 재난관리 전문자원봉사자로서의 전문성, 투명성, 객관성, 유연성 등을 유지할 수 있도록 해야 한다.

---

1. "민방위"란 적의 침공이나 전국 또는 일부 지방의 안녕 질서를 위태롭게 할 재난(이하 "민방위사태"라 한다)으로부터 주민의 생명과 재산을 보호하기 위하여 정부의 지도 하에 주민이 수행하여야 할 방공(防空), 응급적인 방재(防災)·구조·복구 및 군사 작전상 필요한 노력 지원 등의 모든 자위적 활동을 말한다: 제3조(국가·지방자치단체와 국민의 의무) ① 국가 및 지방자치단체는 민방위사태로부터 국가와 지역사회의 안전을 보장하고 국민의 생명과 재산을 보호하기 위한 계획을 수립하고 시행하여야 한다. ② 모든 국민은 국가 및 지방자치단체의 민방위 시책에 협조하고, 이 법에서 규정한 각자의 민방위에 관한 의무를 성실히 이행하여야 한다.

31) Jury Selection and Service Act(1968): 민영선, "미국의 형사배심제도(배심원 선정절차를 중심으로)", 서울동부지방검찰청 해외연수연구논문, 11-12면, 2006. 6. 12.

지속적 자질관리를 위한 재인증제도와 필수적 연수교육제도에 관한 명문의 규정을 마련하여 시행하는 것이 바람직하다.

③ 사후 평가 및 생산적 환류 제도

축적된 전문지식과 효율적인 업무수행능력 및 전체와의 조화를 이룰 수 있는 투철한 사명의식, 성실한 자기책임감과 균형감각을 함께 지닌 재난관리 자원봉사자의 국가적 육성을 제도화하기 위하여는 실제로 재난이 발생하였을 경우에 재난관리 전문자원봉사자들이 단독으로 혹은 재난관리 전문자원봉사팀의 일원으로서 업무를 수행한 결과를 객관적으로 평가할 필요가 있다. 재난관리 과정에 대한 실제적 현장 조사와 종합적 실행평가를 통해 재난관리활동의 전반을 효과성, 전문성, 적시성, 적절성, 효율성, 객관성, 투명성, 형평성 등의 측면에서 분석하여, 이를 토대로 재난관리 전문자원봉사자의 자질을 개인 차원, 팀 차원 및 센터 차원에서 실천적 관점에서 평가하고 이를 환류하여 전체적인 재난관리 전문자원봉사자의 양성 및 관리·지원제도의 개선에 중요한 자료로 이용할 수 있는 제도를 만들어야 할 필요성이 있는바, 이를 위해서는 자원봉사활동 기본법[32]이나 민방위기본법에 재난관리 전문자원봉사자의 사후 평가 및 생산적 환류 제도에 관한 규정을 명시할 필요가 있다.

④ 재난관리 자원봉사자의 안전보호, 치료 및 보상제도

이상의 네 가지 중 넷째, 재난관리 자원봉사자의 안전보호, 치료 및 보상제도의 구축과 관련해서는 어느 정도 기본적인 법제화가 이루어져 있다고 할 수 있다.

앞서 살펴본 바와 같이, <자원봉사활동기본법>과 기본법시행령에서는 자원봉사활동의 활성화와 안정적 정착을 도모하기 위하여, 자원활동

32) 예를 들면, 자원봉사활동 기본법 제8조에서 규정하고 있는 '자원봉사진흥위원회' 산하에 재난관리 전문자원봉사자의 사후 평가 및 생산적 환류의 업무를 전담할 수 있는 특별위원회의 성격을 갖는 평가위원회를 관·민·학 공동참여 하에 구성하는 방안이 있을 수 있다.

중의 위험요소에 대하여 자원봉사자를 보호하는 규정을 두고 있다. 즉, 기본법 제15조에서는 "자원봉사단체 및 자원봉사센터는 자원봉사자에 대한 교육훈련 및 안전대책 등이 체계적으로 관리될 수 있도록 노력하여야 한다."라고 규정하고 있고, 기본법 제14조는 제1항에서 "국가와 지방자치단체는 자원봉사활동이 안전한 환경 속에서 이루어질 수 있도록 노력하여야 한다." 그리고 제2항에서 "자원봉사자에 대한 보험의 가입 등 보호의 종류와 내용에 관하여 필요한 사항은 대통령령으로 정한다."라고 규정하고 있다.

기본법 제14조의 규정과 관련하여 기본법시행령 제10조에서는 자원봉사자에 대한 보험가입 등에 관하여 규정하고 있다. 제1항에서는 "국가와 지방자치단체는 법 제14조제1항의 규정에 의하여 자원봉사단체 및 자원봉사센터로 하여금 위험이 수반되는 자원봉사활동에 대한 안전교육 등 사전에 필요한 조치를 취하도록 할 수 있다." 그리고 제2항에서는 "법 제14조제2항의 규정에 의한 자원봉사자에 대한 보호의 종류는 다음 각 호와 같다."라고 하여 보호의 종류를 구체적으로 열거하였다. 1. 자원봉사활동 중인 자원봉사자의 신체적 보호 2. 자원봉사활동 중에 발생한 자원봉사자의 경제적 손실보호 3. 자원봉사활동 중에 발생한 타인의 신체 또는 재물손괴에 대한 보호 제3항에서는 "국가 및 지방자치단체는 자원봉사센터 또는 「비영리민간단체 지원법」에 의하여 등록된 단체에 소속한 자원봉사자의 보호를 위하여 다음 각호의 요건을 모두 갖춘 보험 또는 공제에 가입할 수 있다."라고 하여 보호의 정도를 강하게 하고 있다. 1. 자원봉사활동 중에 발생한 자원봉사자의 사망, 후유장애 및 의료·입원·수술비 등에 대한 보상을 할 수 있을 것 2. 자원봉사활동 중에 발생한 타인의 신체 또는 재물손괴에 대한 보상을 할 수 있을 것 제4항에서는 "지방자치단체는 제3항의 규정에 의한 보험의 가입절차 및 방법 등에 관하여는 조례로 정한다."라고 하여 보험 또는 공제에 가입하는 경우 구체적인 절차적 사항에 관하여는 법률 규정에 의거하여 조례에 위임하고 있다.

<재난및안전관리기본법> 제65조제1항은 "재난발생시 긴급구소활동 및 응급대책·복구 등에 참여한 자원봉사자, 제45조의 규정에 의한 응급조치 종사명령을 받은 자 및 제51조 제2항의 규정에 의하여 긴급구조활동에 참여한 민간 긴급구조지원기관의 긴급구조지원요원이 응급조치 또는 긴급구조 종사중 부상을 입은 때에는 치료를 실시하고, 사망(부상으로 인하여 사망한 경우를 포함한다)하거나 신체에 장애를 입은 때에는 그 유족 또는 장애를 입은 자에게 보상금을 지급한다. 다만, 다른 법령에 의하여 국가 또는 지방자치단체의 부담으로 같은 종류의 보상금을 지급받은 자에 대하여는 그 보상금에 상당하는 금액은 이를 지급하지 아니한다."라고 하고 있고, 기본법 제65조제2항은 "재난의 응급대책·복구 및 긴급구조 등에 참여한 자원봉사자의 장비 등이 응급대책·복구 또는 긴급구조와 관련하여 고장 또는 파손된 경우에는 수리비용을 그 자원봉사자에게 보상할 수 있다."라고 하여 재난발생시 긴급구조활동 및 응급대책·복구 등에 참여한 자원봉사자의 치료와 보상 및 자원봉사자의 장비에 대한 보상에 관하여 규정하고 있다.

그러나, 그와 같은 규정을 통하여 재난관리 전문자원봉사자가 입은 피해와 손해가 어느 정도까지 실질적으로 보상될 수 있을까 하는 점은 법제도상 여전히 염려스러운 부분이다. 특히 기본법시행령 제10조제3항에서 규정에 따르면 자원봉사활동 중에 발생한 자원봉사자의 사망, 후유장애 및 의료·입원·수술비 등에 대한 보상을 할 수 있도록 보험 또는 공제에 가입하도록 하고 있으나, 재난관리 전문자원봉사자들의 자발적인 참여와 투철한 사명의식 및 성실한 책임감을 기대하려면 이 때의 보상범위는 채무불이행이나 불법행위에 의해 일차적인 가해가 인체에 행하여진 경우에서의 인체손해의 배상액산정에 미칠 수 있도록 하고,

또한 넓은 범위의 유족들에게 최대한의 위자료를 지급할 수 있도록 보장해 줄 필요성이 있다.[33)]

나아가서, 국가적인 재난발생시 재난관리 자원봉사자가 그 업무를 수행하던 중에 사망 또는 신체에 장애를 입은 경우에는 <의사상자예우에 관한법률>(일부개정 2001.5.24 법률 제6474호) 제3조의 적용범위[34)]에 해당할 수 있도록 법규정상 명문화하고, 요건을 갖춘 경우에는 <국가유공자 등 예우 및 지원에 관한 법률>(일부개정 2007.7.27 법률 제8566호) 제3조[35)]에 의한 예우를 받을 수 있도록 명문화하여 사망 혹은 부상을

---

33) 인체손해 역시 궁극에 가서는 치료비, 일실수입, 위자료 등 금전으로 환산되기 때문에 재산손해와 마찬가지로 생각할 수도 있지만, 배상액의 산정과정에서 큰 차이를 보인다. 인체손해는 같은 정도의 사망 또는 상해의 경우에도 피해자의 소득수준, 가족범위 등에 따라 배상액에 있어 개인간의 차이가 크게 벌어지게 되지만, 재산손해는 보통 손상된 재산가치에서 크게 차이가 나지 않는 범위에서 배상액이 결정된다: 이은영, 「민법학강의」, 535-538면, 박영사, 1995.

34) 의사상자예우에관한법률 第3條 (適用範圍) 이 法은 다음 各號의 경우에 適用된다.
1. 他人의 生命, 身體 또는 財産을 보호하기 위하여 强盜, 竊盜, 暴行, 拉致등 犯罪行爲를 제지하거나 그 犯人을 체포하다가 義傷者 또는 義死者가 된 때
2. 自動車, 列車, 기타 乘用物의 事故 또는 기타의 이유로 危害에 처하여진 他人의 生命 또는 身體를 구하다가 義傷者 또는 義死者가 된 때
3. 天災地變 기타 水難, 火災, 建物의 倒壞, 築臺나 堤防의 崩壞등으로 인하여 危害에 處하여진 他人의 生命 또는 身體를 구하다가 義傷者 또는 義死者가 된 때
4. 天災地變 기타 水難, 火災, 建物의 倒壞, 築臺나 堤防의 崩壞등으로 인하여 일어날 수 있는 不特定多數人의 危害를 방지하기 위하여 긴급한 措置를 하다가 義傷者 또는 義死者가 된 때
5. 野生의 動物 또는 狂犬등의 공격으로 인하여 危害에 處하여진 他人의 生命 또는 身體를 구하다가 義傷者 또는 義死者가 된 때

35) 국가유공자 등 예우 및 지원에 관한 법률 제4조 (적용대상 국가유공자) ① 다음 각호의 1에 해당하는 국가유공자와 그 유족등(다른 법률에서 이 법에 규정된 예우등을 받도록 규정된 자를 포함한다)은 이 법에 의한 예우를 받는다.<개정 1988.12.31, 1991.12.27, 1993.12.31, 1994.12.31, 1999.8.31, 2000.12.30, 2002.1.26, 2005.7.29>
1. 순국선열: 「독립유공자예우에 관한 법률」 제4조제1호의 규정에 의한 순국선열
2. 애국지사: 「독립유공자예우에 관한 법률」 제4조제2호의 규정에 의한 애국지사
3. 전몰군경: 다음 각목의 1에 해당하는 자
   가. 군인 또는 경찰공무원으로서 전투 또는 이에 준하는 직무수행중 사망한 자(군무원으로서 1959년 12월 31일 이전에 전투 또는 이에 준하는 직무수행중 사망한 자를 포함한다)

나. 군인 또는 경찰공무원으로서 전투 또는 이에 준하는 직무수행중 상이를 입고 전역(퇴역·면역 또는 상근예비역소집해제를 포함한다. 이하 같다) 또는 퇴직(번직을 포함한다. 이하 같다)한 후 제6조제1항의 규정에 의한 등록신청 이전에 그 상이로 인하여 사망하였다고 의학적으로 인정된 자(군무원으로서 1959년 12월 31일 이전에 전투 또는 이에 준하는 직무수행중 상이를 입고 퇴직한 후 제6조제1항의 규정에 의한 등록신청 이전에 그 상이로 인하여 사망하였다고 의학적으로 인정된 자를 포함한다)

4. 전상군경: 군인 또는 경찰공무원으로서 전투 또는 이에 준하는 직무수행중 상이를 입고 전역 또는 퇴직한 자(군무원으로서 1959년 12월 31일 이전에 전투 또는 이에 준하는 직무수행중 상이를 입고 퇴직한 자를 포함한다)로서 그 상이 정도가 국가보훈처장이 실시하는 신체검사에서 제6조의4의 규정에 의한 상이등급에 해당하는 신체의 장애를 입은 것으로 판정된 자

5. 순직군경: 다음 각목의 1에 해당하는 자

가. 군인 또는 경찰공무원으로서 교육훈련 또는 직무수행중 사망한 자(공무상의 질병으로 사망한 자를 포함한다)

나. 군인 또는 경찰공무원으로서 교육훈련 또는 직무수행중 상이(공무상의 질병을 포함한다. 이하 이 목에서 같다)를 입고 전역 또는 퇴직한 후 제6조제1항의 규정에 의한 등록신청 이전에 그 상이로 인하여 사망하였다고 의학적으로 인정된 자

6. 공상군경: 군인 또는 경찰공무원으로서 교육훈련 또는 직무수행중 상이(공무상의 질병을 포함한다)를 입고 전역 또는 퇴직한 자로서 그 상이 정도가 국가보훈처장이 실시하는 신체검사에서 제6조의4의 규정에 의한 상이등급에 해당하는 신체의 장애를 입은 것으로 판정된 자

7. 무공수훈자: 무공훈장을 받은 자

7의2. 보국수훈자: 보국훈장을 받은 자

8. 6·25참전재일학도의용군인(이하 "재일학도의용군인"이라 한다) : 대한민국 국민으로서 일본국에 거주하던 자로서 1950년 6월 25일부터 1953년 7월 27일까지의 사이에 국군 또는 국제연합군에 지원 입대하여 6·25사변에 참전하고 제대된 자(파면 또는 형의 선고를 받고 제대된 자를 제외한다)

9. 4·19혁명사망자: 1960년 4월 19일을 전후한 혁명에 참가하여 사망한 자

10. 4·19혁명부상자: 1960년 4월 19일을 전후한 혁명에 참가하여 상이를 입은 자로서 그 상이 정도가 국가보훈처장이 실시하는 신체검사에서 제6조의4의 규정에 의한 상이등급에 해당하는 신체의 장애를 입은 것으로 판정된 자

10의2. 4.19혁명공로자: 1960년 4월 19일을 전후한 혁명에 참가한 자중 제9호 및 제10호에 해당하지 아니하는 자로서 건국포장을 받은 자

11. 순직공무원: 다음 각목의 1에 해당하는 자

가. 「국가공무원법」 제2조 및 「지방공무원법」 제2조에 규정된 공무원(군인 및 경찰공무원을 제외한다)과 국가 또는 지방자치단체에서 일상적으로 공무에 종사하는 대통령령이 정하는 직원으로서 공무로 인하여 사망한 자(공무상의 질병으로 인하여 사망한 자를 포함한다)

나. 「국가공무원법」 제2조 및 「지방공무원법」 제2조에 규정된 공무원(군인 및 경

찰공무원을 제외한다)과 국가 또는 지방자치단체에서 일상적으로 공무에 종사하는 대통령령이 정하는 직원으로서 공무로 인하여 상이(공무상의 질병을 포함한다. 이하 이 목에서 같다)를 입고 퇴직한 후 제6조제1항의 규정에 의한 등록신청 이전에 그 상이로 인하여 사망하였다고 의학적으로 인정된 자

12. 공상공무원: 「국가공무원법」 제2조 및 「지방공무원법」 제2조에 규정된 공무원(군인 및 경찰공무원을 제외한다)과 국가 또는 지방자치단체에서 일상적으로 공무에 종사하는 대통령령이 정하는 직원으로서 공무로 인하여 상이(공무상의 질병을 포함한다)를 입고 그 상이 정도가 국가보훈처장이 실시하는 신체검사에서 제6조의4의 규정에 의한 상이등급에 해당하는 신체의 장애를 입은 것으로 판정된 자
13. 국가사회발전특별공로순직자(이하 "특별공로순직자"라 한다): 국가사회발전에 현저한 공이 있는 자중 그 공로와 관련되어 순직한 자로서 국무회의에서 이 법의 적용대상자로 의결된 자
14. 국가사회발전특별공로상이자(이하 "특별공로상이자"라 한다): 국가사회발전에 현저한 공이 있는 자중 그 공로와 관련되어 상이를 입은 자로서 그 상이 정도가 국가보훈처장이 실시하는 신체검사에서 제6조의4의 규정에 의한 상이등급에 해당하는 신체의 장애를 입은 것으로 판정되어 국무회의에서 이 법의 적용대상자로 의결된 자
15. 국가사회발전특별공로자(이하 "특별공로자"라 한다): 국가사회발전에 현저한 공이 있는 자 중 제13호 및 제14호에 해당하지 아니하는 자로서 국무회의에서 이 법의 적용대상자로 의결된 자

② 제1항의 규정을 적용함에 있어 다음 각호의 사항에 관한 구체적인 기준 및 범위는 대통령령으로 정한다.<개정 2002.1.26>

1. 제1항제3호 가목: 전투 또는 이에 준하는 직무수행중 사망한 자
2. 제1항제3호 나목 및 제4호 : 전투 또는 이에 준하는 직무수행중 상이를 입은 자 또는 상이를 입고 그 상이로 인하여 사망하였다고 의학적으로 인정된 자
3. 제1항제5호 가목: 교육훈련 또는 직무수행중 사망한 자(공무상의 질병으로 사망한 자를 포함한다)
4. 제1항제5호 나목 및 제6호: 교육훈련 또는 직무수행중 상이(공무상의 질병을 포함한다. 이하 이 호에서 같다)를 입은 자 또는 상이를 입고 그 상이로 인하여 사망하였다고 의학적으로 인정된 자
5. 제1항제11호 가목: 공무로 인하여 사망한 자(공무상의 질병으로 인하여 사망한 자를 포함한다)
6. 제1항제11호 나목 및 제12호: 공무로 인하여 상이(공무상의 질병을 포함한다. 이하 이 호에서 같다)를 입은 자 또는 상이를 입고 그 상이로 인하여 사망하였다고 의학적으로 인정된 자

③ 삭제 <2002.1.26>

④ 제1항의 규정에 불구하고 제1항제1호 및 제2호의 규정에 의한 순국선열·애국지사의 예우에 관하여 필요한 사항은 따로 법률로 정한다.<신설 1994.12.31>

⑤ 제1항제3호 내지 제6호·제11호 또는 제12호의 규정에 의한 국가유공자의 요건에 해당되는 자가 다음 각호의 1에 해당되는 원인으로 사망 또는 상이를 입은 경우에는 제1항 및 제6조의 규정에 의하여 등록되는 국가유공자와 그 유족 또는 가족

입은 재난관리 자원봉사자들이 세상살이에 눈치없고 어리석은 사람으로 치부되는 일이 없도록 하고, 특별히 복잡한 법적 절차와 판단을 별도로 거치지 않아도 의사상자나 국가유공자와 동등한 대우를 받을 수 있도록 법제도적으로 보호하고 예우해 주어야 한다고 생각된다.

재난의 직접적 피해자인 이재민에 대해서는 물론이거니와, 자원봉사자로서 활동하던 중에 신체적 부상이나 정신적·심리적 상처를 입은 재난관리 자원봉사자들에 대한 장기적인 추적 체계와 지원체계를 마련할 필요성이 있다. 이와 관련하여 <재난및안전관리기본법>에는 재난의 직접적 피해자인 이재민에 대해서조차 정신적·심리적인 충격과 상처에 대한 장기적인 추적과 지원을 보장하는 규정이나 그 이후의 근로 지원이나 직업적인 재활을 지원하는 규정이 없다.

자원봉사자로서 활동하던 중에 신체적 부상이나 정신적·심리적 상처를 입은 재난관리 자원봉사자들이 신체적·정신적·심리적 충격과 갈등을 극복하여 건강을 회복하고 성공적으로 사회에 복귀할 수 있도록 하기 위해서는 <재난및안전관리기본법>에 장기적인 추적 체계와 지원체계와 관련된 내용을 구체적 조문으로 명기하여 보호를 두텁게 해야 할 필요성이 있다.

재난관리정책은 자연재난이나 인위재난 등의 위험으로부터 국토와 국민의 생명, 신체 및 재산을 보호하는 것을 목적[36]으로 하고 있기 때

에서 이를 제외한다.<신설 2002.1.26>
1. 불가피한 사유없이 본인의 고의 또는 중과실로 인한 것이거나 불가피한 사유없이 관련법령 또는 소속상관의 명령을 현저히 위반하여 발생한 경우
2. 공무를 이탈한 상태에서의 사고 또는 재해로 인한 경우
3. 장난·싸움 등 직무수행으로 볼 수 없는 사적인 행위가 원인이 된 경우
4. 자해행위로 인한 경우

36) 재난및안전관리기본법(일부개정 2007.5.11 법률 제8420호) 제1소 (목적) 이 법은 각종 재난으로부터 국토를 보존하고 국민의 생명·신체 및 재산을 보호하기 위하여 국가 및 지방자치단체의 재난 및 안전관리체제를 확립하고, 재난의 예방·대비·대응·복구 그 밖에 재난 및 안전관리에 관하여 필요한 사항을 규정함을 목적으로 한다 ; 자

문에 다른 어떠한 분야의 정책집행에서보다 더 많은 전문성, 감수성, 일관성, 및 협조・조정 관계 등이 요구된다. 그럼에도 불구하고 실제 위기관리정책의 집행과정에 참여하고 있는 다수의 조직들은 아직도 해이하고 분산된 집행구조를 이루고 있어서 정책의 조정이 힘들고 정책집행의 일관성과 전문성이 확보되지 않을 가능성이 높아 궁극적으로는 정책의 효과성에 문제가 생길 수 있다.[37)]

재난관리 정책추진의 주된 주체는 중앙정부 및 지방정부가 대표되는 관계, 개인이나 기업 및 시민단체 등이 대표되는 민간계, 그리고 대학이나 관련 연구소가 중심이 되는 학계라고 볼 수 있다.[38)] 모든 분야의 정책집행에서 유사한 양상이지만, 이들 관・민・학 3자는 평상시 그들 고유의 독특한 역할을 독자적인 영역에서 수행하고 있다가, 재난이 발생하였을 경우에는 사안에 따라서 이들 3자가 단독적으로 혹은 복합적으로 연대하여 공동참여함으로써 재난관리정책을 추진하게 된다. 개인적 혹은 집단적 재난관리 전문자원봉사자는 관・민・학 3자의 지지를 받으며, 그들 3자와 긴밀하게 연계되어 그들의 일부로서 혹은 독립된 전문자원봉사자로서 재난관리의 단계별로 고유한 전문적 역할과 업무를 수행하게 된다.

국가 및 지방자치체는 재난으로부터 국민의 생명・신체 및 재산을 보호할 책무를 지고, 재난의 예방과 피해경감을 위하여 노력하여야 하며, 발생한 재난을 신속히 대응・복구하기 위한 계획을 수립・시행하여야

연재해대책법(일부개정 2007.7.23 법률 제8541호) 제1조 (목적) 이 법은 태풍・홍수 등 자연현상으로 인한 재난으로부터 국토를 보존하고 국민의 생명・신체 및 재산과 주요기간시설을 보호하기 위하여 자연재해의 예방・복구 그 밖의 대책에 관하여 필요한 사항을 규정함을 목적으로 한다.

37) 이재은, "한국의 위기관리정책에 관한 연구(집행구조의 다조직적 관계 분석을 중심으로)", 4-5면, 연세대학교 대학원 행정학박사학위논문, 2000.1.

38) 학계는 경우에 따라서는 민간계의 중요한 한 부분으로 분류할 수 있고, 자원봉사자도 역시 민간계의 한 부분으로 분류할 수도 있으나, 본 졸고에서는 재난관리의 전문자원봉사자로서의 학계의 역할을 강조하려고 한다.

한다.[39]

그러나, 오늘날과 같이 다양한 철학과 가치관를 바탕으로 한 각기 다른 주장과 요구가 존재하는 상대주의적 사회에서는 정부만의 역할과 권능만으로는 사회 문제를 해결하기가 대단히 어렵다. 이에 정부와 다양한 민간 영역의 행위 주체가 함께 권위와 책임을 공유하는 사회적 조정 과정이나 제도의 필요성이 등장하였는데 이것이 거버넌스의 개념이다.[40]

거버넌스는 정부 및 사회 제 세력의 참여와 공조를 통한 공공업무의 수행을 추구하고 있는데, 특히 NGO와의 협력관계를 강조한다.[41] 오늘날 우리나라 지방정부의 현황은 지방정부 단독으로 재난관리와 관련된 모든 공공업무를 해내기에는 너무나 역량과 재원이 부족하다. 따라서 지방정부가 주어진 재난관리업무를 원활히 수행하기 위해서는 우선적으로 중앙정부의 적극적인 지원과 협조가 있어야 함은 물론이고, 이에 더하여 지역의 시민단체, 기업 및 각종 이익집단 등의 다양한 민간 영역단체의 도움이 필요하다.

효율적인 재난관리 전문자원봉사자들의 활동이 이루어지기 위해서는 국가적으로 모집되고 분류되어 전문적 역량에 따라 조직화된 자원봉사자들이 다시 지역별로 재구성되어 소규모 지역단위에 거점을 두는 풀뿌리 자원봉사단체를 기본단위로 전국적 규모의 네트워크를 구성하고, 이에 행정기관들이 적극적으로 참여 혹은 협력·지원할 필요성이 크다.

① 예방단계

앞에서 살펴본 바와 같이, 재난관리의 예방단계에서의 전문자원봉사자들의 역할은 단독으로는 사회 각 분야에서의 안전의식의 고취와 안전문화의 형성, 특수업무 분야별로 상설 재난예방특별업무수행팀을 구성,

---

39) 재난및안전관리기본법 제4조(국가 등의 책무).

40) 박상필, 「NGO학」, 501-502면, 아르케, 2005.

41) 이은애, "재난구호 자원봉사활동에 관한 연구(한국과 일본의 사례를 중심으로)", 제3차 위기관리 이론과 실천 학술회의(2006.4.21) 발표논문집, 4면.

팀 내 혹은 팀간의 재난의 예방을 위한 전문지식에 대한 사전교육, 훈련 및 협조·소통교육의 수행, 재난 취약 지역에 대한 사전안전감시활동 및 대민 안전의식교육, 위험의 사전감지활동 등을 수행하는 것이 될 수 있고, 관·민·학계와 협력하여 재난 관련 법규의 정비, 재난관리 분야의 연구수행, 재난관리 공영방송의 운영, 시설 및 장비의 안전검사 실시, 기업이나 관공서 및 학교 등에 안전내규의 마련 등의 업무를 추진하는 것이 된다.

이 단계에서 국가는 특히 재난관리 전문자원봉사자들이 모여서 국가적 조직을 만드는 데 필요한 모든 행정적 지원을 아끼지 않아야 할 것이다. 즉, 자원봉사자들이 다양한 통로를 통해 전문영역별로 재난관리 전문자원봉사자로서 국가적 관리망에 등록될 수 있도록 국가행정망을 동원하여 적극적으로 지원을 하는 동시에, 재난관리 분야별 재난관리 특별업무팀을 구성하도록 하여 유관 행정기관과의 연계관계와 정보공유체계를 형성할 수 있도록 지원하여, 향후 재난관리 전문자원봉사자들이 재난관리의 각 단계에서 원활하게 재난관리활동을 수행할 수 있도록 하기 위한 인적 네트워크와 정보 네트워크의 기반을 구축해야 한다.

② 대비단계

이 단계에서의 전문자원봉사자의 역할은 단독으로는 구호물자 및 장비의 확보, 분야별 전문재난실무구호팀의 구성과 분야별 전문구호프로그램의 개발, 교육 및 훈련 등의 업무를 수행하는 것이 될 수 있고, 관·민·학계와 협력하여 구호자원의 확보, 구호기금의 적립, 방재시설과 장비의 점검, 분야별 재난구호프로그램의 개발, 교육 및 훈련, 그리고 국가안전관리정보시스템의 네트워크구축에 전문자원봉사자로서 참여하여 재난관리팀의 일원으로서 활동할 수 있고, 기업 등 민간단체의 피고용인들의 교육 및 훈련, 시설과 장비의 안전점검 등의 업무를 수행하는 것이 된다.

국가 및 지역의 지방자치단체는 분야별 전문재난실무구호팀의 구성을 재정적 및 행정 절차적으로 지원할 뿐 아니라, 전문재난실무구호팀의 재난대비활동을 원활히 수행할 수 있도록 지속적인 협력관계를 유지하고 유관단체 및 행정기관과의 효과적인 재난관리정보의 공유와 합동훈련 등을 위하여 적극적 지원을 해야 한다.

재난관리서비스가 관·민·학 공동 참여 하에 합리적인 역할분담과 효과적인 상호협력을 통해 효율적으로 이루어지기 위해서는 다음과 같은 재난관리체계상 네트워크의 선결 요건이 갖추어져야 한다.42) 첫째, 재난관리에 참여하는 인적 자원들간의 네트워크 구축이 필요하다. 둘째, 재난관리에 동원되는 물적 자원의 관리를 위한 네트워크가 또한 구축되어야 한다. 셋째, 재난발생 후 이재민의 피난과 대피를 위한 장소의 관리·이용을 위한 공간활용 네트워크를 구축하여야 한다. 넷째, 인적, 물적 및 공간적 자원의 관리를 위한 네트워크가 개별적으로는 구축되어 있다 하더라도, 전체적 관점에서의 효율적인 재난관리를 위해서는 이들 개별적 네트워크간의 유기적 연계를 위한 메타 네트워크의 구축이 필요하며, 이러한 메타 네트워크의 구축에는 거버넌스적 전략이 요구된다.43)

재난관리를 위한 다양한 네트워크의 구축과정에 있어서도 정부와 다양한 민간 영역의 행위주체가 함께 권위와 책임을 공유하며 참여해야 하는데, 특히 재난관리 전문자원봉사자들의 전문적인 참여가 필요하며, 이를 위해서는 재난관리 업무를 담당하는 중앙정부나 지방자치단체의 공무원들의 의식구조가 좀더 개방적으로 전환되어,44) 재난관리활동의

---

42) 이은애, "재난구호 자원봉사활동에 관한 연구(한국과 일본의 사례를 중심으로)", 제3차 위기관리 이론과 실천 학술회의(2006.4.21) 발표논문집. 5면.

43) 이재은·양기근, "재난관리의 효과성 제고 방안: 시민참여와 거버넌스", 「현대사회와 행정」 제14권, 77-78년, 한국국정관리학회, 2004.

44) 예를 들면, 국가공무원법(일부개정 2007.5.11 법률 제8423호) 제28조의4에 의하여 '개방형직위'제도를 두어 민간 전문가의 공무원 진입의 갈을 열어 두고 있으나, 처음 의도한 효과를 거두지 못하고 있는 가장 큰 이유는 일반 전문가들이 공무원 사회의 폐

과정에서 필요한 전문 영역별로 권한과 역할 및 결정 처분권의 일부분을 민간 분야, 특히 재난관리 전문자원봉사자들과 과감히 사전 조율을 통해 합리적으로 나누어 가져야 한다. 이는 재난관리정책이나 재난관리와 관련된 행정 업무를 관장하는 최고위 수준에서 이루어질 때 실효성이 확보될 수 있을 것이다.

③ 대응단계

현실적으로 재난관리의 대응단계에서 재난관리 전문자원봉사자들이 자원봉사 활동을 하면서 겪는 어려움은 세 가지 범주로 요약할 수 있다. 첫째, 정보공유시스템이 없다는 것이다. 둘째, 전문적 재난관리를 수행하는 데 필요한 장비가 부족하다는 점이다. 셋째, 전문적 대응 인력의 수급이 원활치 못하고 이를 전문적으로 관리하는 부서가 없다는 점이다.

사실상, 이러한 문제점의 대부분은 앞서의 예방단계와 대비단계에서 필요한 관리와 조치들이 적절히 이루어졌다면 겪지 않아도 될 수 있는 것들이다. 그러나 예방단계와 대비단계에서 필요한 관리와 조치가 완벽하게 이루어졌다 하더라도 실제 대응단계에서는 새로운 또 다른 과제들이 주어지게 된다.

특히 재난발생 이후에 새로이 참가를 희망하는 자원봉사자들의 등록과 분류 및 관련 행정기관과의 협조체계를 구축하고, 여러 곳에서 파견된 전문자원봉사자들의 재분류 및 상호간 정보교환 및 협조체계의 구축

쇄적 의식구조와 관행에 적응하고 넘어 선다는 것이 말처럼 쉽지 않기 때문이다:.국가공무원법(일부개정 2007.5.11 법률 제8423호) 제28조의4 (개방형직위) ① 임용권자 또는 임용제청권자는 당해 기관의 직위중 전문성이 특히 요구되거나 효율적인 정책수립을 위하여 필요하다고 판단되어 공직 내부 또는 외부에서 적격자를 임용할 필요가 있는 직위에 대하여는 이를 개방형직위로 지정하여 운영할 수 있다. 다만, 「정부조직법」 등 조직관계법령의 규정에 의하여 1급 내지 3급 공무원 또는 이에 상당하는 공무원으로 보할 수 있는 직위(고위공무원단 직위를 포함하며, 실장·국장 밑에 두는 보조기관 또는 이에 상당하는 직위를 제외한다)중 계약직공무원으로도 보할 수 있는 직위는 이를 개방형직위로 본다.<개정 2005.12.29>

등은 재난관리 전문자원봉사자의 관점에서는 대단히 중요하다.

자원봉사자들의 이러한 재난대응업무 수행을 행정적으로 지원한 대표사례로서, 1995년 한신・아와지 대지진 당시의 나카타구의 예와 니시노미야시의 예를 들 수 있다.[45] 당시 지진으로 인해 교통이 두절되어 자원봉사자들이 재난현장에 가지 못하고, 나카타구에 집결해 있었는데, 나카타구청에서는 쇄도하는 자원봉사자들을 위해 구청에 '나카타 볼런티어 룸'을 마련해 주어 자원봉사자단체들이 이 공간을 거점으로 활동을 시작하게 되었고, 자연스럽게 정보교환이 이루어지게 되었으며, 그 '나카타 볼런티어 룸'이 구청 내에 있었기 때문에 재난관련 현황 및 정보의 획득, 재난구호활동에 필요한 장비와 설비의 지원 등에 큰 도움을 받을 수 있었다. 또한 '나카타 볼런티어 룸'에 모인 단체의 지도자들은 리더미팅을 정례화하여 의견교환을 하였고, 자연스럽게 팀별 특성에 따라 재해 구호기능을 분담하게 되었으며, 전체 자원봉사자의 활동이 전문적・효율적으로 이루어질 수 있었다.

한편, 한신・아와지 대지진 당시 니시노미야시에서 활동했던 단체들의 네트워크조직으로 NVN(Nippon Voluteer Network)이 있었다. 재난발생 후 시청 내부의 자원봉사자와 외부의 자원봉사자 사이의 네트워크에 시청이 정식으로 네트워크의 구성원으로 참여함으로써 발족된 조직으로, 이후 시 당국과 연계된 자원봉사자들은 사무국을 시청사 지하에 설치하였고, 니시노미야시는 언론기관을 통해 네트워크의 발족을 홍보하고, 자원봉사자단체와 함께 자원봉사자의 접수, 파견, 물품의 반입・분류・반출 및 정보의 수집 등의 활동을 하였으며, 시청 내에서도 자원봉사활동에 대한 지원요청서가 각 실무 부서에 전달되어 니시노미야시가 NVN을 전폭적으로 지원하게 되었다. 현재에도 일본에서는 이러한

45) 이은애, "재난구호 자원봉사활동에 관한 연구(한국과 일본의 사례를 중심으로)", 제3차 위기관리 이론과 실천 학술회의(2006.4.21) 발표논문집. 8-9면.

행정기관이 참여한 협력 방식을 '니시노미야 방식'으로 부르고 있다.

④ 복구단계

이 단계에서의 전문자원봉사자의 역할은 재난피해 지역의 경제재건, 이재민의 생활회복, 이재민을 비롯하여 모든 재난관리 참여자의 신체적·정신적·심리적 상처의 치유를 목표로 하게 되고, 단독으로는 특별한 피해를 입은 이재민이나 유가족 또는 취약계층에 대한 특별구호와 전문적 지원, 이재민 생활안정을 위한 전문적 복구공사 등의 업무를 수행하는 것이 될 수 있고, 관·민·학계와 협력하여 도로, 다리 등 공공시설의 복구, 세금감면과 위로금 및 지원금의 지급, 기업 등 다른 민간단체와 협력하여 지속적으로 경제적 후원을 제공하거나, 보상 혹은 배상 관련한 법률적 자문과 소송지원, 자매결연의 형태를 유지하며 필요한 대상들에게 지속적인 특별구호와 전문적 지원을 제공하는 등의 업무를 수행하는 것이 된다.

우리나라의 재난관리는 현장에서의 단기적인 구호와 복구를 중심으로 이루어지고 있는 것이 현실이다. 따라서 외형적으로 표출된 재난으로 인한 외적 피해와 손상을 위주로 하여 이루어지고 있는 것이 사실이다. 물론 이러한 과정의 중요성은 더 강조할 필요가 없을 만큼 당연한 것이지만, 재난피해자들이 중·장기적으로 고통받고 있을 뿐만 아니라, 경우에 따라서는 일생을 그러한 재난의 정신심리적 후유증을 벗어 나지 못하는 외상후스트레스장애(post-traumatic stress disorder, PTSD)와 같은 경우에 대해서는 재난의 통합적 관리라는 측면에서 지속적 관심을 보여 주고 있지 못한 점은 앞으로 개선되어야 할 것으로 생각되며, 이러한 관점에서 향후의 재난관리는 재난 그 자체나 그로 인한 손해와 손상이라는 개괄적·외형적 상황을 중심으로 하기 보다는 인간을 중심으로(personalize)하여 재난이라는 충격을 경험하고 극복해 나가는 재난피해자 혹은 지역주민의 심리적 과정에 따라서 전개될 필요가 있으며, 인간을 중심으로 하는 경우에도 전체 재난피해자를 통계적 관점에서 바라볼 것이 아니라 한 인간이 가지는 특별한 차이를 고려한 개별화된 관점(individualize)에서 접근해야 할 필요성이 있다.

재난의 복구단계에서 많은 전문자원봉사자들이 참여하게 되겠지만, 자원봉사자들의 활동이 전문적으로 원활히 이루어지기 위해서는 행정기관의 협조와 지원은 예방, 대비 및 대응단계와 연계되어 지속적으로 이루어져야 할 것이다. 학계에서도 전문학문 분야별로 신체적·정신적·심리적 상처의 치유, 특별한 피해를 입은 이재민이나 유가족 또는 취약계층에 대한 특별구호와 전문적 지원, 이재민 생활안정을 위한 전문적 복구공사 등의 업무를 수행하는 데에 큰 역할을 할 수 있고, 이는 비교적 장기적으로 이루어져야 하는 활동이므로 그에 필요한 장비와 물자 및 경비의 지원을 관련 행정기관이나 재난 구호기금 등에서 지속적으로 해야 할 필요성이 크다.

재난관리에 필요한 자원봉사자의 개인적 역량 및 자원봉사자집단의 조직적 대처능력의 기반을 효율적으로 구축하기 위해서는 법제화 및 행정적 지지를 통하여 기본적인 틀을 만들어 나가는 것이 필요하지만, 궁극적으로는 국가나 지역사회에 하나의 국민정서와 문화로써 자리잡을 수 있도록 해야 한다. 국민정서와 문화의 영향력은 두드러지게 드러나지 않지만 어떠한 제도의 힘보다 강하기 때문이다.

① 솔선수범 봉사정신(노블리스 오블리주)의 국가적 고취 및 책임의식의 사회적 함양

재난관리에 관한 전문자원봉사자를 확보하기 위해서는 국민 모두가 국가재난시의 자원봉사를 자연스럽고 당연한 국민의 의무라고 받아들여, 위험과 희생의 우려가 있음에도 불구하고 자발적으로 나설 수 있는 공감대가 형성되어 국민정서화되어야 한다. 이를 위해서는 사회지도층의 솔선수범이 무엇보다 중요하고, 재난관리와 관련하여 전문적 지식과

경험을 가진 관련 분야의 전문가들도 그러한 지식과 경험이 자신 혼자만의 소유물이라고 생각하지 말고 국가와 사회에 환원해야 할 국가와 사회로부터 받은 특혜라고 여길 수 있는 마음가짐이 있어야 한다.

지도층의 솔선수범은 우리나라의 경우에는 참으로 요원하게 느껴지는 점이 많다. 지난 대선의 경우에서 보았듯이, 집권 여당의 유력한 대통령 후보가 아들의 병역면제비리 의혹으로 결국 선거에서 패배하였고, 또한 최근에 보도된 병역특례비리에서도 보았듯이, 재벌 사업가, 유력 정치인, 국립대학교 교수, 고위 관료 등 소위 사회지도층 인사들이 다수 연루되어 있었다는 사실은 국가재난시 국가와 국민의 생명과 재산을 보호하기 위하여 위험을 무릎쓰고 자원봉사에 나설 수 있는 국민정서와 국가·사회적 분위기의 함양에 관하여 논의하고 있는 사람들에게는 참으로 기운 빠지게 하는 일이다.

우리와 많이 대조되는 일들이 영국에는 많이 있다. 사실상, 한때 세계를 제패했던 나라로서 당연한 전통이라고 볼 수 있고, 바로 그러한 정신의 결핍이 우리를 기껏 6·25 후 폐허 속에서 10대 경제대국으로의 경제기적을 이루어 낸 극동의 작은 나라의 수준에 머무르게 하고 있는지도 모른다.

영국의 명문 Eaton School의 교정에는 그 학교 출신으로 1차세계대전과 2차세계대전에 자원입대하여 전사한 선배들의 이름이 적힌 기념비가 서 있다고 한다. 영국 왕실은 물론, 귀족계급들이 가장 선호하는 그 학교에서 다른 어떤 학교보다 많은 자원입대전사자들이 나왔다는 사실을 졸업생들은 물론 학교 관계자들과 재학생들도 가장 큰 자랑으로 여기며, 그러한 노블리스 오블리주의 정신을 이어 간다고 한다. 그러한 사회지도층으로서 솔선수범하여 국가를 위해 행하는 희생과 봉사가 오늘날까지 국민의 존경을 받으며 영국 왕실과 귀족제도를 유지할 수 있게 해주는 힘이 되고 있다고 한다.

영국 왕실은 노블리스 오블리주의 실천으로 유명하다. 영국은 국방과 관련하여 모병제를 택하고 있지만, 왕실의 남자들은 모두 군복무를 자원하고 있을 뿐 아니라, 앤드루왕사는 1982년 포클랜드전쟁에 헬기조종사로 직접 참전하였으며, 해리왕자도 2007년 5월 이라크전선으로의 투입을 자청하였다.[46)]

사회지도층과 관련 분야의 전문가들의 솔선수범 외에, 국민 모두가 국가재난시의 자원봉사를 자연스럽고 당연한 국민의 의무라고 받아들여, 위험과 희생의 우려가 있음에도 불구하고 자발적으로 나설 수 있는 국민적 공감대를 형성하는 데에는 여러 가지 방법들이 필요하겠지만, 최우선적으로는 우리나라의 국가적 교육체계의 근간에서 그에 관한 교육의 역할과 임무를 담당해 주어야 할 것이다. 건강한 사회의 건전한 시민의식의 함양을 위해서는 아주 어린 시절부터 가정, 학교, 사회, 그리고 국가의 모든 영역에서 국가재난시 자원봉사에 대한 교육과 실천을 행하는 것이 필요하다.[47)]

한편, 헌법규범은 한 국가의 근본규범으로써의 위치를 가지고 있으므로 헌법의 규정은 일면 최고의 법적 지지체계로서 역할을 수행하지만, 국가 및 지방자치단체의 행정행위는 헌법이 추구하는 이상을 실현하기 위한 구체적 작용이고, 또한 헌법이 규정하고 규율하는 개별적 사항들은 그와 관련하여 모든 국민의 생활과 국가사회의 목표를 제시하고 이끌어 나가는 천체에서의 북극성과 같은 역할을 하는 것이기 때문에 헌법의 조문에 구체적으로 명기된다는 것의 의미는 단순히 일반 법률규정

46) 동아일보, "(사설)자청해서 이라크전선 가는 영국 해리 중위", 2007.05.03.

47) 종교적인 신념에 의한 자원봉사의 경우에는 표면적인 형식이 순수한 의미의 자원봉사라고 해도 종교적 신념의 충돌이라는 문제에 봉착하게 되면 그 의미가 달리 해석되기도 한다, 근자 발생한 탈레반 한국 의료봉사단 납치억류사건에서도 일부 탈레반의 강경 회교근본주의자들은 타종교의 선교를 절대 묵인할 수 없다는 회교율법상의 이유를 주장하였다고 한다: http://www.kinds.or.kr, "탈레반, 처음엔 여성인질 풀어주려 했다", [민중의소리] 2007-08-07 3852자. 1

으로서 법제화되는 것과는 차원이 다르다. 따라서 헌법과 관련해서는 오히려 국가적·사회적 지지체계로서의 기능이 매우 중요하다.

이러한 관점에서 국민의 의무에 관한 헌법의 조문을 살펴보면, 제38조에서 납세의 의무를, 제39조제1항에서 국방의 의무를 규정하고 있고, 국민의 자유와 권리를 제한하여 결과적으로 어떤 의무를 지울 수 있는 근거로서 제37조제2항[48]이 있다.

앞서 살펴본 바와 같이, 헌법 제37조제2항은 국민의 자유와 권리를 제한할 수 있는 경우로서 "국가안전보장, 질서유지 또는 공공복리를 위하여 필요한 경우에 한하여"라고 하고 있으며, 국가재난의 경우에도 국가안전보장을 위협하는 국가위기상황으로 받아들이고 있는 것이 법적 현실이므로 국가안전을 위협하는 국가재난시에는 헌법 제37조제2항을 근거로 하여 필요한 전문인력뿐만 아니라, 모든 국민에게 요구되는 적절한 자원봉사를 위한 동원을 명할 수 있을 것으로 생각되며, 이러한 국가재난시 국민의 의무적 자원봉사에 관한 사항을 헌법에 국민의 의무에 관한 부분에서 명시한다면 이는 의무적 자원봉사에 대한 강제 동원의 법적 근거를 마련하는 차원을 넘어서서 우리 사회의 근본정서를 지지하는 사회·문화적 체계로서 작용할 수 있을 것이다.

그리고, 자원봉사에 대한 사회적 책임의식과 관련하여 최근의 방송보도[49]를 예로 하여 언급해 본다. 오늘날 우리 사회에서는 자원봉사를 생활화 및 자연스러운 국민정서화하기 위해서 중·고교 학생들에게 사회자원봉사를 의무화하고 있고, 그러한 방면에서 탁월한 활동을 한 학생에게는 대학입시 등에서도 특별한 대우를 하는 등 자원봉사활동의 활성화를 위해 제도적인 노력을 기울이고 있다. 그러나, 중·고교 학생들에

48) 헌법 第37條 ② 國民의 모든 自由와 權利는 國家安全保障·秩序維持 또는 公共福利를 위하여 필요한 경우에 한하여 法律로써 제한할 수 있으며, 제한하는 경우에도 自由와 權利의 本質的인 내용을 침해할 수 없다.

49) SBS, 출발모닝와이드, 2007.8.6.

게 교육적 의미에서 의무적으로 부과하고 있는 사회 자원봉사의 실태를 보면 자원봉사의 생활화 및 자연스러운 국민정서화라는 근본 목적과는 거리가 멀다. 상기 보도에 의하면, 2007년 미스 인천 선발대회에 시내 중·고교 여학생들이 대거 참관하고 있어 취재를 하였는 바, 대회 참관을 하는 경우 자원봉사점수를 준다고 해서 대회에 참석하였다고 하였다. 대회 주최측은 관객 동원을 위해 중·고교 학생들의 의무적 자원봉사를 이용하고 대회를 성황리에 마쳐서 목적을 달성하고, 학생들은 그들에게 부과된 의미를 잘 모르는 자원봉사과제를 하나 해 치우고 해당 자원봉사점수를 취득하였으므로 모든 것이 잘 되었다고 생각하는 환경에서 자원봉사의 생활화 및 자연스러운 국민정서화는 요원하기만 하다. 자원봉사자를 비롯하여 자원봉사와 관련되는 업무를 담당하는 모든 사람들의 의식이 근본적으로 바뀌지 않는다면, 어떠한 제도도 공허한 것이 될 뿐이다.

② 재난관리 전문자원봉사조직의 육성

이를 위해서는 재난피해자 및 재난 위험 지역의 잠재적 피해자들을 일상적으로 접촉하고 지속적인 영역별 전문 자원봉사서비스를 제공할 수 있도록 하기 위해서는 상설 전문자원봉사서비스센터를 설치·운영하여 평상시 주민들에게 필요한 다양한 대민 서비스를 제공하는 한편, 재난관리의 단계별로 전문 자원봉사서비스를 제공할 수 있도록 자원봉사자를 조직화할 필요성이 크다.[50] 예를 들면, 재난의 예방을 위해서는 전문 자원봉사자들로 구성된 '재난위험분석팀'을 운용하여 위험요소 파악, 위험분석 및 피해 취약성 분석 등의 활동을 하여 재난 취약 대상과 취약 지역을 지도화할 수 있고, 재난의 대비의 측면에서는 민간 자원봉사자들로 구성되어 체계적인 재난관리교육을 시행하고 있는 전국적인

---

50) 최남희, "재난 피해자의 사후 지원(재난피해자의 사회 복귀)", 「한국위기관리논집」 제2권 제2호(2006, 겨울), 17면.

조직체계인 미국의 '지역재난대응팀(Community Emergency Response Team, CERT)'[51]과 같은 민간자원봉사대를 조직하여 체계적인 교육과 훈련을 시행하고, 재난발생시에는 빠른 시간 내에 필요한 재난대응을 효과적으로 할 수 있도록 상설 운용하여야 할 필요성이 크다. CERT는 1986년 미국 L.A.에서 처음 조직되어 전국적으로 미연방위기관리청(Federal Emergency Management Agency, FEMA)의 지원 아래 급속히 확산된 민간자원봉사대의 일종이다. L.A.는 지진이 잦은 지역으로 지진 발생시 도로, 교량 등의 기반시설이 붕괴되어 버리고, 따라서 긴급구조팀이나 재해구난팀이 빠른 시간내에 해당 피해 지역에 도달할 수가 없는 경우가 흔히 발생하자 그와 같은 경우에는 피해자 본인이나 피해를 입지 않은 주변 시민들의 구조활동이 대단히 중요하다는 것을 깨닫고 최초로 조직하게 되었다. 그와 더불어 구조에 참여한 자원봉사자들 또한 인명을 잃는 사고가 종종 발생하였고, 그에 따라 자원봉사자들의 활동을 증진시키고, 자원봉사자들의 피해를 줄이기 위해 전국적으로 지역재난대응팀을 구성하여 체계적인 교육을 시행하고 있다.

우리나라에서도 CERT와 같은 조직을 구축해야 할 필요성이 있음은 물론이고, 이를 좀더 발전시켜 전문 분야별로 세분화하여 재난관리 전문자원봉사팀을 상설적으로 구성하고 지속적으로 활동할 수 있도록 육성해야 한다고 생각된다. 그렇게 되기 위해서는 법적·행정적 지원도 필요하겠지만, 우선적으로는 재난관리 전문자원봉사팀 조직의 육성에 관한 국가적·사회적 공감대가 형성되어야 하는바, 관련 교육기관 혹은

---

51) "이들의 역할은 예방 및 대비시 간단한 화재 경보기의 설치 및 점검, 교육훈련, 대피소와 이재민 구호물자 및 장비점검, 관리대장의 보완, 각종 지방 행사에 참가하여 주민홍보를 담당한다. 재난발생시에는 응급 처치, 간단한 긴급구조, 긴급차량의 원활한 소통을 위한 장애물의 제거, 환자 수송, 이재민 파악 및 관리, 수용소 관리, 재난관리 부서에서 문서 전달, 전화 응답, 시설 복구, 의연금품의 관리 및 배분 등을 수행한다": 이재은 외, 「재난관리론」, 151면, 대영문화사, 2006.

언론 매체나 방송 매체를 통하여 적극적으로 홍보하고 관심을 고취하여, 모든 국민과 지역사회의 주민들 및 자원봉사자들의 마음 속에 구체적인 가치관으로서 확고히 받아들여져서 우리 사회에 하나의 정서와 문화로서 자리잡을 수 있도록 해야 할 것이다.

③ 보상장려제도

최근 자원봉사활동이 사회적으로 활성화되고, 자원봉사활동 기본법이 제정되어 제도적 여건 마련에 기틀을 마련하고는 있으나, 전문자원봉사자들의 자원봉사활동 중단의 비율이 상당히 높은 것이 사실이다. 경험 있는 전문자원봉사자들의 중도 탈락은 관련 기관의 자원의 낭비, 원활한 자원봉사 서비스 제공의 장애, 동료 자원봉사자의 사기 저하 및 관련 기관의 자원봉사자 활용 기피현상 등을 초래할 수 있으므로, 자원봉사활동의 활성화를 위해서는 새로운 자원봉사자를 발굴하는 것도 중요하지만, 그와 함께 기존의 자원봉사자를 지속적으로 활용할 수 있는 방안의 모색도 중요하다.[52]

자원봉사자에게 실비의 경비를 지급하는 것은 자원봉사를 촉진한다는 동기부여의 의미로 받아들여지고 있고, 보상이라기보다는 인센티브의 개념에서 어느 정도 허용하고 있다.[53]

경제적 인센티브를 제공하지 않더라도 심리적·사회적 보상은 자원봉사활동의 지속성을 높이기 위하여 오래 전부터 강조되어 왔다.

김혜선의 연구[54]에 의하면, 물질적인 포상만족, 사회적 인정 만족 정도 및 피드백 만족도가 자원봉사 참여 만족도와 강한 정(+)의 상관관계

52) 김상욱, "자원봉사활동의 만족도에 영향을 미치는 제요인", 서울대학교 대학원 석사학위논문, 2면, 1990.

53) 김혜선, "자원봉사자에 대한 인센티브제공이 봉사활동에 미치는 영향", 인천대학교 행정대학원 석사학위논문, 4면, 2004.12.

54) 김혜선, "자원봉사자에 대한 인센티브제공이 봉사활동에 미치는 영향", 인천대학교 행정대학원 석사학위논문, 국문요약, 2004.12.

를 보였다.

요컨대, 재난관리 전문 자원봉사자들이 재난관리 전문자원봉사활동을 수행하는 데 소요된 비용과 노력에 대해서는 실비보상을 기본적으로 해야 하며, 실제 재난관리활동의 사후 평가 및 생산적 환류 제도를 통하여 훈·포상을 통하여 보상 및 장려해 주어야 할 것이고, 전문적이고 체계적인 인센티브를 제공하기 위한 제도적 장치의 마련과 시행을 적극 지원해야 한다.

제6장

결 론

2006년도에는 23일이나 걸쳐 장기간 계속된 호우로 많은 피해가 있었으며 그 중 가장 피해가 컸었던 강원도 인제군과 평창군을 대상으로 자원봉사자 활동에 관한 현지조사를 실시하였다. 그리고 기록적인 피해를 야기했던 대규모 재난에 대한 사례를 검토하고 주요 재난관련 전문봉사단체를 중심으로 한 자원봉사활동 사례도 살펴보았다. 또한 주요 국가의 자원봉사활동 사례를 검토하였다. 이를 통해 자원봉사자 수요 및 필요역량을 분석하여 자원봉사체계를 정비하는 데 기여하고자 하였다. 주요 정책적 제언은 다음과 같다.

관리체계에서는 일선에서 구호물자관리에 중심적으로 활동하고 있는 이장 및 자원봉사단체들의 전문화 방안, 기업체와의 협력 등을 논하였고, 고립 지역에 대한 지원체계 그리고 봉사활동 운영 매뉴얼 개발의 필요성 등을 제언하였다.

그리고 교육체계에서는 재난분야별 전문교육, 현장 오리엔테이션교육, 자원봉사자관리자 양성교육 등의 필요성을 설명하였고, 교육과정 확립, 자원봉사자 데이터베이스 구축, 교육 강사 육성, 대중 매체를 통한 교육 등을 제언하였다.

지원체계에 대해서는 국가안전관리정보시스템, 봉사자관리전산프로그램, 봉사자 상해보험, 봉사활동 시간확인서 발급, 봉사활동 행정지원, 비상통신체계 확보 그리고 예방 예산 및 의연금 등에 대한 개선을 제시하였다. 또한, 재난관리 자원봉사자의 국가적 육성을 위한 제도화 방안으로 재난관리 전문봉사자의 자격인증 및 동원제도, 자질관리 및 연수교육제도, 사후 평가 및 생산적 환류제도, 재난관리 자원봉사자의 보상제도 등의 법제화를 제언하였다.

재난은 많은 사람이 협력하고 전문성이 결합되어서 대응하고 극복해야 하는 사태이다. 그러나 준비되지 않은 비전문적인 사람들이 집중되는 것이 언제나 재난관리 및 극복에 도움이 되는 것은 아니다. 재난이 발생하면 많은 사람들이 몰려들지만, 그러한 인적 자원이 효율적으로 활용되기 위해서는 개인적 능력과 기능을 적절하게 배분하고 활용할 수 있는 관리가 필요하다.

재난의 특성에 따라 필요한 인력을 모집하고 훈련함으로써 재난의 위기를 극복할 수 있다. 또한 재난은 발생한 후에 대처하는 것이 아니라 재난이 발생하기 전에 예측하고 대비하면서 대응 방식을 준비할 필요가 있다. 각 분야의 전문적인 인력과 기능을 보유한 전문가들이 일상적으로 불확실한 재난을 예상함으로써 피해를 최소화할 수 있을 것이다.

재난의 대응을 위한 재난 자원봉사활동을 확대발전시키기 위해서 다음과 같이 제안하고자 한다.

① 재난시 필요한 인력이 자유롭게 자원봉사활동을 할 수 있는 제도적・법적 장치가 마련되어야 한다.

② 지역의 전문인력 특히 대학 및 각종 연구소 등의 인력이 지역의 재난 연구에 자발적으로 참여하고 재난시 해야 할 활동의 방향을 제시할 필요가 있다.

③ 국가 차원의 재난 자원봉사활동을 촉진하는 지원방법이 모색되어야 한다.
④ 재난 자원활동 전문가를 양성할 수 있는 훈련 프로그램이 마련되고 지원할 필요가 있다.
⑤ 지역사회 내의 자생적 자원봉사단체를 활성화하여 재난 및 응급사태에 활동할 수 있는 전문자원봉사자로 전환 육성할 필요가 있다.
⑥ 전국적인 행정시스템을 자원봉사활동에 활용할 수 있는 협의가 필요하다.
⑦ 재난자원봉사활동에 대한 보다 체계적인 연구가 필요하다.

재난관리에 필요한 자원봉사자의 개인적 역량 및 자원봉사자집단의 조직적 대처능력의 기반을 효율적으로 구축하기 위해서는 국가나 지역사회에 자원봉사제도를 안정적으로 정착시켜 문화화해야 한다. 또한, 재난관리체계는 국가 및 지역사회가 공동으로 대응하는 하나의 체계로써 만들어져야 한다. 즉, 모든 국민과 지역사회의 모든 구성원들에게 일상적인 삶의 일부로서 자연스럽게 수용될 수 있는 재난관리체계를 마련하는 것이 필요하다. 전문화·조직화되어 있지 않은 개별 자원봉사자들의 역할과 임무를 국가 재난관리라는 큰 틀 안에서 재조명하고 재정립해야 할 필요성이 크다. 지역사회의 차원에서도 자원봉사자를 포함한 인적 자원과 물적 자원이 조화롭게 운용될 수 있도록 제도적 장치를 갖추어야 할 것이다.

재난관리 전문자원봉사자의 역량확대를 위한 지지체계를 갖추기 위해서는 법적·행정적 측면에서의 제도화를 넘어서서 사회·문화적인 제도화로 승화되어 우리 사회에 자연스러운 정서와 생활관습으로 뿌리내릴 수 있도록 해야 할 것이다.

모든 재난은 동일하게 반복되지 않으며 지역에 따라 다른 종류의 피해를 일으킨다. 따라서 재난 대응전략은 지역의 특성과 삶의 방식에 적합하게 구축되어야 한다. 뿐만 아니라 지역사회가 가지고 있는 기본적인 자원을 일차적으로 활용하는 방안이 마련될 필요가 있다. 공공기관의 일상적 재난관리 계획과 함께 지역사회 내의 지적·기술적 자원 및 기타 유통시스템을 활용할 필요가 있다. 미국의 경우 Community Emergency Response Team, 영국은 중앙정부의 가이드라인에 따라 지역별 위기극복 포럼(Regional Resilience Forum)이 구축되어 각각의 사고나 재난에 대응하는 전략을 수립하고 기술지원을 담당하고 있다. 이와 비슷한 지역 재난관리 협의체를 구성하는 것은 지역사회 자원을 활용하고 활성화하는 데에 큰 역할을 하게 될 것이다. 가설적으로 구상할 수 있는 지역사회 재난관리 협의체의 구성단위는 공공기관의 재난관련 부서와 지역의 전문가 집단, 대학, 의료계, 운송단체, 방재관련 업무수행 경험자들을 고려할 수 있다. 이와 함께 재난의 특성에 따라 다른 추가 단체 또는 인력이 참여할 수 있다.

① 대학 및 전문자원봉사 단체의 역할

지역사회에서 재난관련 기관이나 단체로 우선 고려할 대상은 지적 자원과 의료자원의 활용이다. 각급 학교와 의료기관들은 재난에 관한 연구와 훈련 및 비상시 안전장소로 활용될 수 있는 방안을 마련해 둘 필요가 있다. 특히 지역의 대학은 평소 재난관련 업무 및 대응 방법을 연구하고 다른 재난의 자료를 분석함으로써 효율적인 재난대응시스템을 구축할 수 있는 기초 자료를 제공한다. 또한 재난발생시 자생적 개인 자원봉사자들이 도착할 것을 예측하고 자원봉사자 교육 시스템을 마련해 둘 필요가 있다. 자생적 자원봉사자들이 직접 재난 지역에 도착하지 않고 일정한 과정의 검증 절차를 거치고 교육을 받은 후에 현장에 배치되도록 하는 지원 시스템은 해당 지역의 관청과 대학의 공조관계를 통해서 기능화될 수 있다. 자원봉사자들을 위한 교육의 내용은 앞서 언급한 재난의 특성 및 단계별 활동 범위에 따라 다르게 구성한다.

특히 전문적인 자원봉사조직은 과거의 경험을 통해서 자생적 자원봉사자들을 관리하고 직접 훈련을 담당하는 것이 바람직하다. 이러한 훈련은 과거 재난대응 자원활동의 결과와 효과 분석을 바탕으로 한 매뉴얼로 이루어질 수 있다. 또한 재난대응 자원활동의 규칙을 정하고 자원봉사 제도 및 관리의 프레임을 구축한다.

지역전문가 집단은 지역의 위험요인을 분석하고 지역사회의 현상태를 평가하고 잠재적인 위험성을 분석함으로써 위험 지도를 작성하고 그에 적절한 대응체계를 제안한다.

② 보건의료계의 역할

우리나라는 보건의료 전달시스템이 잘 구축되어 있다. 이들은 평소에 대민 서비스를 주로 시행하여 주민들과 친숙하고 지역의 건강 및 보건관련 정보를 가장 잘 축적하고 있다. 따라서 재난시 활용 가능한 인력과 시설의 규모를 정하고 응급대응에 필요한 대비체계를 마련한다. 특히 보건진료소와 보건진료원은 실질적으로 주민의 취약성과 우선 대피 대상을 가장 잘 파악하고 데이터베이스화하고 있다. 따라서 이들 기관이 보유한 정보를 활용하고 재난시 이들 인원을 자원봉사자로 전환할 수 있는 훈련이 필요하다.

평상시에 지역사회 인구 집단의 연령구성을 잘 분석하여 재해로 인해 피해를 받을 수 있는 집단과 취약대상을 확인하고 목록화한다. 특히 만성질환자 및 건강 문제를 내포하고 있는 사람에 대한 사전 정보는 재난시 매우 유용한 인명보호 자료가 된다. 이와 함께 재난과 재해시 발생가능한 질병과 건강관련 문제를 예측하고 대비한다.

③ 지역 복지단체 및 협의회의 역할

각 지역에는 중앙단체와 연결되었거나 지역의 자생적인 복지단체들이 있다. 노인, 어린이, 청소년 및 각종 장애인을 지원하고 돕는 단체들의 활동 요원들은 재난시 훌륭한 재난 자원봉사를 수행할 수 있다. 이들은 평소 접촉하고 복지서비스를 제공한 시스템 또는 네트워킹을 활용하여 긴급한 대피와 생존자 지원 활동을 수행할 준비를 한다.

노인들의 안전과 충격 해소를 위한 자원 목록을 만들고 활동 매뉴얼을 작성할 수 있다. 특히 복지사들의 역할은 보건의료서비스 체계와 함께 가장 원활하게 지역사회에 망을 형성하고 있다. 이러한 점에서 취약한 대상들을 위한 물질적 요구와 안전시설을 사전에 목록으로 마련할 수 있다.

④ 통신 및 운송시스템 종사자의 역할

재난이 발생하면 각종 물자와 인적 자원의 유통이 중요한 문제거리로 대두된다. 생존에 필요한 기본 음식물과 물품을 이송하고 구조 장비 등의 이송에 필요한 교통 수단 및 도로의 확보가 중요하다. 운송기관 종사자들은 신속한 구조자 이송을 위해서 자원활동단으로 일할 수 있다. 따라서 재난의 크기와 피해 주민의 규모를 예측하고 이송에 대비하는 자원활동을 준비할 필요가 있다. 특히 버스 및 운송수단에 필요한 휘발유, 이동 목적 장소, 통로에 대한 사전 지식을 확보하고 지식을 갖추어야 한다.

통신은 재난상황을 통제하고 관리하는 데에 중요한 수단이다. 그러나 자연재난의 경우 통신의 마비로 주민들은 고립되고 적절한 도움을 요청할 수 없다. 따라서 평상시 통신 방법에 대한 대안을 마련한다. 이와 함께 자발적 통신자원봉사자를 모집하고 훈련할 필요가 있다(무선 동호회의 구축 등).

⑤ 기타

지역은 재난시 모든 종류의 자원이 부족하다는 점을 감안하여 자원봉사활용 계획을 수립하는 것이 바람직하다. 지역 관공서의 업무는 재난대응 응급체계로 신속하게 전환되지만, 다른 지역으로부터 유입되는 지원물품과 이재민 구호를 위한 생필품들을 적절하게 관리하고 배포할 수 있는 역량은 준비되어 있지 않은 경우가 많다. 따라서 재난대응 자원활동의 중요한 부분의 하나는 적절하게 물품을 관리하여 공정하게 이재민 또는 생존자들에게 전달될 수 있도록 하는 것이다. 재난시 물품관리 및 사무를 보조할 수 있는 자원인력이 평상시에 준비되고 업무 규정에 따라 활동할 수 있는 기준을 마련할 필요가 있다. 또한 전체 재난관리 체계를 이해할 수 있는 교육과 함께 자원봉사 활동의 기본적 내용을 훈련한다

재난의 긴급 상태가 지나면 사람들은 다시 일상의 생활로 복귀해야 한다. 이 때 많은 행정적 요구와 민원이 발생한다. 그러나 일반적으로 재난 피해자들은 적절한 행정적 절차를 알지 못하거나 행정지원의 내용을 이해하지 못하는 경우가 많다. 이러한 행정적 상담 및 지원 절차를 돕는 자원활동이 재난 이전에 준비되고 훈련될 필요가 있다.

참고 문헌

1. 국내 문헌

구자행(2006). 한국의 재해구호와 자원봉사활동. 「한일워크샵 발제자료」.

국립국어연구원(1999). 「표준국어대사전」. 서울: 두산동아.

김길수(2002). 「수해복구 자원봉사 활동상의 문제점」. 한국자원봉사포럼.

김상욱(1990). 「자원봉사활동의 만족도에 영향을 미치는 제요인」. 서울대학교 대학원 석사학위논문.

김숙경(2006). 「사회복지 자원봉사자의 지속적 활동과 그 요인」. 한국학술정보.

김혜선(2004). 「자원봉사자에 대한 인센티브제공이 봉사활동에 미치는 영향」. 인천대학교 행정대학원 석사학위논문.

남기철(2007). 「자원봉사론」. 서울: 나남출판.

대한적십자사(2004). 「재난극복을 위한 대한적십자사의 역할」. 대한적십자사.

———(2007). 「2007년도 구호사업 종합계획서」. 대한적십자사.

대한적십자사 강원도지사(2006). 「7.14~18 집중호우에 따른 구호활동보고서」. 대한적십자사 강원도지사.

류기형 외(1999). 「자원봉사론」. 경기도 파주시: 양서원.

류충(2005). 「재난관리론」. 서울: 한성문화.

민영선(2006). 미국의 형사배심제도(배심원 선정절차를 중심으로). 「서울동부지방검찰청 해외연수연구논문」.

박상필(2005). 「NGO학」. 아르케.

한국사회복지협의회(2006). 「사회복지 자원봉사 통계연보」.

서남열(2005). 「국가위기관리의 이해」. 자치인력개발원. 2005.

서미화(2007). 「자원봉사 교육 운영의 실제」.

성기환(2004). 「도시방재를 위한 민관협력체제 구축방안에 관한 연구」. 서울시립대학교 대학원.

———(2006). "시민, 기업, 정부간의 통합 재난구호시스템 구축에 관한 연구". 「제3차 위기관리 이론과 실천 학술회의 발표논문집」.

소방방재청(2005). 「재난극복 자원봉사 총연합 워크샵 자료집」. 소방방재청
손영수(2001). 「위기의 생명을 위한 통합적 정의」. 한국외국어대학교 대학원 법학박사학위논문.
———(2005). 「국가위기관리 전략에 관한 연구(대생물테러 조직간 관계분석을 중심으로)」. 충북대학교 행정대학원 행정학석사학위논문.
송철호 외(2006). 「재난 체계 및 지원자원관리 시스템」. 한국방재협회 부설 방재연수원(서울).
여명길 · 전규엽 · 박경현 · 홍원화(2003). 대구지하철 화재 조사분석 (4): 재난복구를 위한 자원봉사 활동 및 지원체계의 특성. 「대한건축학회 추계학술발표대회 논문집」. 23(2): 889-892.
이성록(2004). 「자주적 재해관리체계 구축방안」. 한국자원봉사포럼.
———(2005). 「자원봉사 매니지먼트」. 서울: 미디어숲.
———(2005). 「전국자원봉사센터 실태조사 및 발전방안」. 행정자치부.
———(2007). 「자원봉사 활동관리 이론과 실제- 자원봉사 상담가 길잡이」. 미디어 숲(서울).
이윤구(2004). 「재난극복을 위한 민 · 관 파트너십 구축체제」. 한국자원봉사포럼.
이은애(2006). 재난구호 자원봉사활동에 관한 연구(한국과 일본의 사례를 중심으로). 「제3차 위기관리 이론과 실천 학술회의 발표논문집」.
이은영(1995). 「민법학강의」. 박영사.
이재은(2000). 「한국의 위기관리정책에 관한 연구(집행구조의 다조직적 관계분석을 중심으로)」. 연세대학교 대학원 행정학박사학위논문.
이재은 외(2006). 「재난관리론」. 서울: 대영문화사.
이재은 · 양기근(2004). 재난관리의 효과성 제고 방안: 시민참여와 거버넌스. 「현대사회와 행정」 제14권. 한국국정관리학회.
이점동(2005). 「한국의용소방대 운영체계 개선 방안에 관한 연구」. 서울시립대학교 도시과학대학원.
이창호(2002). 「태풍 루사의 수해복구 자원봉사 활동의 성과와 과제」. 한국자원봉사포럼.
적십자간호대학(2002). 「재해대응」. 서울: 적십자간호대학.
전국재해구호협회(2004). 「재해구호 활동에 관한 실태조사 보고서」. 서울: 전국재해구호협회.

전국재해구호협회 · 한국자원봉사센터협의회(2003).「재해와 자원봉사활동」. 서울: 전국재해구호협회 · 한국자원봉사센터협의회.

정귀옥(2002).「재해현장에서의 효율적인 자원봉사활동」. 한국자원봉사포럼

조문부(2001). 자원봉사자의 제도화와 활용.「지방자치연구」. 467-494면. 제주대학교출판부.

최남희(2006). 재난 피해자의 사후 지원(재난 피해자의 사회 복귀).「한국위기관리논집 제2권 제2호」.

최덕경 외(2006).「자원봉사론」. 서울: 공동체.

최일섭(2006).「자원봉사의 원리와 실제」.

강원도청(2003).「태풍 '루사' 극복 자원봉사활동 사례집」. 강원도청.

파주시자원봉사단체협의회 · 파주시종합자원봉사센터(2003). 「자원봉사관계자 워크샵」. 파주시자원봉사단체협의회 · 파주시종합자원봉사센터.

한국여성개발원(1993).「자원활동 수요에 관한 연구」. 한국여성개발원.

한국자원봉사포럼(2002).「수해 복구 자원봉사 평가와 미래과제」. 서울: 한국자원봉사포럼.

———(2005). 수해복구 자원봉사 평가와 미래과제,「창립10주년 기념 자원봉사포럼」.

한국자원봉사협의회(2007).「자원봉사활동 진흥을 위한 국가 기본계획 수립 연구용역」. 행정자치부.

홍원화 외(2004).「재난 자원봉사의 지원 및 관리 체계 분석 및 제안」. 대한건축학회

2. 국외 문헌

Ajzen, I.(1988). *Attitudes, Personality and Behaviour*. Milton-Keynes, England: Open Unviersity Press.

Bales, K.(1996). Measuring the propensity to volunteer. *Social Policy & Administration*, 30(3). 206-226.

Bussell, H., & Forbes, D.(2002). Understanding the volunteer market: The what, where, who and why of volunteering. *International Journal of Nonprofit and Voluntary Sector Marketing*, 7(3); 244-257.

Courtney, R.(1994). Directions in voluntary sector management. *Management Development Review*. 7(3). 33-36.

Dolnicar, S. & Randle, M.(2007). What motivates which volunteers/ Psychographic heterogeneity among volunteers in Australia, *Voluntas*, 18;135-155.

Dynes, R., Qurantelli, E.l., and Wenger, D.(1990). *Individual and Organizational Response to the 1985 Earthquake in Mexico City, Mexico*(Newark, DE: Disaster Research Center, University of Delaware).

Ettenger, K.(2004). FEMA coordination with NVOAD during the September 11th, *The George Wahsington Unversity Crisis and Emergency Management Newsletter.*

Ferenedz, L.(2005). *Volunteer management system design and analysis for Disaster Response and Recovery*[Dissertation Proposal], George Wahsington University.

Heide, Erik Auf Der(1989). Disaster Response: Principles of Preparation and Coordination, the C.V. Mosby Company.

Hibbert, S. M, Piacentini, M., & Danani, H.A.(2003). Understanding volunteer motivation or participationin a community-based food cooperative. *International Journal of Nonprofit and Voluntary Sector Marketing*, 8(1); 30-42.

Illinois Terrorism Task Force Committe on volunteers and Donations (2005). *Community Guidelines for Developing a Spontaneous Volunteer Plan(Feb.).* http://www.illinois.gov

McLoughlin, David(1985). A Framework for Integrated Emergency Management, Public Administrative Review, Vol, 45, Jan.

O'Brien, P. and Mileti, D.(1992). Citizen Participation in Emergency Respose following the Loma Prieta Earthqake, *International Journal of Mass Emergencies and Disasters,* 10(1). 71-89..

Petak, William J.(1985). Emergency Management: A Challenge for Public Administraton, Public Administrative Review Vol. 45, Special Issue.

Points of Light Foundation(Washington DC.(2002). Preventing a Disaster within the Disaster. *The Effective Use and Management of Unaffiliated Volunteers.*

Points of Light Foundation(2004). *Preventing a Disaster within the Disaster;* National voluntary organizations Active in Disaster, *Organizkng Protocols for Community Disaster Recovery Mechanisms,* at http://www.nvoad.org/articles/recovery.php.

Rapport, J.(1987). Terms of empowerment/Exemplars of prevention. Toward a theory for community psychology. Amercian Journal of Community Psychology, 15(2). 121-128.

Rehbarg, W.(2005). Altruistic individuals: Motivations for international volunteering among young adults in switzerland. *Voluntas*, 16(2); 109-122.

Rouhban, B.(2005). The role of research and educational institutions in natural disaster mitigation, with an emphasis on socio-economic issues. In www.ritsumei, ac.jp/eng/newletter/fall2005/sympo..shtml

Suzuki, I.(2006). Roles of volunteers in disaster prevention: Implications of questionnaire and interview surveys. S. Ikeda, T. Fukuzono, and T. Sato,(eds.) *A Better Intergated Management of Disaster Risks: Toward Resilient Society to Emerging Disaster Risks in Megacities. 153-163.*

Tierney K.J.(1985). "Emergency medical preparedness and response in disaster: the need for interorganizational coordination", In Petak W.J.: Emergency management: a challenge for public administration, Public Admin Rev 45(Special Issue): 77.

Volunteering Australia(2001). Anational agenda on volunteering: Beyond the International Year of Volunteers. Available online: www.volunteeringaustralia.org.

Volunteer Florida(2005). *Unaffliated Volunteers in Response and Recovery*(February). http://www.volunteerflorida.org/publications/dosc/unaffiliatedvolunteers.pdf

Wilson, A., & Pimm, G.(1996). The tyranny of the volunteer: The care and feeding of voluntary workforces. *Management Decision,* 34(4). 24-40.

http://www.cert-la.com/index.shtml
http://www.nvoad.org/
www.WorldCares.org
http://www.relief.or.kr/
http://www.kcv.or.kr/

三船康道(1998). 防災と市民ネットワーク, 京都市: 學藝出版社.
青田良介(2004). ヒューマンパワーを取り入れた地域防災システムの構築に關する研究, 神戸大學博士論文.

찾아보기

ㅊ

ㅋ

ㅌ

저자 약력

성기환
서울시립대학교(행정학 박사)
현, 서일대학 사회복지과 교수

손영수
서울대학교(의학 박사), 한국외국어대학교(법학 박사)
현, 제주대학교 의과대학 교수

최남희
연세대학교(이학 박사)
현, 서울여자간호대학 교수

한동우
연세대학교(문학 박사)
현, 강남대학교 사회복지전문대학원 교수

재난관리 자원봉사자의 임파워먼트

펴낸날 / 제1판 제1쇄 2009년 2월 20일
지은이 / 성기환 · 손영수 · 최남희 · 한동우
펴낸이 / 임춘환
펴낸곳 / 도서출판 대영문화사
주소 / 서울 용산구 청파동 1가 178-2 ㊞ 140-869
등록 / 1975년 12월 26일 제3-16호
전화 / (02)716-3883, (02)714-3062
팩시밀리 / (02)703-3839
우체국 온라인 / 011353-02-009106

ISBN 978-89-7644-304-5
978-89-7644-300-7(전5권)

〔값 12,000원〕

* 이 연구는 POSCO 후원으로 수행되었습니다.